D1719149

Alle Abmahnungsmuster auf einen Bli

Abmahnung (allgemeines Muster)	114	Kleidung, unangemessene	59
Abmahnung, letztmalige	159	Krankheitsfall, Verletzung der Nachweispflicht im	28
Abmahnung, wiederholte	158	Kündigung, Abmahnung nach unwirksamer	228
Abmahnungsbefugnis delegieren	126	Lohnpfändungen, zahlreiche	63
Amtsärztlich Untersuchung, Weigerung	25	Nebentätigkeit, unerlaubte	66
Arbeitsniederlegung	30	Öffentlicher Dienst	197
Arbeitsunfähigkeit, Verhalten bei ärztlich attestierter	36	politische Betätigung, unerlaubte (öffentlicher Dienst)	71
Arbeitsverweigerung	39	politische Betätigung, unerlaubte (Privatwirtschaft)	70
Aufsichtspflicht, Verletzung der	40	Rauchverbot, Verstoßes gegen	73
Auszubildende abmahnen	103	Reisekostenabrechnung, unrichtige	74
Benehmen, ungehöriges	47	Schlechtleistungen	76
Demonstration, Teilnahme an	49	sexuelle Belästigung	79
Fehlen, unentschuldigtes	89	Sparsamkeit, Verstoß gegen den Grundsatz der	81
Fehlverhalten, alkoholbedingtes	23	Streik, Teilnahme an unrechtmäßigem	84
Fehlverhalten, außerdienstliches	43	Telefongespräche, private	86
Führungseigenschaften, fehlende	52	Unpünktlichkeit	90
gewerkschaftliche Werbung	54	Urlaubsantritt, eigenmächtiger	94
Gruppenarbeit, Pflichtverletzung bei	55	Verletzung der Anzeigepflicht	28
Internetnutzung, private	57		

Hinsurfen und downloaden

Alle Abmahungsmuster stehen für Sie gratis im Internet bereit
unter www.redmark.de/abmahnung

www.redmark.de

Die Abmahnung

Wirksam und korrekt abmahnen

Klaus Beckerle

7. Auflage

Haufe Mediengruppe
Freiburg · Berlin · München · Zürich

Die Deutsche Bibliothek – CIP-Einheitsaufnahme

Beckerle, Klaus:
Die Abmahnung: Wirksam und korrekt abmahnen / von Klaus Beckerle. – 7., neu bearb. und erg. Aufl. – Freiburg im Breisgau: Haufe, 2002
(Haufe Praxis-Ratgeber: Personal)
ISBN 3-448-04946-8

ISBN 3-448-04946-8   Best.-Nr. 04814-0002
7., neu bearbeitete und ergänzte Auflage 2002

© 2002 Rudolf Haufe Verlag GmbH & Co. KG,
Zweigniederlassung München/Planegg
Redaktionsanschrift: Postfach , 82142 Planegg
Hausanschrift: Fraunhofer Str. 5, 82152 Planegg
Telefon (089) 89517-0
Telefax (089) 89517-250
www.haufe.de
online@haufe.de
Lektorat: Ulrich Leinz

Umschlaggestaltung: Buttgereit & Heidenreich, Haltern am See
Redaktion: Assessorin Ulrike Dünbier, Freiburg i. Br.
Druck: Bosch-Druck GmbH, 84004 Landshut

Zur Herstellung dieses Buches wurde alterungsbeständiges Papier verwendet.

Inhaltsverzeichnis

Vorwort	9

1	**Einleitung**	**10**
1.1	Welche gesetzlichen Grundlagen hat die Abmahnung?	10
1.2	Wie hat sich die Rechtsprechung entwickelt?	11
1.3	Wozu abmahnen?	13
1.4	Was ist eine Abmahnung?	14

2	**Abmahnungstatbestände**	**16**
2.1	Wann ist eine Abmahnung notwendig?	16
2.2	Was sind Störungen im Leistungsbereich?	17
2.3	Was sind Störungen im Vertrauens- und betrieblichen Bereich?	19

2.4	**Abmahnungsfälle**	21
2.4.1	Alkoholbedingtes Fehlverhalten	22
2.4.2	Amtsärztliche Untersuchung, Weigerung des Arbeitnehmers	24
2.4.3	Anzeige- und Nachweispflicht, Verletzung der ...	26
2.4.4	Arbeitsniederlegungen	29
2.4.5	Arbeitsunfähigkeit, Verhalten während ...	31
2.4.6	Arbeitsunfähigkeitsbescheinigung, Fälschen der ...	37
2.4.7	Arbeitsverweigerung	38
2.4.8	Aufsichtspflicht, Verletzung der ...	40
2.4.9	Außerdienstliches Fehlverhalten	41
2.4.10	Beleidigung	44
2.4.11	Benehmen, schlechtes	46
2.4.12	Betrug	48
2.4.13	Datenschutz, Verletzung des ...	48
2.4.14	Demonstration, Teilnahme an ...	49
2.4.15	Diebstahl	50
2.4.16	Führungseigenschaften, fehlende	52
2.4.17	Gewerkschaftliche Werbung	54

2.4.18 Gruppenarbeit 55
2.4.19 Internetnutzung, private 56
2.4.20 Kleidung 58
2.4.21 Krankfeiern, Androhen des ... 60
2.4.22 Lohnpfändungen 61
2.4.23 Nachweispflicht, Verletzung der ... 64
2.4.24 Nebentätigkeit, unerlaubte 64
2.4.25 Nötigung 67
2.4.26 Politische Betätigung 67
2.4.27 Rauchverbot, Verstoß gegen ... 72
2.4.28 Reisekostenabrechnungen, unrichtige 74
2.4.29 Schlechtleistungen 76
2.4.30 Schmiergelder, Annahme von ... 77
2.4.31 Schweigepflicht, Verletzung der 77
2.4.32 Sexuelle Belästigung 78
2.4.33 Sparsamkeit, Verstoß gegen ... 80
2.4.34 Streik, Teilnahme an ... 81
2.4.35 Tätlichkeiten 84
2.4.36 Telefongespräche 85
2.4.37 Treuepflicht, Verletzung der ... 87
2.4.38 Unentschuldigtes Fehlen 87
2.4.39 Unpünktlichkeit 89
2.4.40 Unsittliches Verhalten 91
2.4.41 Unterschlagung 91
2.4.42 Urlaubsantritt, eigenmächtiger 91
2.4.43 Verdacht strafbarer Handlung 95
2.4.44 Verkehrsunfall 95
2.4.45 Wahrheitspflicht, Verletzung der 96
2.4.46 Wettbewerbsverbot, Verstoß gegen ... 97
2.4.47 Wirtschaftlichkeit, Verstoß gegen ... 97
2.4.48 Zeiterfassungskarte, Manipulation der ... 97
2.4.49 Zusammenfassung 98
2.5 Keine Abmahnung bei fehlenden Erfolgsaussichten 99

3 Abmahnung in Sonderfällen 102

3.1 Abmahnung gegenüber Auszubildenden 102
3.2 Abmahnung vor Änderungskündigung 104
3.3 Abmahnung vor Versetzung 105
3.4 Abmahnung während der Probezeit 108

3.5	Abmahnung in Kleinbetrieben	110
3.6	Abmahnung während Kündigungsverbot	111
4	**Notwendiger Inhalt der Abmahnung**	**114**
4.1	Konkrete Bezeichnung der Rüge	115
4.2	Androhung von Konsequenzen	119
5	**Form, Zugang u. Ä. der Abmahnung**	**123**
5.1	Bezeichnung als „Abmahnung"	124
5.2	Wer ist abmahnungsberechtigt?	124
5.3	Zugang der Abmahnung	127
5.4	Aushang am schwarzen Brett?	129
5.5	Erwähnung im Zeugnis?	131
6	**Zeitpunkt der Abmahnung**	**132**
6.1	Wann muss spätestens abgemahnt werden?	132
6.2	Kann die Abmahnung „vorweggenommen" werden?	137
6.3	Wirkungsdauer und Tilgung	139
6.4	Zeitraum zwischen Abmahnung und Kündigung	148
7	**Verhältnis zur Kündigung**	**150**
7.1	Gleichartigkeit der Vertragsverstöße	150
7.2	Anzahl der Abmahnungen	156
7.3	Verzicht auf Kündigung durch Abmahnung	160
8	**Abmahnung und Betriebsrat (Personalrat)**	**162**
8.1	Beteiligung des Betriebsrats (Personalrats)	162
8.2	Die Rechtslage in den einzelnen Bundesländern	162
8.3	Abmahnung von Betriebsratsmitgliedern (Personalratsmitgliedern)	172
8.4	Abgrenzung zur Betriebsbuße	178
8.5	Beteiligung der Schwerbehindertenvertretung	182
9	**Rechte des Arbeitnehmers**	**185**
9.1	Entfernung unberechtigter Abmahnungen	185
9.2	Anhörungsrecht im öffentlichen Dienst	193
9.3	Klagefrist bei Abmahnung	198
9.4	Tarifliche Ausschlussfrist bei Abmahnung	199

9.5   Verwirkung des Entfernungsanspruchs   202

10   **Abmahnungsprozess**   207
10.1   Darlegungs- und Beweislast   207
10.2   Nachschieben von Abmahnungsgründen   209
10.3   Prüfungsumfang der Gerichte   210
10.4   Teilbarkeit der Abmahnung?   221
10.5   Unwirksame Kündigung = Abmahnung?   226
10.6   Vergleich   229
10.7   Streitwert   231
10.8   Einstweilige Verfügung   233
10.9   Zwangsvollstreckung   233

11   **Abmahnung durch Arbeitnehmer**   235

12   **Grundsätze zur Abmahnung**   237

Abkürzungsverzeichnis   239
Stichwortverzeichnis   243

Vorwort

Die Rechtsprechung zum Abmahnungsrecht wird immer umfang-
reicher. Um den Charakter des Buches als Praxis-Ratgeber zu erhalten, sind nicht nur zahlreiche ältere Gerichtsurteile sowie das Ent-
scheidungsregister herausgenommen worden, sondern bei der
Rechtsprechung, die zitiert wird, nur eine Fundstelle angegeben.
Damit werden die Fußnoten erheblich kürzer und übersichtlicher.
Auch wurden zahlreiche neue Abmahnungsmuster aufgenommen.
Zur besseren Veranschaulichung der Erläuterungen sind sie nicht
mehr in einem eigenen Anhang zusammengefasst, sondern stehen
nunmehr unter dem zugehörigen Textabschnitt, insbesondere im
Abschnitt 2.4, der einen Überblick über die wichtigsten Abmah-
nungsfälle vermitteln soll.
Die neueste Auflage berücksichtigt die bis Ende 2001 allgemein
zugängliche Rechtsprechung und Literatur.

Mainz, im März 2002   Klaus Beckerle

1 Einleitung

1.1 Welche gesetzlichen Grundlagen hat die Abmahnung?

1 Die Abmahnung ist gesetzlich nicht geregelt. Sie wird lediglich – soweit ersichtlich – im Beschäftigtenschutzgesetz (vgl. hierzu 2.4.32) sowie in verschiedenen Landespersonalvertretungsgesetzen erwähnt (vgl. hierzu 8.1), neuerdings auch in § 314 Abs. 2 und § 323 Abs. 3 BGB i.d.F. des Gesetzes zur Modernisierung des Schuldrechts vom 26. November 2001 (BGBl. I S. 3138).

2 Durch Art. 30 des Einigungsvertrages ist der Gesetzgeber vor die Aufgabe gestellt worden, möglichst bald das Arbeitsvertragsrecht zu kodifizieren. Die Arbeitsrechtliche Abteilung des 59. Deutschen Juristentages 1992 hat sich mit dem Thema befasst: „Welche wesentlichen Inhalte sollte ein nach Art. 30 des Einigungsvertrages zu schaffendes Arbeitsvertragsgesetz haben?" Dazu hatte der Arbeitskreis Deutsche Rechtseinheit einen Gesetzentwurf vorgelegt, der auch eine Regelung zur Abmahnung vorsieht. Die entsprechende Vorschrift hat folgenden Wortlaut:

§100 Ermahnung und Abmahnung

(1) Der Arbeitgeber kann den Arbeitnehmer wegen Vertragsverletzung ermahnen oder abmahnen. Dabei hat er die Umstände zu nennen, in denen er eine Vertragsverletzung sieht, und ihn zu künftigem vertragsgetreuem Verhalten aufzufordern. Mahnt der Arbeitgeber den Arbeitnehmer ab, so hat er außerdem darauf hinzuweisen, dass der Arbeitnehmer bei Fortsetzung oder Wiederholung seines Verhaltens mit Folgerungen für das Arbeitsverhältnis rechnen müsse.

(2) Werden Ermahnungen oder Abmahnungen zur Personalakte genommen, so hat der Arbeitnehmer das Recht, eine Stellungnahme beizufügen. Entspricht der Sachverhalt, auf den eine Ermahnung oder eine Abmahnung gestützt wird, nicht den Tatsachen oder stellt er keine Vertragsverletzung dar, so kann der Arbeitneh-

mer die Rücknahme verlangen. Weder aus der Geltendmachung noch aus der Nichtgeltendmachung dieses Anspruchs dürfen ihm Nachteile entstehen.

(3) Ermahnungen und Abmahnungen sind aus der Personalakte zu entfernen, wenn sie ihre Bedeutung für das Arbeitsverhältnis verloren haben, spätestens aber, sofern keine neue Ermahnung oder Abmahnung hinzugekommen ist, nach drei Jahren.

In der Folgezeit hat es mehrere Versuche gegeben, ein Arbeitsvertragsgesetz zu schaffen (z.b. einen Gesetzesantrag des Freistaates Sachsen sowie einen Referentenentwurf zum Arbeitsvertragsgesetz, den eine Arbeitsgruppe der sog. A-Länder unter Federführung Nordrhein-Westfalens und Brandenburgs erarbeitet hat). Bis heute ist es jedoch nicht zu einer gesetzlichen Regelung des Arbeitsvertragsrechts und damit auch nicht zu einer gesetzlichen Regelung der Abmahnung gekommen.

3

1.2 Wie hat sich die Rechtsprechung entwickelt?

Die Abmahnung ist eine Erfindung der Arbeitsgerichtsbarkeit, stellt also typisches Richterrecht dar. Als Begriff taucht sie erstmals in einer Entscheidung des BAG aus dem Jahre 1958[1] auf. Das Gericht hatte festgestellt, dass Fälle denkbar seien, in denen vor Ausspruch der Kündigung eine Anhörung des Arbeitnehmers oder „sogar eine Abmahnung" erforderlich sei. Das BAG brauchte damals nicht zu entscheiden, welche Wirkung ein Unterlassen der Abmahnung in solchen Fällen hat. Es konnte sich deshalb mit dem allgemein gehaltenen Leitsatz begnügen, es bedürfe nicht in allen Fällen der **fristlosen** Kündigung einer vorherigen Abmahnung des Arbeitnehmers.

4

Einige Jahre später, nämlich 1961[2], hat das BAG unter Hinweis auf das Schrifttum verlangt, „nach ganz allgemeiner Meinung" müsse „in Fällen leichterer Verstöße gegen Pflichten aus dem Arbeitsverhältnis" zunächst eine „hinreichend deutliche Abmahnung" ausgesprochen werden. In dem damaligen Fall ging es um die Wirksamkeit einer **ordentlichen** Kündigung. Das BAG hat ergänzend darauf

5

---

[1] Urt. v. 2.5.1958 - AP Nr. 16 zu § 66 BetrVG
[2] Urt. v. 28.9.1961 - AP Nr. 1 zu § 1 KSchG Personenbedingte Kündigung

hingewiesen, es sei ein unzulässiger Widerspruch zum früheren Verhalten des Arbeitgebers, dem Arbeitnehmer gegenüber „plötzlich" eine Kündigung auszusprechen, ohne ihm vorher Gelegenheit gegeben zu haben, seine Arbeitsweise den Anforderungen anzupassen. Diese Aussage beruhte darauf, dass der Arbeitgeber dem Kläger Anlass zu der Annahme gegeben hatte, er sei mit seinen Leistungen zufrieden.

6 Eine rechtliche Begründung für die Notwendigkeit einer Abmahnung vor Ausspruch einer **fristlosen** Kündigung wegen Störungen im Leistungsbereich hat das BAG erstmals in seiner Entscheidung vom 19.6.1967[3] gegeben.

7 Bereits ein halbes Jahr später[4] hat das BAG eine Parallele zum Mietrecht gezogen. Das Mietverhältnis sei ebenso wie das Arbeitsverhältnis ein **Dauerschuldverhältnis.** Das Mietrecht sehe bei der auf Störungen im Leistungsbereich gestützten außerordentlichen Kündigung ebenfalls eine Abmahnung vor (§§ 542, 553 BGB).

8 Die Erforderlichkeit der Abmahnung vor einer wegen Störungen im Leistungsbereich beabsichtigten **fristlosen** Kündigung hat das BAG in zwei weiteren Entscheidungen von 1968[5] und 1971[6] bestätigt.

9 1976 hat das BAG erstmals unter Bezugnahme auf seine vorgenannte Rechtsprechung den allgemeinen Rechtssatz aufgestellt, bei Störungen im sogenannten Leistungsbereich sei in der Regel eine vorherige Abmahnung erforderlich, ohne zwischen außerordentlicher und ordentlicher Kündigung zu unterscheiden[7]. In dem zugrundeliegenden Fall ging es um die Wirksamkeit einer **ordentlichen** Kündigung gegenüber einem Konzertmeister wegen fehlender Führungseigenschaften. Das BAG hat den **maßgeblichen Grundgedanken** der Abmahnung so formuliert:

„Von einem Arbeitnehmer kann nicht erwartet werden, dass er sein Verhalten ändert, wenn er annehmen darf, dass der Arbeitgeber mit seinen Leistungen zufrieden ist. Der Arbeitgeber setzt sich in Wider-

---

[3] AP Nr. 1 zu § 124 GewO mit Anm. v. Hueck; kritisch zu § 326 BGB als Anspruchsgrundlage Bock in ArbuR 1987, 217; Falkenberg in NZA 1988, 489
[4] Urt. v. 18.1.1968 - AP Nr. 28 zu § 66 BetrVG
[5] Urt. v. 8.8.1968 - AP Nr. 57 zu § 626 BGB
[6] Urt. v. 28.10.1971 - AP Nr. 62 zu § 626 BGB
[7] Urt. v. 29.7.1976 - AP Nr. 9 zu § 1 KSchG Verhaltensbedingte Kündigung

*spruch zu seinem eigenen Verhalten, wenn er zuerst Grund zu dieser
Annahme gibt und dann dem Arbeitnehmer wegen dessen mangelnder
Leistungen kündigt, ohne ihm vorher Gelegenheit gegeben zu haben,
seine Arbeitsweise den Anforderungen anzupassen ...".*
Das BAG hat damit den rechtlichen Ausgangspunkt im Urteil vom   10
19.6.1967[3] verlassen und auf den allgemeinen Rechtsgrundsatz von
Treu und Glauben (§ 242 BGB) abgestellt (venire contra factum
proprium). Im Schrifttum werden überwiegend der **Grundsatz der
Verhältnismäßigkeit** (ultima-ratio-Prinzip) und die
Fürsorgepflicht des Arbeitgebers zur Begründung dafür herangezogen, dass der Kündigung grundsätzlich eine Abmahnung vorausgehen muss[8].

Bickel[9] kritisiert zu Recht, dass das BAG bezüglich der ordentlichen
Kündigung die Notwendigkeit der Abmahnung damals nicht in
überzeugender Weise juristisch begründet hat.

1.3   Wozu abmahnen?

Beachte:
Der Arbeitnehmer soll von einer Kündigung seines Arbeitsverhältnis-   11
ses nicht überrascht werden.

Der Arbeitgeber wird zu einem rechtzeitigen Hinweis an den Arbeitnehmer verpflichtet, damit sich dieser später nicht darauf beru-

---

[8] KR-Etzel, 6. Aufl. 2002, § 1 KSchG Rz. 402; KR-Fischermeier, 6. Aufl. 2002,
§ 626 BGB Rz. 275; Becker-Schaffner in DB 1985, 650; Meyer, Betriebliche
Rügen und ihre Folgen, WRS-Mustertexte Band 4, 4. Aufl. 1991, S. 17, 26;
Bock in ArbuR 1987, 217; Pachtenfels in BB 1983, 1479, 1481; Falkenberg in
NZA 1988, 489; Conze, Anm. in AP Nr. 17 zu § 1 KSchG 1969 Verhaltensbe-
dingte Kündigung (dort Bl. 1116); Berger-Delhey in PersV 1988, 430, 431;
Hunold in BB 1986, 2050, 2052; Schmid in NZA 1985, 409, 411; Fromm in
DB 1989, 1409, 1412; Schaub in NJW 1990, 872, 874; Pauly in NZA 1995, 449,
450; ausführlich hierzu von Hoyningen-Huene in RdA 1990, 193, 195ff.;
Pflaum, Die Abmahnung im Arbeitsrecht als Vorstufe zur Kündigung, Decker
& Müller, Heidelberg 1992, S. 27ff.; Hauer, Die Abmahnung im Arbeitsverhältnis, Nomos Verlagsgesellschaft Baden-Baden, 1. Aufl. 1990, S. 49ff.
[9] Anm. in AP Nr. 12 zu § 1 KSchG 1969 Verhaltensbedingte Kündigung

fen kann, er habe einem bestimmten Verhalten keine kündigungsrelevante Bedeutung beigemessen, hätte dieses aber geändert, wenn
ihm die arbeitsrechtlichen Folgen vor Augen geführt worden wären.

1.4   Was ist eine Abmahnung?

12   Den heute gültigen Begriff der Abmahnung hat das BAG erstmals in
seiner grundlegenden Entscheidung vom 18.1.1980[10] definiert:

> **Definition:**
>
> Eine Abmahnung liegt vor, wenn der Arbeitgeber in einer für den Ar-
> beitnehmer hinreichend deutlich erkennbaren Art und Weise Lei-
> stungsmängel beanstandet und damit den Hinweis verbindet, dass im
> Wiederholungsfall der Inhalt oder der Bestand des Arbeitsverhältnis-
> ses gefährdet sei.

13   Die Abmahnung ist kein Rechtsgeschäft, sondern eine tatsächliche
Erklärung des Arbeitgebers, die keine unmittelbaren Rechtsfolgen
auslöst. Sie stellt daher keine Willenserklärung im engeren rechtlichen Sinne dar[11]. Teilweise wird auch eine geschäftsähnliche Hand-

---

[10] AP Nr. 3 zu § 1 KSchG 1969 Verhaltensbedingte Kündigung; bestätigt durch
Urt. v. 4.3.1981 - AP Nr. 1 zu § 77 LPVG Baden-Württemberg; ferner Urt. v.
21.11.1985 - AP Nr. 12 zu § 1 KSchG 1969
[11] Falkenberg in NZA 1988, 489; Jurkat in DB 1990, 2218, 2219; Schaub in NZA
1997, 1185

lung angenommen[12]. Die Abmahnung ist eine vom Arbeitgeber ausgesprochene individualrechtliche Rüge eines bestimmten Fehlverhaltens des Arbeitnehmers, verbunden mit der Androhung arbeitsrechtlicher Konsequenzen für den Wiederholungsfall[13]. Sie hat eine **Warn- und Ankündigungsfunktion**[14].

---

[12] von Hoyningen-Huene in RdA 1990, 193, 199; Kraft in NZA 1989, 777, 780; Schaub in NJW 1990, 872, 873; Kranz in DB 1998, 1464; Bader in ZTR 1999, 200, 202

[13] ähnlich Hunold in BB 1986, 2050

[14] ebenso von Hoyningen-Huene in RdA 1990, 193, 199 m.w.N.; Kraft in NZA 1989, 777, 780

2 Abmahnungstatbestände

2.1 Wann ist eine Abmahnung notwendig?

14 Sowohl die Begriffsbestimmung der Abmahnung als auch deren zuvor beschriebener Sinn und Zweck machen deutlich, dass eine Abmahnung grundsätzlich nur vor dem Ausspruch einer **verhaltensbedingten** Kündigung im Sinne des § 1 Abs. 2 KSchG in Betracht kommen kann. In seiner Person liegende oder durch dringende betriebliche Erfordernisse bedingte Gründe kann der Arbeitnehmer im Regelfall nicht beeinflussen, so dass eine Abmahnung in den entsprechenden Fällen ihre Wirkung verfehlen würde[15].

15 Deshalb ist eine Abmahnung des Arbeitnehmers wegen dessen krankheitsbedingter Fehlzeiten nicht gerechtfertigt[16]. Auch in Fällen von unbehebbaren Leistungsmängeln infolge einer dauernden gesundheitlichen Beeinträchtigung der Leistungsfähigkeit kommt eine Abmahnung nicht in Betracht[17].

---

16 | **Praktische Konsequenz:**

Die Abgrenzung zwischen personen- und verhaltensbedingten Kündigungen kann allerdings mitunter schwierig sein, so dass es sich für den vorsichtigen Arbeitgeber empfiehlt, im Zweifelsfall vorsorglich eine Abmahnung auszusprechen.

---

17 Wird eine ordentliche Kündigung mit einem Sachverhalt begründet, der mehrere in § 1 Abs. 2 KSchG geregelte Gründe berührt (**Kündigung wegen eines Mischtatbestandes**), richtet sich der Prüfungsmaßstab in erster Linie danach, aus welchem der im Gesetz

---

[15] vgl. auch von Hoyningen-Huene in RdA 1990, 193, 199; vgl. hierzu auch KR-Etzel, 6. Aufl. 2002, § 1 KSchG Rz. 269 f.

[16] so auch Urt. d. LAG Düsseldorf v. 6.3.1986 = NZA 1986, 431; ebenso Beschl. d. LAG Bremen v. 19.11.1981 = ArbuR 1982, 353; Becker-Schaffner in ZTR 1999, 105, 106

[17] vgl. Urt. d. BAG v. 18.1.1980 (= Fn. 10)

genannten Bereiche die Störung des Arbeitsverhältnisses kommt[18]. Dies ist ausschlaggebend dafür, ob eine vorherige vergebliche Abmahnung Voraussetzung für die Wirksamkeit einer solchen Kündigung ist.

Eine Abmahnung ist nicht vor jeder verhaltensbedingten Kündigung notwendig. Es ist zwischen Störungen im Leistungsbereich einerseits und Störungen im Vertrauensbereich und betrieblichem Bereich andererseits zu unterscheiden: Bei ersteren ist regelmäßig eine Abmahnung erforderlich, bei letzteren grundsätzlich - von später genannten Ausnahmen abgesehen - nicht[19].   18

Praktische Konsequenz:

Abmahnungen sind grundsätzlich nur vor verhaltensbedingten Kündigungen erforderlich.

2.2   Was sind Störungen im Leistungsbereich?

Das BAG hat bereits 1967[20] die obengenannten Begriffe verwendet (vgl. oben Rz. 3), ohne beide Bereiche zu definieren. Erstmals in einer Entscheidung von 1984[21] findet sich eine **Begriffsbestimmung** der „Störungen im Leistungsbereich". Hierunter versteht das BAG unter Hinweis auf das Schrifttum[22] alle Störungen im Bereich der gegenseitigen **Hauptpflichten** aus dem Arbeitsvertrag (Arbeitsleistung und Vergütungspflicht).   19

Diese Definition ist deshalb unvollständig, weil auch die Verletzung von vertraglichen **Nebenpflichten** als Störung im Leistungsbereich   20

---

[18] Urt. d. BAG v. 21.11.1985 (= Fn. 10)

[19] zust. Conze, Anm. in AP Nr. 17 zu § 1 KSchG 1969 Verhaltensbedingte Kündigung (dort Bl. 1116); zu dieser Unterscheidung kritisch Falkenberg in NZA 1988, 489, 490, 491; Preis in DB 1990, 685, 687; von Hoyningen-Huene in RdA 1990, 193, 200, der in allen Fällen der verhaltensbedingten Kündigung grundsätzlich eine Abmahnung für erforderlich hält; ebenso Pauly in NZA 1995, 449, 451

[20] Urt. v. 19.6.1967 (= Fn. 3)

[21] Urt. v. 12.7.1984 - AP Nr. 32 zu § 102 BetrVG 1972

[22] nämlich KR-Hillebrecht, 2. Aufl., § 626 BGB Rz. 96

angesehen werden kann[23]. Das BAG hat 1968 selbst darauf hinge-wiesen, dass die Verletzung der arbeitsvertraglichen **Neben**pflicht, den Betriebsfrieden nicht zu gefährden, zu den Störungen im Lei-stungsbereich gehört[24].

Die sich aus § 5 EFZG bzw. einer entsprechenden Tarifvorschrift ergebende Pflicht des Arbeitnehmers, seine Arbeitsunfähigkeit und deren voraussichtliche Dauer dem Arbeitgeber unverzüglich anzu-zeigen, hat das BAG ausdrücklich als arbeitsvertragliche Neben-pflicht bezeichnet und damit die Feststellung verknüpft, ein Verstoß dagegen sei „jedenfalls nach vorheriger Abmahnung" im Prinzip geeignet, eine ordentliche Kündigung zu rechtfertigen[25].

21 Becker-Schaffner[26] definiert den Leistungsbereich als Arbeits- und Vergütungspflicht und führt dazu aus, zu den Störungen im Lei-stungsbereich gehöre insbesondere die Verletzung der Arbeitspflicht durch den Arbeitnehmer (Schlechtleistung, beharrliche Verweige-rung der Arbeitspflicht oder Arbeitsvertragsbruch).

> **Definition:**
>
> 22 Unter Störungen im Leistungsbereich sind also nicht nur Leistungs-störungen im eigentlichen Sinne hinsichtlich der Qualität oder Quan-tität der Arbeit zu verstehen, sondern alle Verletzungen der sich aus Gesetz, Tarifvertrag oder Arbeitsvertrag ergebenden Haupt- oder Ne-benpflichten des Arbeitnehmers.

---

23 In einer neueren Entscheidung hat das BAG – soweit ersichtlich – erstmals den Begriff „Störungen im Verhaltensbereich" verwendet und dabei nochmals den Grundsatz bestätigt, dass ein Arbeitneh-mer, dem wegen eines nicht vertragsgerechten Verhaltens gekündigt werden soll, grundsätzlich zunächst abzumahnen ist. Dies gilt – so

---

[23] ebenso Bengelsdorf in Arbeitsrechtslexikon, Abmahnung, II 2a) a. E.; Hunold in BB 1986, 2050, 2052; Falkenberg in NZA 1988, 489, 490

[24] Urt. v. 18.1.1968 (= Fn. 4)

[25] Urt. v. 7.12.1988 - AP Nr. 26 zu § 1 KSchG 1969 Verhaltensbedingte Kündi-gung

[26] DB 1985, 650

das BAG wörtlich – „insbesondere bei Störungen im Verhaltens- und Leistungsbereich"[27].

2.3   Was sind Störungen im Vertrauens- und betrieblichen Bereich?

Literatur: Gerhards, Abmahnungserfordernis bei Vertrauensstörungen, BB 1996, 794; Zuber, Das Abmahnungserfordernis vor Ausspruch verhaltensbedingter Kündigungen, NZA 1999, 1142

Störungen im Vertrauens- oder betrieblichen Bereich lassen sich nicht allgemein und auch nicht abschließend und umfassend definieren. Aussagekräftige Beschreibungen finden sich bei Hillebrecht[28]: Hiernach gehören zum **Vertrauensbereich** und zur gegenseitigen persönlichen Achtung der Vertragspartner Verletzungen der Treuepflicht durch den Arbeitnehmer. Darüber hinaus wirken sich auf den Vertrauensbereich alle Handlungen aus, die die für die Zusammenarbeit erforderliche Vertrauensgrundlage zerstören oder beeinträchtigen. Unter **betrieblichem Bereich** versteht Hillebrecht den Bereich der betrieblichen Verbundenheit aller Mitarbeiter, der durch die Vorschriften von Arbeitsordnungen gestaltet wird, die das Verhalten der Arbeitnehmer zueinander und zu den Vorgesetzten regeln. Daneben geht es auch um die Wahrung des **Betriebsfriedens.** Das LAG Köln[29] hat den Begriff „Vertrauensbereich" dahingehend definiert, der entsprechende Sachverhalt betreffe nicht das Vertrauen des Arbeitgebers in die Leistungsfähigkeit des Arbeitnehmers oder in dessen Vermögen oder Willen zur korrekten Arbeitsausführung, sondern den Glauben an die Gutwilligkeit, Loyalität und Redlichkeit des Arbeitnehmers, den Glauben daran, dass sich der Arbeitnehmer nicht unlauter gegen die Interessen des Arbeitgebers stellt, dass er sich nicht falsch, unaufrichtig oder hinterhältig gegen seinen Vertragspartner stellen wird. In erster Linie werde damit die charakterliche Seite des Arbeitnehmers und nicht seine Qualifikation angesprochen.

24

25

---

[27] Urt. v. 17.2.1994 - AP Nr. 116 zu § 626 BGB
[28] KR-Hillebrecht, 3. Aufl., § 626 BGB Rz. 85, 86
[29] Urt. v. 10.6.1994 = LAGE § 611 BGB Abmahnung Nr. 37

26   Diese Betrachtungsweise verdient Zustimmung. Ganz allgemein kann man sagen, dass es bei dem Vertrauensbereich nicht um die äußeren Elemente des Arbeitsverhältnisses geht (die Qualität oder Quantität der Arbeitsleistung oder die Befolgung der klar vorgegebenen betrieblichen Spielregeln), sondern um innere Merkmale, die sich aus der Personenbezogenheit des Arbeitsverhältnisses und dem Vertrauensverhältnis zwischen Arbeitgeber und Arbeitnehmer ergeben. Der Vertrauensbereich ist vor allem tangiert, wenn sich der Arbeitnehmer bewusst und gewollt über Anweisungen des Arbeitgebers hinwegsetzt bzw. konkreten Anordnungen vorsätzlich zuwiderhandelt. Der betriebliche Bereich und damit der Betriebsfrieden ist dann betroffen, wenn selbstverständliche Regeln des menschlichen Miteinanders grob missachtet werden (Beleidigungen, Tätlichkeiten, Kollegendiebstahl usw.).

27   In weiteren Entscheidungen[30] hat das BAG den Standpunkt vertreten, ein Fehlverhalten im Vertrauensbereich berechtige dann nicht ohne vorherige erfolglose Abmahnung zum Ausspruch einer Kündigung, wenn der Arbeitnehmer mit vertretbaren Gründen annehmen konnte, sein Verhalten sei nicht vertragswidrig oder werde vom Arbeitgeber zumindest nicht als ein erhebliches, den Bestand des Arbeitsverhältnisses gefährdendes Fehlverhalten angesehen.

28   Nach dem **ultima-ratio-Prinzip** kann eine Abmahnung dann erforderlich sein, wenn das zu beanstandende Verhalten den Vertrauensbereich tangiert[31]. Voraussetzung hierfür ist, dass die Abmahnung zur Beseitigung der Störung und Verhinderung weiterer Störungen geeignet ist und das pflichtwidrige Verhalten die zur Fortsetzung des Arbeitsverhältnisses erforderliche Vertrauensgrundlage noch nicht zerrüttet oder nachhaltig gestört hat. Bei einer restlosen Zerstörung des Vertrauensverhältnisses bedarf es nach der zutreffenden Ansicht des LAG Nürnberg – anders als bei einer bloßen Störung – keiner der Kündigung vorausgehenden Abmahnung[32].

---

[30] Urt. v. 30.6.1983 – AP Nr. 15 zu Art. 140 GG mit Anm. v. Richardi; Beschl. v. 9.1.1986 – AP Nr. 20 zu § 626 BGB Ausschlussfrist
[31] ähnlich auch Urt. d. BAG vom 12.7.1984 (= Fn. 21)
[32] Urt. v. 13.1.1993 = LAGE § 626 BGB Nr. 67

> **Beispiel:**
>
> Typische Fälle von Störungen im Vertrauensbereich, die in der Regel   29
> keiner Abmahnung bedürfen, sind insbesondere strafbare Handlungen
> des Arbeitnehmers zum Nachteil des Arbeitgebers.

Die Unterscheidung zwischen Störungen im Leistungsbereich ei-   30
nerseits und Störungen im Vertrauensbereich andererseits ist durch
neuere Entscheidungen des BAG[33] noch schwieriger geworden und
verliert zunehmend an praktischer Bedeutung. Das BAG geht unter
teilweiser Aufgabe seiner früheren Rechtsprechung[34] neuerdings
davon aus, dass auch bei Störungen im Vertrauensbereich jedenfalls
dann vor der Kündigung eine Abmahnung erforderlich ist, wenn es
um ein steuerbares Verhalten des Arbeitnehmers geht und eine
Wiederherstellung des Vertrauens erwartet werden kann. Die Diffe-
renzierung nach verschiedenen Störbereichen sei nur von einge-
schränktem Wert. Die Praxis wird sich darauf einstellen müssen, das
Abmahnungserfordernis praktisch vor jeder beabsichtigten Kündigung zu prüfen. Die Entbehrlichkeit einer Abmahnung kann immer
nur aufgrund aller Umstände des Einzelfalles, nicht aber aufgrund
abstrakter, systematisierender Zuordnungen beurteilt werden. Na-
türlich gibt es nach wie vor Sachverhalte, bei denen der Arbeitgeber
ohne vorherige Abmahnung sofort kündigen kann, etwa bei besonders schwerwiegenden Pflichtverletzungen des Arbeitnehmers (vgl.
hierzu im Einzelnen die nachfolgenden Ausführungen).

2.4   Abmahnungsfälle

Die nachfolgend in alphabetischer Reihenfolge geschilderten Ab-   31
mahnungsfälle betreffen Beispiele aus der Rechtsprechung zu der
Frage, ob bei der jeweiligen Fallkonstellation eine Abmahnung erforderlich ist oder nicht. Da jede Entscheidung einzelfallbezogen ist
und insbesondere die Instanzgerichte zum Teil sehr unterschiedliche
Beurteilungsmaßstäbe anlegen, können aus den Beispielen nur be-

---

[33] Urt. v. 4.6.1997 – AP Nr. 137 zu § 626 BGB; Beschl. v. 10.2.1999 – AP Nr. 42
    zu § 15 KSchG 1969; vgl. hierzu Zuber in NZA 1999, 1142
[34] vgl. Urt. v. 15.7.1984 – AP Nr. 14 zu § 626 BGB Verdacht strafbarer Handlung;
    Urt. v. 13.12.1984 – AP Nr. 81 zu § 626 BGB

dingt allgemeine Schlussfolgerungen gezogen werden. Diejenigen Tatbestände, in denen eine Abmahnung angebracht ist, werden durch ein entsprechendes Muster ergänzt und damit veranschaulicht.

2.4.1 Alkoholbedingtes Fehlverhalten

Literatur: v. Hoyningen-Huene, Alkoholmissbrauch und Kündigung, DB 1995, 142; Schwan/Zöller, Alkohol im Betrieb als Kündigungsgrund, ZTR 1996, 62

32 Hierbei ist zwischen Alkoholabhängigkeit einerseits und alkoholbedingtem Fehlverhalten ohne das Vorliegen einer Alkoholabhängigkeit andererseits zu unterscheiden: Im ersten Fall handelt es sich um einen personenbedingten Grund, da Alkoholismus als Krankheit zu werten ist[35]. Alkoholabhängigkeit als solche kann deshalb bei Vorliegen der entsprechenden Voraussetzungen, die das BAG zu der krankheitsbedingten Kündigung entwickelt hat, eine personenbedingte Kündigung rechtfertigen, ohne dass der Arbeitgeber zuvor eine Abmahnung erteilen muss.

33 Im zweiten Fall geht es um verhaltensbedingte Gründe, die eine Abmahnung rechtfertigen und im Wiederholungsfall eine Kündigung nach sich ziehen können. Bei Alkoholmissbrauch ist nach der Rechtsprechung des BAG[36] regelmäßig eine Abmahnung erforderlich, bevor der Arbeitgeber kündigen kann. Entscheidend sei, ob eine Wiederholungsgefahr bestehe und sich das vergangene Ereignis

---

[35] Urt. v. 26.1.1995 – AP Nr. 34 zu § 1 KSchG 1969 Verhaltensbedingte Kündigung m.w.N.

[36] siehe Urt. v. 26.1.1995 (= Fn. 35); Urt. v. 4.6.1997 – AP Nr. 137 zu § 626 BGB; Urt. d. LAG Hamm v. 23.8.1990 = LAGE § 626 BGB Nr. 52; Urt. d. LAG Nürnberg v. 11.7.1994 = LAGE § 1 KSchG Verhaltensbedingte Kündigung Nr. 41; Urt. d. LAG Hamm v. 11.11.1996 = LAGE § 1 KSchG Verhaltensbedingte Kündigung Nr. 56; Urt. d. Sächsischen LAG v. 26.5.2000 = LAGE § 626 BGB Nr. 130a; Bengelsdorf in Arbeitsrechtslexikon, Alkohol, II 5; Schaub in NJW 1990, 872, 875; der Arbeitnehmer ist nach einem Urt. d. BAG v. 12.8.1999 (AP Nr. 41 zu § 1 KSchG 1969 Verhaltensbedingte Kündigung) regelmäßig nicht verpflichtet, im laufenden Arbeitsverhältnis routinemäßigen Blutuntersuchungen zur Klärung der Frage, ob er alkohol- oder drogenabhängig ist, zuzustimmen.

auch zukünftig belastend auswirke. Deshalb werde erst nach einer Abmahnung die erforderliche Wahrscheinlichkeit dafür bestehen, dass sich der Arbeitnehmer auch in Zukunft nicht vertragstreu verhalten werde. Bei Alkoholmissbrauch im privaten Bereich, der in den dienstlichen Bereich hineinwirkt, kommt es danach insbesondere darauf an, ob dadurch die charakterliche Eignung des Arbeitnehmers für die von ihm arbeitsvertraglich geschuldete Tätigkeit in Frage gestellt ist. In dem vom BAG im Jahre 1997 entschiedenen Fall ging es um einen Zugfahrer bei der U-Bahn, dem deshalb gekündigt worden war, weil er bei einer privaten Trunkenheitsfahrt einen Unfall verursacht hatte, was einen Strafbefehl sowie den Entzug der Fahrerlaubnis zur Folge hatte.

Typische Fälle abmahnungsrelevanter arbeitsvertraglicher Pflichtverletzungen sind in diesem Zusammenhang insbesondere Verstöße gegen ein im Betrieb bestehendes Alkoholverbot. Ein solcher Verstoß liegt z.B. auch dann vor, wenn der Arbeitnehmer in alkoholisiertem Zustand zur Arbeit erscheint und ihm dadurch die Erbringung der vertraglich geschuldeten Tätigkeit nicht oder nicht ordnungsgemäß möglich ist.   34

Abmahnung wegen alkoholbedingten Fehlverhaltens   Muster:

Vorbemerkung:

Alkoholbedingtes Fehlverhalten ist von alkoholbedingten (krankheitsbedingten) Fehlzeiten zu unterscheiden (vgl. Rz 15). Nur im ersten Fall kommt eine Abmahnung in Betracht. Das Fehlverhalten ist möglichst genau zu umschreiben (vgl. Rz 191). Ggf. ist dem Arbeitnehmer die Durchführung einer Entziehungskur anzuraten oder nahe zulegen.

Abmahnung   Datum

Sehr geehrte/r Frau/Herr

Am .... mussten wir feststellen, dass Sie während der Arbeitszeit Alkohol zu sich genommen haben. Dies wurde von mehreren Kollegen beobachtet und lässt sich eindeutig nachweisen. Sie wissen, dass nach unserer Betriebsordnung / den bestehenden Unfallverhütungsvorschriften / dem Arbeitsvertrag / unserer Betriebsvereinbarung der Genuss alkoholischer Getränke während der Arbeitszeit untersagt ist. Diese Regelung dient nicht nur den betrieblichen Sicherheitsinteressen, sondern ist insbesondere auch mit Rücksicht auf unsere Kunden erfolgt. Es macht einen sehr schlechten Eindruck, wenn unsere Kunden von Mitarbeitern bedient werden, die unter Alkoholeinfluss stehen. Nach unseren Feststellungen haben Sie an dem eingangs genannten Tag so viel getrunken, dass es Ihnen nicht nur äußerlich anzumerken war (gerötete Augen), sondern dass Sie auch Sprachschwierigkeiten hatten.

Wir weisen Sie mit allem Nachdruck darauf hin, dass wir im Interesse der Betriebsdisziplin / eines ordnungsgemäßen Betriebsablaufs dieses Fehlverhalten nicht dulden, sondern ausnahmslos beanstanden. Bei weiterem Fehlverhalten müssen Sie deshalb damit rechnen, dass wir Ihr Arbeitsverhältnis kündigen werden.

Mit freundlichen Grüßen

2.4.2 Amtsärztliche Untersuchung, Weigerung des Arbeitnehmers

35 Insbesondere die Tarifverträge des öffentlichen Dienstes geben dem Arbeitgeber die Möglichkeit, Arbeitnehmer während des Bestehens des Arbeitsverhältnisses „bei gegebener Veranlassung" durch einen Vertrauensarzt oder das Gesundheitsamt untersuchen zu lassen (vgl. z.B. § 7 Abs. 2 BAT). Die Weigerung des Arbeitnehmers, einer entsprechenden Aufforderung des Arbeitgebers Folge zu leisten, stellt eine Pflichtwidrigkeit dar, die als Störung im Leistungsbereich eine Abmahnung rechtfertigt. Dies hat das BAG zu einer inhaltsgleichen Vorschrift des Tarifvertrages für Musiker in Kulturorchestern (TVK) entschieden[37].

36 Bestehen begründete Zweifel, ob der Arbeitnehmer nur vorübergehend durch Krankheit an der Arbeitsleistung verhindert oder auf Dauer berufs- oder erwerbsunfähig ist, so hat er sich, wenn er schuldhaft keinen Rentenantrag stellt, auf Verlangen des Arbeitgebers nach § 59 Abs. 1 Unterabs. 2 BAT einer ärztlichen Untersuchung zu unterziehen. Gefährdet der Arbeitnehmer den Erfolg die-

---

[37] Urt. v. 25.6.1992 – AP Nr. 21 zu § 611 BGB Musiker; ebenso Urt. d. LAG Düsseldorf v. 8.4.1993 = ZTR 1994, S. 73

ser Untersuchung dadurch, dass er trotz Abmahnung beharrlich sein Einverständnis zu der Beziehung der Vorbefunde der behandelnden Ärzte verweigert, so kann dies nach zutreffender Auffassung des BAG[38] je nach den Umständen des Falles auch einen wichtigen Grund zur außerordentlichen Kündigung darstellen.

Diese Rechtsprechung des BAG macht deutlich, dass der Arbeitnehmer im Krankheitsfall nicht nur Anzeige- und Nachweispflichten, sondern auch Mitwirkungspflichten hat, deren Verletzung arbeitsrechtliche Konsequenzen bis hin zur außerordentlichen Kündigung haben können.

Abmahnung wegen Weigerung, sich amtsärztlich untersuchen zu lassen   Muster:

Vorbemerkung:

Die Weigerung des Arbeitnehmers, sich trotz entsprechender Aufforderung durch den Arbeitgeber amtsärztlich untersuchen zu lassen, kann eine abmahnungsrelevante Pflichtverletzung sein. Sofern der Arbeitgeber dem Arbeitnehmer im Rahmen der Abmahnung eine Frist setzt, bis zu deren Ablauf er dieser Aufforderung nachkommen soll, muss sich der Arbeitgeber darüber im Klaren sein, dass er nach Fristablauf reagieren muss, wenn der Arbeitnehmer sich nicht hat untersuchen lassen.

Abmahnung   Datum

Sehr geehrte/r Frau/Herr ...

aufgrund Ihrer häufigen krankheitsbedingten Fehlzeiten in den zurückliegenden Monaten haben wir Sie gemäß § 7 Abs. 2 Satz 1 BAT mit Schreiben vom .... aufgefordert, sich am .... beim Gesundheitsamt .... amtsärztlich daraufhin untersuchen zu lassen, ob Sie in der Lage sind, die arbeitsvertraglich geschuldete Tätigkeit ohne gesundheitlich bedingte Einschränkungen zu erbringen.

Wie uns das Gesundheitsamt gestern mitgeteilt hat, haben Sie den vereinbarten Termin nicht wahrgenommen und sich weder dort noch bei uns für Ihr Fernbleiben entschuldigt. Durch dieses

---

[38] Urt. v. 6.11.1997 – AP Nr. 142 zu § 626 BGB; vgl. auch Urt. d. Hessischen LAG v. 18.2.1999 = LAGE § 1 KSchG Verhaltensbedingte Kündigung Nr. 70

Verhalten haben Sie eine arbeitsvertragliche Pflichtverletzung begangen, da Sie unsere berechtigte Anweisung missachtet und uns dadurch die Möglichkeit genommen haben, Aufschluss darüber zu erhalten, ob und ggf. für welche Dauer Ihr Gesundheitszustand die Erbringung Ihrer arbeitsvertraglich geschuldeten Tätigkeit aus medizinischer Sicht beeinträchtigt.

Wir fordern Sie hiermit auf, sich bis spätestens .... beim Gesundheitsamt vorzustellen und die erforderliche Untersuchung vornehmen zu lassen. Sollten Sie bis zum Ablauf dieser Frist wiederum unentschuldigt dieser Aufforderung nicht Folge leisten, müssen Sie mit einer Kündigung Ihres Arbeitsverhältnisses rechnen.

Wir beabsichtigen, diese Abmahnung zu Ihren Personalakten zu nehmen. Gemäß § 13 Abs. 2 BAT erhalten Sie hiermit Gelegenheit, sich zu dem von uns erhobenen Vorwurf zu äußern. Sollten wir bis zum .... nichts von Ihnen hören, gehen wir davon aus, dass Sie von Ihrem Anhörungsrecht keinen Gebrauch machen wollen.

Mit freundlichen Grüßen

2.4.3 Anzeige- und Nachweispflicht, Verletzung der ...

37   Die Verletzung der Anzeige- und Nachweispflicht im Falle krankheitsbedingter Arbeitsunfähigkeit betrifft eine arbeitsvertragliche Nebenpflicht des Arbeitnehmers, die sowohl gesetzlich (§ 5 EFZG) als auch in zahlreichen Fällen tarifvertraglich geregelt ist. Bevor der Arbeitgeber derartige Verstöße zum Anlass für eine verhaltensbedingte Kündigung nehmen kann, muss er den Arbeitnehmer zuvor zumindest einmal vergeblich abmahnen.[39]

38   In einem besonders gelagerten Fall hat das LAG Hamm bei einer Kündigung wegen wiederholter verspäteter Anzeige einer Erkran-

---

[39] Urt. d. BAG v. 15.1.1986 – AP Nr. 93 zu § 626 BGB; Urt. d. BAG v. 31.8.1989 – AP Nr. 23 zu § 1 KSchG 1969 Verhaltensbedingte Kündigung; Urt. d. BAG v. 16.8.1991 – AP Nr. 27 zu § 1 KSchG 1969 Verhaltensbedingte Kündigung; Teilurt. d. LAG Hamm v. 16.4.1992 = LAGE § 611 BGB Abmahnung Nr. 32; Urt. d. LAG Köln v. 12.11.1993 = LAGE § 1 KSchG Verhaltensbedingte Kündigung Nr. 40; Urt. d. LAG Köln v. 1.6.1995 = LAGE § 611 BGB Abmahnung Nr. 42; Urt. d. LAG Sachsen-Anhalt v. 24.4.1996 = LAGE § 626 BGB Nr. 99

kung bzw. Folgeerkrankung durch den Arbeitnehmer eine vorherige Abmahnung nicht für notwendig erachtet, da der Arbeitnehmer durch einen allgemeinen **Betriebsaushang** wusste, dass im Krankheitsfall eine unverzügliche Anzeige und im Fall der Verlängerung unverzüglich die Folgebescheinigung vorzulegen war[40]. Diese Rechtsprechung, die auch das Problem der sogenannten **„vorweggenommenen Abmahnung"** (vgl. Abschnitt 6.2.) berührt, kann sicherlich nicht verallgemeinert werden, da die Verletzung der Anzeige- und Nachweispflichten im Fall einer Erkrankung regelmäßig dem Leistungsbereich zugerechnet werden muss.

Ein Arbeitnehmer, der im Anschluss an einen **Auslandsurlaub** erkrankt, ist nach einer Entscheidung des LAG Baden-Württemberg[41] verpflichtet, seinem Arbeitgeber hinsichtlich der erlittenen Arbeitsunfähigkeit die volle Wahrheit mitzuteilen. Diese Verpflichtung wird aus den erschwerten Nachweismöglichkeiten bei unredlichem Verhalten in derartigen Fällen abgeleitet. Unterlässt der Arbeitnehmer eine vollständige Mitteilung, begeht er eine schwerwiegende Vertragsverletzung im Vertrauensbereich. Diese berechtigt den Arbeitgeber ohne vorherige Abmahnung zur fristlosen Kündigung.

                                                  39

Das BAG hat ausdrücklich festgestellt, es lasse sich nicht der Rechtssatz aufstellen, die Verletzung der Pflicht zur Vorlage der Arbeitsunfähigkeitsbescheinigung könne auch nach vorheriger Abmahnung niemals einen wichtigen Kündigungsgrund abgeben[42]. Daraus lässt sich ersehen, dass das BAG die entsprechenden Pflichtverletzungen als Störungen im Leistungsbereich wertet.

                                                  40

Unabhängig davon ist die Verletzung der Anzeige- und Nachweispflicht sehr genau von unentschuldigtem Fehlen zu unterscheiden. Von letzterem (vgl. unter 2.4.38) kann nur dann gesprochen werden, wenn der Arbeitnehmer für bestimmte Tage weder rechtzeitig noch im nachhinein eine Entschuldigung vorbringt bzw. ein ärztliches Attest vorlegt. Sofern der Arbeitnehmer lediglich seine Anzeige- oder Nachweispflicht verletzt, rechtfertigt er – wenn auch

                                                  41

---

[40] Urt. v. 16.12.1982 = BB 1983, 1601
[41] Urt. v. 10.3.1987 = NZA 1987, 422
[42] Urt. v. 15.1.1986 - AP Nr. 93 zu § 626 BGB

verspätet - sein Fernbleiben von der Arbeitsstelle. Dies stellt zwar auch ein abmahnungsrelevantes Fehlverhalten dar, kann aber nicht als unentschuldigtes Fehlen gewertet oder etwa in einer Abmahnung als solches bezeichnet werden.[42a]

Muster: *Abmahnung wegen Verletzung der Anzeigepflicht*

Vorbemerkung:

Die Verletzung der Anzeigepflicht ist von der Verletzung der Nachweispflicht (siehe nächste Seite) zu unterscheiden. Die genaue Angabe des Datums und ggf. der Tageszeit ist für eine wirksame Abmahnung unerlässlich.

Abmahnung   Datum

Sehr geehrte/r Frau/Herr

Am Donnerstag, dem ...., sind Sie nicht zur Arbeit erschienen. An diesem Tag haben Sie uns keine Mitteilung über den Grund Ihres Fernbleibens zukommen lassen.

Als Sie am darauffolgenden Tag Ihre Arbeit wieder aufgenommen haben, haben Sie auf entsprechendes Befragen gegenüber unserem Personalleiter / Ihrem Vorgesetzten erklärt, Sie hätten sich am Vortag nicht wohlgefühlt. Diese Entschuldigung können wir nicht akzeptieren. Im Interesse eines ordnungsgemäßen Betriebsablaufs müssen wir darauf bestehen, unverzüglich von unseren Arbeitnehmern unterrichtet zu werden, wenn sie – aus welchem Grund auch immer – der Arbeit fernbleiben.

Wir raten Ihnen in Ihrem eigenen Interesse, dieses Fehlverhalten zukünftig zu unterlassen. Sollten Sie erneut Anlass zu Beanstandungen geben, müssen Sie mit einer Kündigung Ihres Arbeitsverhältnisses rechnen.

Mit freundlichen Grüßen

Muster: *Abmahnung wegen Verletzung der Nachweispflicht im Krankheitsfall*

Vorbemerkung:

Die Verletzung der Nachweispflicht (zur Anzeigepflicht siehe das vorhergehende Muster) kann den Arbeitgeber dazu berechtigen, die Fort-

---

[42a] vgl. hierzu auch Urt. d. LAG Frankfurt v. 22.1.1990 = LAGE § 1 KSchG Verhaltensbedingte Kündigung Nr. 30

zahlung des Arbeitsentgelts zu verweigern (vgl. § 7 EFZG bzw. die entsprechenden Tarifvorschriften). Unabhängig davon liegt eine Pflichtverletzung vor, die erst nach erfolgloser Abmahnung zur Kündigung berechtigt. Legt der Arbeitnehmer im nachhinein eine Arbeitsunfähigkeitsbescheinigung für sämtliche zurückliegenden Fehltage vor, darf nicht wegen unentschuldigten Fehlens, sondern ggf. nur wegen Verletzung der Nachweispflicht abgemahnt werden.

Abmahnung Datum

Sehr geehrte/r Frau/Herr

In der Zeit vom 12.10. bis einschließlich 23.10. .... sind Sie krankheitsbedingt nicht zur Arbeit erschienen. Sie haben uns zwar am 12.10. .... telefonisch von Ihrer Erkrankung / Arbeitsunfähigkeit unterrichtet, aber entgegen § 5 des Entgeltfortzahlungsgesetzes[*] haben Sie uns die am 12.10. .... ausgestellte ärztliche Bescheinigung über Ihre Arbeitsunfähigkeit erst am 16.10. .... zukommen lassen.

Durch dieses Verhalten haben Sie gegen Ihre arbeitsvertraglichen Pflichten verstoßen. Wir weisen Sie darauf hin, dass wir dieses Fehlverhalten nicht hinnehmen können. Sollten Sie sich weitere Pflichtverletzungen zuschulden kommen lassen, müssen Sie damit rechnen, dass das Arbeitsverhältnis gekündigt werden wird.

Mit freundlichen Grüßen

2.4.4 Arbeitsniederlegungen

Unberechtigte Arbeitsniederlegungen hat das BAG als Störungen im Leistungsbereich angesehen und daran unter Hinweis auf seine frühere Rechtsprechung die Folge geknüpft, dass der Arbeitgeber im Regelfall vor Ausspruch einer Kündigung aus wichtigem Grund eine Abmahnung aussprechen müsse[43]. Diese Generalisierung ist in Anbetracht des zugrundeliegenden Sachverhalts bedenklich, zumal das BAG ausdrücklich festgestellt hat, der Kläger habe ohne Rechtsgrund die Arbeit niedergelegt und sich daher vertragswidrig verhalten. Der klagende Arbeitnehmer war als Handsetzer in der Anzei-

42

---

[*] Ggf. sind abweichende Tarifvorschriften zu beachten.
[43] Urt. v. 17.12.1976 - AP Nr. 52 zu Art. 9 GG Arbeitskampf; ebenso KR-Weigand, 6. Aufl. 2002, § 25 KSchG Rz. 21

gensetzerei einer Tageszeitung tätig und hatte gemeinsam mit anderen Kollegen im Zusammenhang mit Verhandlungen zwischen dem Betriebsrat und der Geschäftsleitung an einem Tag zweimal die Arbeit niedergelegt.

43   In einem solchen Fall muss ein Arbeitnehmer ohne weiteres davon ausgehen, dass sein Verhalten vom Arbeitgeber nicht gebilligt wird. Blickt man auf den rechtlichen Ausgangspunkt der Abmahnung zurück und hält sich deren Sinn vor Augen, so leuchtet es nicht ein, dass der Arbeitnehmer, der seine Hauptpflicht aus dem Arbeitsvertrag, nämlich die Erbringung der Arbeitsleistung, ohne rechtfertigenden Grund verletzt, vom Arbeitgeber zunächst darauf hingewiesen werden muss, dass dieses eklatante Fehlverhalten bei Fortdauer oder Wiederholung zu einer Gefährdung des Arbeitsverhältnisses führen kann.

44   Dasselbe kann im Falle beharrlicher Arbeitsverweigerung angenommen werden. Das LAG Rheinland-Pfalz hat die ordentliche Kündigung ohne vorherige Abmahnung bei folgendem Sachverhalt für wirksam erachtet: Die Klägerin hatte während der gesamten Dauer einer Schicht ihre Arbeit nicht aufgenommen, obwohl sie von vier Vorgesetzten mehrmals entsprechend angewiesen und ermahnt worden war. Das Gericht hat zu Recht darauf hingewiesen, auch ein verständiger und wohlwollender Arbeitgeber könne ein derartiges Verhalten nicht sanktionslos hinnehmen. Die ordentliche Kündigung sei als angemessene Reaktion zu werten[44].

44a   Das mehrfache eigenmächtige vorzeitige Verlassen des Arbeitsplatzes nach Ablauf des Erziehungsurlaubs durch eine Arbeitnehmerin, deren Antrag auf Halbtagsbeschäftigung abgelehnt worden war, rechtfertigt nach Auffassung des Hessischen LAG[44a] nach vorheriger Abmahnung sogar eine fristlose Kündigung.

Muster: *Abmahnung wegen Arbeitsniederlegung*

Vorbemerkung:

Sofern Arbeitsniederlegungen aufgrund ihres zeitlichen Umfangs, ihrer Beharrlichkeit oder ihrer Zielsetzung nicht ohne vorherige Abmahnung eine sofortige Kündigung rechtfertigen, ist zu berücksichtigen,

---

[44] Urt. v. 18. 8. 1989 – 6 Sa 373/89 - n. v.
[44a] Urt. v. 8. 7. 1999 = LAGE § 626 BGB Nr. 125a

dass nur Pflichtverletzungen abgemahnt werden können. Wenn die Arbeitsniederlegung auf der Teilnahme an einem rechtmäßigen Streik beruht, kommt eine Abmahnung nicht in Betracht.

Abmahnung   Datum

Sehr geehrte/r Frau/Herr ...

am .... mussten wir feststellen, dass Sie in der Zeit von .... bis .... Uhr Ihre Arbeit niedergelegt haben, ohne hierfür einen triftigen Grund zu haben oder sich bei Ihrem Vorgesetzten oder im Personalbüro zu entschuldigen bzw. abzumelden.

Wir weisen Sie hiermit ausdrücklich darauf hin, dass wir die Nichterfüllung Ihrer arbeitsvertraglichen Pflichten in dem vorgenannten Zeitraum nicht akzeptieren, sondern erwarten, dass Sie während Ihrer Arbeitszeit die Ihnen zugewiesenen Tätigkeiten verrichten.

Für die ausgefallene Arbeitszeit werden wir eine entsprechende Gehaltskürzung vornehmen.

Sollten sich derartige oder ähnliche Pflichtverletzungen wiederholen, müssen Sie mit einer Kündigung Ihres Arbeitsverhältnisses rechnen.

Mit freundlichen Grüßen

2.4.5   Arbeitsunfähigkeit, Verhalten während ...

Nicht eindeutig ist die Rechtslage bei einer Kündigung wegen Arbeitsleistungen des Arbeitnehmers für einen Dritten während ärztlich attestierter Arbeitsunfähigkeit. Das LAG München[45] hält in einem solchen Fall zu Recht eine Abmahnung für entbehrlich, da eine Störung im Vertrauensbereich vorliege. Der Arbeitnehmer könne keineswegs damit rechnen, dass der Arbeitgeber sein Verhalten akzeptiert.   45

---

[45] Urt. v. 9.9.1982 = DB 1983, 1931; ebenso Hunold in BB 1986, 2050, 2053; Schmid in NZA 1985, 409, 412; vgl. auch Urt. d. LAG Hamm v. 2.2.1995 = LAGE § 626 BGB Nr. 88

46 Allerdings hat das BAG in einer früheren Entscheidung[46] die Ansicht vertreten, Nebenbeschäftigungen während der Arbeitsunfähigkeit könnten eine Kündigung nur rechtfertigen, wenn sie aus Gründen des Wettbewerbs den Interessen des Arbeitgebers zuwiderlaufen oder durch sie der Heilungsprozess verzögert wird. Pauly[47] bezeichnet diese Rechtsprechung als „praxisfremd" und weist völlig zutreffend darauf hin, dass hier ganz entscheidend der Vertrauensbereich angesprochen ist. Auf jeden Fall ist bei einem derartigen Sachverhalt eine Abmahnung als Mindestreaktion gerechtfertigt. Bei besonders eklatanter Verletzung der Treuepflicht durch den Arbeitnehmer kann auch eine sofortige Kündigung des Arbeitsverhältnisses in Betracht kommen, ohne dass es einer vorherigen Abmahnung bedarf.

47 Dies hat das BAG in einer späteren Entscheidung bestätigt[48]. In diesem Fall hatte der Arbeitgeber einem Arbeitnehmer fristlos gekündigt, der während einer ärztlich attestierten Arbeitsunfähigkeit mehrmals nachts jeweils sechs Stunden bei einer anderen Firma gearbeitet hatte. Das BAG hat zwar nicht abschließend über die Kündigung entschieden, aber den Rechtsstreit auf die Revision des Arbeitgebers an die Vorinstanz zurückverwiesen. Das LAG habe die Wirksamkeit der Kündigung nicht von vornherein an der fehlenden Abmahnung scheitern lassen dürfen. Wer trotz Krankschreibung den Heilungsprozess dadurch gefährde, dass er während seiner Krankheit schichtweise einer Vollbeschäftigung nachgehe, und das auch noch nachts, verstoße nicht nur gegen Leistungspflichten, sondern zerstöre das Vertrauen des Arbeitgebers in seine Redlichkeit.

---

[46] Urt. v. 13.11.1979 - AP Nr. 5 zu § 1 KSchG 1969 Krankheit mit Anm. v. Herschel; vgl. hierzu auch Urt. d. LAG Hamm v. 28.8.1991 = LAGE § 1 KSchG Verhaltensbedingte Kündigung Nr. 34

[47] in DB 1981, 1282 ff.

[48] Urt. v. 26.8.1993 - AP Nr. 112 zu § 626 BGB; vgl. auch Urt. d. LAG Hamm v. 28.5.1998 = LAGE § 1 KSchG Verhaltensbedingte Kündigung Nr. 69; Urt. d. LAG Köln v. 9.10.1998 = LAGE § 1 KSchG Verhaltensbedingte Kündigung Nr. 73; vgl. auch Urt. d. LAG München v. 3.11.2000 = LAGE § 626 BGB Nr. 131 mit krit. Anm. v. Buchner

Ein derart grober Pflichtverstoß, der eine sofortige Kündigung ohne vorherige Abmahnung rechtfertige, sei dann anzunehmen, wenn der Kläger die Zeit seiner Arbeitsunfähigkeit dadurch verlängert habe, dass er trotz seiner Krankheit die Nachtschichten bei der anderen Firma geleistet hat. Kein Arbeitgeber, der Lohnfortzahlung zu leisten habe, werde es dulden, dass der Arbeitnehmer zur Verbesserung seines Einkommens während der Arbeitsunfähigkeit nebenher in Nachtschicht bei einem anderen Arbeitgeber arbeitet und damit die Dauer seiner Arbeitsunfähigkeit, für die sein „eigentlicher" Arbeitgeber Lohnfortzahlung zu leisten hat, verlängert. Ein Arbeitnehmer, der so handele, könne – so das BAG – nicht damit rechnen, dass sein Fehlverhalten lediglich mit einer Abmahnung geahndet wird.

Beachte:

Wer durch die Mitteilung einer Arbeitsunfähigkeit und durch die Vorlage entsprechender ärztlicher Bescheinigungen die Lohnfortzahlungspflicht des Arbeitgebers auslöst, darf das hierdurch begründete Vertrauen des Arbeitgebers auf das tatsächliche Vorliegen einer Erkrankung bei dem Arbeitnehmer nicht missbrauchen.

48

Wer die (angeblich) krankheitsbedingte Freistellung von seiner Arbeitspflicht unter Fortzahlung des Gehaltes dazu benutzt oder – besser gesagt – missbraucht, um anderweitig Einkünfte zu erzielen, nimmt im Zweifel negative Auswirkungen auf den Krankheitsverlauf bzw. Gesundungsprozess durch die Tätigkeit in Kauf.

Diesen Gesichtspunkt hat auch das LAG München in dem o.g. Urteil[45] hervorgehoben und zu Recht ausgeführt: *„Es stellt jedenfalls einen für den Arbeitgeber nicht mehr erträglichen Missbrauch der Krankschreibungsmöglichkeit dar, solche Arbeitsleistungen nebenher zu erbringen, die durch die Krankschreibung erst ermöglicht wurden. Die Verbitterung eines Arbeitgebers, der selbst in großen Personalschwierigkeiten steckt, über ein solches Verhalten eines Arbeitnehmers ist nur zu verständlich."*

49

Das LAG Köln vertritt demgegenüber den Standpunkt, eine zulässige Nebentätigkeit dürfe in aller Regel auch während einer Arbeitsunfähigkeit ausgeübt werden. Selbst wenn die Nebentätigkeit nach Art und Ausmaß geeignet sei, die Genesung zu verzögern, liege darin

50

in aller Regel noch kein wichtiger Grund für eine außerordentliche Kündigung. Werde durch die Ausübung einer Nebentätigkeit die im Arbeitsverhältnis vertraglich geschuldete Leistung beeinträchtigt, bedürfe es vor einer hierauf gestützten Kündigung in aller Regel einer Abmahnung[49].

51   Diese auf dem Hintergrund der zuvor gemachten Ausführungen nur schwer nachvollziehbaren Feststellungen des LAG Köln können allenfalls unter Berücksichtigung des dem Urteil zugrundeliegenden Sachverhalts verständlich erscheinen. Der wegen langjähriger Betriebszugehörigkeit „unkündbare" Kläger war im Zeitpunkt der Kündigung als Betriebsratsmitglied nur mit Zustimmung des Betriebsrates aus wichtigem Grund außerordentlich kündbar.

Praktische Konsequenz:

Je nach Art und Umfang der Nebentätigkeit während Arbeitsunfähigkeit sollte zunächst der Beweiswert des ärztlichen Attests in Frage gestellt werden. Bei Vortäuschen einer Krankheit oder nachweislicher Verzögerung des Genesungsprozesses aufgrund der Nebentätigkeit kann eine Kündigung ohne vorherige Abmahnung erfolgen.

---

52   In der Praxis wird nicht selten das Verhalten von Arbeitnehmern während ärztlich attestierter Arbeitsunfähigkeit beanstandet. Soweit hierbei Arbeitsleistungen gerügt werden, ist auf die vorstehenden Ausführungen zu verweisen. Auch sonstige Verhaltensweisen während der Krankschreibung (z.B. Gaststättenbesuch, Urlaubsreise, sportliche Betätigung) lösen häufig den Unmut von Arbeitgebern und damit die Frage aus, ob hieraus arbeitsrechtliche Konsequenzen gezogen werden können.

53   Nach allgemeiner Auffassung ist ein krankgeschriebener Arbeitnehmer verpflichtet, sich so zu verhalten, dass er möglichst bald wieder gesund wird, und alles zu unterlassen, was seine Genesung verzögern könnte. Diese Verpflichtung ergibt sich aus der Treuepflicht des Arbeitnehmers[50].

---

[49] Urt. v. 7. 1. 1993 = LAGE § 626 BGB Nr. 69
[50] vgl. Urt. d. BAG v. 13.11.1979 - AP Nr. 5 zu § 1 KSchG 1969 Krankheit m.w.N. (dort Bl. 725)

Das LAG Niedersachsen vertritt darüber hinaus die Auffassung, dass   54
neben der Treuepflicht auch die Verletzung von Anstandspflichten
mit ihrer Auswirkung auf den Vertrauensbereich des Arbeitsverhältnisses zu berücksichtigen sei[51]. Das LAG führt wörtlich aus:

*„Die Anstandspflicht gebietet dem arbeitsunfähig erkrankten Arbeit-
nehmer, Betätigungen oder liebgewordene Gewohnheiten zu unterlassen, wenn diese den Anschein wecken oder bestärken, mit der Krankheit
sei es nur halb so schlimm. Der Arbeitnehmer verstößt gegen die Anstandspflicht, wenn er die Betätigungen im privaten Bereich ungeniert
fortsetzt, so als sei nichts geschehen. Er verletzt die Anstandspflicht,
wenn er durch private Betätigungen den Eindruck erweckt, er sei nicht
bedauerlicherweise krank, sondern er mache krank, er feiere krank.
Durch ein solches Verhalten setzt sich der Arbeitnehmer in Widerspruch zu der von ihm angezeigten Arbeitsunfähigkeit. Mit Betätigungen, die den Anschein des Krankfeierns hervorrufen, handelt der arbeitsunfähig geschriebene Arbeitnehmer unanständig gegenüber dem
Arbeitgeber, der die Vergütung fortzahlt. Er handelt auch unkollegial
gegenüber den Arbeitskollegen, die nicht selten die Arbeit des erkrankten Arbeitnehmers mit erledigen, dessen Krankheitsvergütung miterar-
beiten und sich unter solchen Umständen als die Dummen vorkommen
müssen. Kommt durch das private Verhalten ein solcher Anschein im
Blickwinkel des Arbeitgebers oder unter den Wahrnehmungsmöglich-
keiten der Arbeitskollegen auf, kann dadurch das Vertrauen des Arbeitgebers in die Lauterkeit und Rechtschaffenheit des Arbeitnehmers er-
schüttert werden. In einem solchen Falle ist weder zu prüfen, ob der
Arbeitnehmer tatsächlich arbeitsunfähig erkrankt ist, noch, ob das
Verhalten des Arbeitnehmers den Heilungsprozess verzögert und damit
die Krankheitsdauer verlängert hat."*

Das Gericht hat mit dieser Begründung eine ordentliche Kündigung
bestätigt, die deswegen ausgesprochen worden war, weil der Kläger
während seiner Arbeitsunfähigkeit den Fahrschulunterricht fortgesetzt und an der Führerscheinprüfung teilgenommen hatte. Der
Arbeitgeber sei auch nicht zu einer Abmahnung verpflichtet gewesen, da es sich vorliegend um eine Kündigung wegen Beeinträchtigung der Vertrauensgrundlage handele.

---

[51] Urt. v. 11.8.1977 = DB 1978, 749

55   Das LAG Frankfurt hat bei einem ähnlichen Sachverhalt eine Kündigung für gerechtfertigt erklärt und eine vorherige Abmahnung nicht für erforderlich gehalten[52]. Es hat ausgeführt:

„Nimmt ein Arbeitnehmer während einer zur Dienst- oder Arbeitsunfähigkeit führenden Erkrankung an einer außerdienstlichen Veranstaltung teil, die bei vernünftiger Betrachtung aus der Sicht eines verständig abwägenden Arbeitgebers an die körperliche und geistige Leistungsfähigkeit des Arbeitnehmers ähnliche oder vergleichbare Anforderungen stellt wie dessen vertragliche Arbeitspflicht, so liegt darin regelmäßig zumindest dann ein erheblicher Vertragsverstoß, wenn die außerdienstliche Veranstaltung in einem engen und konkreten Bezug zum Arbeitsverhältnis steht, die Teilnahme nur dem beruflichen Fortkommen des Arbeitnehmers dienen soll und der Arbeitgeber den Veranstaltungsbesuch vorher ausdrücklich untersagt hatte."

> **Praktische Konsequenz:**
>
> Treuwidriges oder gesundheitsschädliches Verhalten des Arbeitnehmers während ärztlich attestierter Arbeitsunfähigkeit ist abmahnungsrelevant und kann in gravierenden Fällen sogar kündigungsrelevant sein.

Muster: *Abmahnung wegen des Verhaltens während ärztlich attestierter Arbeitsunfähigkeit*

Vorbemerkung:

In derartigen Fällen muss sich der Arbeitgeber besonders genau überlegen, wie er arbeitsrechtlich reagieren will. Hat er begründete Anhaltspunkte dafür, dass die Arbeitsunfähigkeit nur vorgetäuscht ist, um sich auf Kosten des Arbeitgebers bzw. der Krankenkasse anderweitig betätigen zu können, sollte nicht abgemahnt werden. In diesem Fall empfiehlt sich die Einstellung der Entgeltfortzahlung und / oder die Einschaltung des Medizinischen Dienstes der Krankenkasse. Eine Abmahnung kann in Betracht kommen, wenn der Arbeitnehmer durch sein Verhalten während der Krankschreibung den Genesungsprozess beeinträchtigt.

---

[52] Urt. v. 10.9.1981 = BB 1982, 1857

Abmahnung Datum

Sehr geehrte/r Frau/Herr ...

Sie sind nach dem uns vorliegenden ärztlichen Attest in der Zeit vom 11. März bis einschließlich 22. März infolge Krankheit arbeitsunfähig. Am 20. März sind Sie in der Zeit zwischen 14.00 und 16.00 Uhr dabei beobachtet worden, wie Sie einem Bekannten bei einem Wohnungsumzug geholfen haben. Sie haben nicht nur den LKW gefahren, sondern auch beim Ausladen und Tragen der Möbel mitgeholfen.

Diese Verhaltensweise ist mit der ärztlich bescheinigten Arbeitsunfähigkeit unvereinbar. Wenn Sie nach Auffassung Ihres behandelnden Arztes aus gesundheitlichen Gründen nicht dazu in der Lage sind, die von Ihnen arbeitsvertraglich geschuldete Tätigkeit als Gabelstaplerfahrer zu erbringen, ohne den Genesungsprozess zu verzögern, muss nach unserer Auffassung dasselbe auch für Ihre Mithilfe bei einem Wohnungsumzug gelten.

Sie haben dadurch Ihre vertragliche Treuepflicht verletzt, wonach Sie gehalten sind, während einer Arbeitsunfähigkeit alles zu unterlassen, was den Genesungsprozess gefährden oder verzögern könnte. Wir sind nicht bereit, dieses Verhalten zu akzeptieren. Sollten Sie erneut gegen Ihre vertraglichen Pflichten aus dem Arbeitsverhältnis verstoßen, müssen Sie mit einer Kündigung rechnen.

Mit freundlichen Grüßen

2.4.6 Arbeitsunfähigkeitsbescheinigung, Fälschen der ...

Das Fälschen eines ärztlichen Attests rechtfertigt nach zutreffender Ansicht des LAG Bremen[53] ohne vorherige Abmahnung eine außerordentliche Kündigung des Arbeitsverhältnisses. Dabei handelt es sich nämlich nicht nur um ein auch strafrechtlich relevantes Verhalten, sondern um eine besonders schwerwiegende Beeinträchtigung des Vertrauensverhältnisses zwischen Arbeitgeber und Arbeitnehmer. Wer sich als Arbeitnehmer so verhält, will sich Leistungen des Arbeitgebers erschleichen (nämlich Entgeltfortzahlung im Krankheitsfall), die ihm nicht zustehen. Eine Abmahnung kann in

56

---

[53] Urt. v. 15.2.1985 = BB 1985, 1129

derartigen Fällen eine Wiederherstellung des Vertrauens nicht erwarten lassen.

2.4.7 Arbeitsverweigerung

57   Arbeitsverweigerungen betreffen die Hauptpflicht des Arbeitnehmers aufgrund seines Arbeitsvertrages. Wer sich berechtigten Anordnungen seines Arbeitgebers wiedersetzt und sich weigert, diese auszuführen, begeht demnach eine arbeitsvertragliche Pflichtverletzung, die abgemahnt werden kann. Dasselbe gilt in den Fällen, in denen der Arbeitnehmer das Direktionsrecht des Arbeitgebers oder seiner unmittelbaren Vorgesetzten missachtet und die entsprechenden Tätigkeiten, die er ausüben soll, nicht oder nicht wie angeordnet verrichtet. Dies kann auch bei der Ablehnung zulässigerweise angeordneter Überstunden der Fall sein[53a].

58   Auch eine auf einer Gewissensentscheidung beruhende Vertragsverletzung eines Arbeitnehmers ist einer Abmahnung zugänglich[54]. In einem vom Hessischen LAG entschiedenen Fall ging es um einen Postzusteller, der sich weigerte, eine Wahlwerbung einer rechtsradikalen Partei mit ausländerfeindlichem Inhalt als Postwurfsendung zuzustellen. Das Gericht hat die von dem beklagten Arbeitgeber erteilte Abmahnung für unberechtigt erklärt, jedoch allerdings deshalb, weil er sich zu seinem eigenen vorangegangenen Verhalten in Widerspruch gesetzt und deshalb gegen Treu und Glauben (§ 242 BGB) verstoßen hatte.

59   Bei einer sog. beharrlichen Arbeitsverweigerung kommt nach der Rechtsprechung des BAG[55] grundsätzlich eine außerordentliche, fristlose Kündigung in Betracht. Darunter sind die Fälle zu verstehen, in denen beim Arbeitnehmer ein besonders nachhaltiger Wille

---

[53a] Urt. d. LAG Köln v. 27.4.1999 = LAGE § 626 BGB Nr. 126

[54] Urt. d. BAG v. 24.5.1989 – AP Nr. 1 zu § 611 BGB Gewissensfreiheit; Urt. d. Hessischen LAG v. 20.12.1994 – AP Nr. 18 zu § 611 BGB Abmahnung

[55] Urt. v. 21.11.1996 – AP Nr. 130 zu § 626 BGB mit Anm. v. Bernstein; Urt. v. 5.4.2001 – AP Nr. 32 zu § 99 BetrVG 1972 Einstellung; vgl. ferner Urt. d. LAG München v. 19.1.1989 = LAGE § 626 BGB Nr. 38; Urt. d. LAG Berlin v. 6.12.1993 = LAGE § 1 KSchG Verhaltensbedingte Kündigung Nr. 42; Urt. d. LAG Hamburg v. 3.11.1999 = LAGE § 1 KSchG Verhaltensbedingte Kündigung Nr. 76; Urt. d. ArbG Frankfurt/Main v. 8.10.1997 = LAGE § 1 KSchG Verhaltensbedingte Kündigung Nr. 68

vorliegt. Der Arbeitnehmer muss die ihm übertragene Arbeit bewusst und nachhaltig nicht leisten wollen. Hierbei genügt es nicht, wenn der Arbeitnehmer eine Weisung unbeachtet lässt. Voraussetzung ist eine intensive Weigerung des Arbeitnehmers. Dabei ist – so das BAG - u.a. zu würdigen, ob damit zu rechnen ist, der Arbeitnehmer werde auch in Zukunft seiner Arbeitspflicht nicht nachkommen (Prognoseprinzip)[56]. Nach dem ultima-ratio-Prinzip schließt dies aber im Einzelfall nicht aus, dass nur eine ordentliche Kündigung gerechtfertigt ist.

Abmahnung wegen Arbeitsverweigerung   Muster:

Vorbemerkung:

Wenn wegen Arbeitsverweigerung abgemahnt werden soll, ist besonders darauf zu achten, die nicht befolgte Anweisung des Arbeitgebers bzw. Vorgesetzten möglichst genau zu umschreiben. Außerdem muss zweifelsfrei sein, dass die Ausführung der Arbeitsanweisung zu den arbeitsvertraglich geschuldeten Tätigkeiten des Arbeitnehmers gehört und diesem nicht aus besonderen Gründen unzumutbar ist. In Fällen beharrlicher Arbeitsverweigerung kann eine Abmahnung entbehrlich sein.

Abmahnung   Datum

Sehr geehrte/r Frau/Herr ...

am ...... sind Sie vom Rektor des Humboldt-Gymnasiums, Herrn Müller, angewiesen worden, im Musiksaal der Schule wegen der bevorstehenden Elternversammlung die Stellwände für Informationen aufzustellen. Nachdem auch am Folgetag der Arbeitsauftrag noch nicht erledigt war, hat Sie Herr Müller am .... um .... Uhr nochmals eindringlich aufgefordert, die entsprechenden Arbeiten umgehend zu erledigen. Erst aufgrund einer erneuten Nachfrage etwa drei Stunden später haben Sie im Anschluss daran die Stellwände aufgestellt.

Wir machen Sie hiermit darauf aufmerksam, dass wir ein derartiges Verhalten nicht länger dulden. Sofern Sie von Herrn Müller einen Arbeitsauftrag erhalten, ist es Ihre Pflicht, diesen umge-

---

[56] zum Prognoseprinzip vgl. auch Adam in NZA 1998, 284

hend zu erledigen. Spätestens nach der ersten Erinnerung am Vormittag des .... hätten Sie unverzüglich tätig werden müssen. Sollten Sie erneut solche Anweisungen missachten oder in ähnlicher Weise Ihre arbeitsvertraglichen Pflichten verletzen, sehen wir uns gezwungen, eine Kündigung Ihres Arbeitsverhältnisses in Erwägung zu ziehen.

Mit freundlichen Grüßen

2.4.8 Aufsichtspflicht, Verletzung der ...

60 Die Verletzung der Aufsichtspflicht rechtfertigt nicht ohne vorherige Abmahnung ohne weiteres eine Kündigung.

Dies gilt selbst bei grober Nachlässigkeit jedenfalls dann, wenn keine Anhaltspunkte dafür vorliegen, dass der Arbeitnehmer durch sein Verhalten seinem Arbeitgeber oder Dritten bewusst einen Nachteil oder Schaden zufügen wollte. Das LAG Köln[57] hatte über einen Fall zu entscheiden, in dem der Arbeitnehmer die von ihm in den Medizinischen Einrichtungen der Universität zu verteilende Eingangspost etwa 10 Minuten unbeaufsichtigt gelassen hatte und damit deren Entwendung ermöglichte. Die Post wurde nachmittags von einem anderen Arbeitnehmer zufällig hinter einem Gebüsch gefunden. Der Arbeitgeber hat daraufhin dem Arbeitnehmer ordentlich gekündigt. Das LAG hat die Kündigung wegen fehlender Abmahnung für unwirksam erachtet.

Muster: *Abmahnung wegen Verletzung der Aufsichtspflicht*

Vorbemerkung:

Die Verletzung der Aufsichtspflicht rechtfertigt nur dann ohne vorherige Abmahnung eine Kündigung, wenn der Arbeitnehmer vorsätzlich oder zumindest grob fahrlässig gehandelt und dem Arbeitgeber dadurch einen Schaden zugefügt hat.

Abmahnung Datum

Sehr geehrter Herr ...

nach der Dienstanweisung für Schulhausmeister, die Ihnen mit Schreiben vom .... ausgehändigt worden ist, sind Sie als Haus-

---

[57] Urt. v. 10.6.1994 = LAGE § 611 BGB Abmahnung Nr. 37

meister für die Überwachung des Reinigungspersonals und deren Tätigkeiten verantwortlich.

Vor wenigen Tagen ist uns von der Schulleitung mitgeteilt worden, dass seit mehreren Wochen zwei der vier Reinigungskräfte, nämlich Frau Heinz und Frau Fischer, regelmäßig vorzeitig Ihre Arbeitsstelle verlassen, nämlich statt um 18.00 Uhr bereits zwischen 16.30 und 17.00 Uhr. Auf entsprechende Rückfrage haben Sie uns erklärt, dass Sie sich in der fraglichen Zeit stets in Ihrer Wohnung aufgehalten haben und jeweils erst um 18.00 Uhr in das Schulgebäude gegangen sind, um nach dem Weggang der Reinigungskräfte abzuschließen.

Diese Verhaltensweise ist mit der o.g. Dienstanweisung nicht zu vereinbaren. Ihnen hätte auffallen müssen, dass gegen 18.00 Uhr lediglich noch zwei der insgesamt vier Reinigungskräfte anwesend waren. Dies hätte Ihnen Anlass geben müssen, bereits früher als von Ihnen praktiziert das Schulgebäude aufzusuchen und zu kontrollieren, ob alle Reinigungskräfte ihre Aufgaben bis zum festgelegten Arbeitsende erledigen. Aufgrund Ihrer Nachlässigkeit ist es zu Minderleistungen von zwei Reinigungskräften gekommen, die Sie bei ordnungsgemäßer Wahrnehmung Ihrer Aufsichtspflicht hätten verhindern können.

Wir erwarten von Ihnen, dass Sie ab sofort Ihre Aufsichtspflicht erfüllen und dafür Sorge tragen, dass alle Reinigungskräfte während der vorgeschriebenen Arbeitszeit ihre Tätigkeiten verrichten. Sollten wir erneut feststellen müssen, dass Sie Ihre Aufsichtspflicht verletzen, müssen Sie mit einer Kündigung Ihres Arbeitsverhältnisses rechnen.

Mit freundlichen Grüßen

2.4.9 Außerdienstliches Fehlverhalten

Aus dem Arbeitsverhältnis resultieren für beide Vertragspartner sogenannte Hauptpflichten und zahlreiche Nebenpflichten. Diese können sich u.U. auch auf das außerdienstliche Verhalten des Arbeitnehmers beziehen. Da prinzipiell nur arbeitsvertragliche Pflichtverletzungen abgemahnt werden können, ist stets zu prüfen, ob das außerdienstliche Verhalten des Arbeitnehmers das Arbeitsverhältnis konkret berührt und damit den Betrieb bzw. die Verwaltung beein-

61

trächtigt. Nur in diesen Fällen kann außerdienstliches Fehlverhalten zum Gegenstand einer Abmahnung gemacht werden.

62 So kann z.b. nach Auffassung des LAG Hamm[58] dem Leiter einer Bankfiliale nicht wegen zahlreicher Spielbankbesuche und des dortigen Spielens fristlos gekündigt werden, wenn diese Besuche ohne konkrete Auswirkung auf das Arbeitsverhältnis geblieben sind. Auch eine Abmahnung kommt in derartigen Fällen nur in Betracht, wenn dem Arbeitnehmer die Verletzung einer arbeitsvertraglichen Haupt- oder Nebenpflicht zum Vorwurf gemacht werden kann.

63 Besonderheiten können sich im öffentlichen Dienst ergeben. Der Angestellte hat sich so zu verhalten, wie es von Angehörigen des öffentlichen Dienstes erwartet wird (§ 8 Abs. 1 Satz 1 BAT). Diese Vorschrift betrifft nicht nur das Verhalten in der Dienststelle bzw. im Betrieb, sondern das gesamte Verhalten des Angestellten. Deshalb kann außerdienstliches Fehlverhalten eines Angestellten des öffentlichen Dienstes je nach Fallgestaltung anders zu gewichten sein als das entsprechende Verhalten von Arbeitnehmern in der Privatwirtschaft[58a].

64 Ein Angestellter des öffentlichen Dienstes muss sein außerdienstliches Verhalten nach der Rechtsprechung des BAG[58b] so einrichten, dass das Ansehen des öffentlichen Arbeitgebers nicht beeinträchtigt wird. Begeht ein im öffentlichen Dienst Beschäftigter ein vorsätzliches Tötungsdelikt, so ist es seinem Arbeitgeber in der Regel unzumutbar, ihn weiter zu beschäftigen, ohne dass eine konkret messbare Ansehensschädigung nachgewiesen werden müsste. In einem solchen Fall kann der öffentliche Arbeitgeber regelmäßig nicht auf den Ausspruch einer Abmahnung verwiesen werden. Dem Arbeitnehmer muss klar sein, dass die Begehung eines vorsätzlichen Tötungsdelikts als massive Rechtsverletzung seine Weiterbeschäftigung im öffentlichen Dienst in Frage stellen kann.

65 Ähnliches gilt für Arbeitnehmer im kirchlichen Dienst. Auch in diesen Fällen können außerdienstliche Verhaltensweisen arbeitsrechtlich anders zu beurteilen sein. Tritt z.B. eine im Bereich der

---

[58] Urt. v. 14.1.1998 = LAGE § 626 BGB Nr. 119
[58a] Urt. d. LAG Nürnberg v. 10.7.2000 = NZA-RR 2001, 27
[58b] Urt. v. 8.6.2000 – AP Nr. 163 zu § 626 BGB

Evangelischen Kirche beschäftigte Sozialpädagogin, die in einer Beratungsstelle für Erziehungs-, Ehe- und Lebensfragen unmittelbar an der Verwirklichung der karitativen Aufgabe dieser von der Kirche getragenen Einrichtung mitwirkt, aus der Kirche aus, verstößt sie damit nach Auffassung des LAG Rheinland-Pfalz[59] in so schwerwiegender Weise gegen ihre Loyalitätsobliegenheit, dass ein wichtiger Grund für eine außerordentliche Kündigung vorliegt. Da ein Kirchenaustritt nicht nur den Leistungs-, sondern auch den Vertrauensbereich beruhrt, bedurfte es – so das LAG – vor Ausspruch der Kündigung keiner Abmahnung. Selbst bei einem Wiedereintritt in die Kirche müsste der Arbeitgeber befürchten, dass die Arbeitnehmerin nicht in freier Selbstbestimmung, sondern nur unter Druck erneut Mitglied der Kirche geworden ist.

Das BAG[60] ist der Ansicht, dass Ehebruch nach kirchlichem Selbstverständnis von Mormonen einen außerordentlichen Kündigungsgrund darstellt. Eine vorherige Abmahnung sei entbehrlich. Dies sei nämlich immer dann der Fall, wenn es sich um eine besonders grobe Pflichtverletzung handele und dem Arbeitnehmer die Pflichtwidrigkeit seines Verhaltens ohne weiteres erkennbar war und er mit der Billigung seines Verhaltens durch den Arbeitgeber nicht rechnen konnte.

65a

Abmahnung wegen außerdienstlichen Fehlverhaltens

Muster:

Vorbemerkung:

Eine Abmahnung wegen außerdienstlichen Fehlverhaltens kommt nur in Betracht, wenn dem Arbeitnehmer aufgrund der Auswirkungen dieses Verhaltens auf das Arbeitsverhältnis auch eine arbeitsvertragliche Pflichtverletzung zum Vorwurf gemacht werden kann.

Abmahnung Datum

Sehr geehrte/r Frau/Herr ...

am .... haben wir erfahren, dass Sie regelmäßig die Spielbank in .... besuchen und sich dort auch am Glücksspiel beteiligen. So sind Sie am (Tage mit Datum einsetzen) am Roulette-Spieltisch beim Spielen gesehen worden.

---

[59] Urt. v. 9.1.1997 = LAGE § 611 BGB Kirchliche Arbeitnehmer Nr. 8
[60] Urt. v. 24.4.1997 - AP Nr. 27 zu § 611 BGB Kirchendienst

Dieses außerdienstliche Verhalten ist mit Ihrer herausgehobenen Funktion als Abteilungsleiter eines Finanzamtes nicht vereinbar. Nach § 8 Abs. 1 Satz 1 BAT haben Sie sich so zu verhalten, wie es von Angehörigen des öffentlichen Dienstes erwartet wird. Ihre Beteiligung am Glücksspiel stellt Ihre Eignung für die Ihnen übertragene Aufgabe sowie die für dieses Amt erforderliche Integrität in Frage und ist darüber hinaus geeignet, das Ansehen des Finanzamtes in der Öffentlichkeit zu beschädigen.

Wir fordern Sie hiermit auf, den Besuch von Spielbanken zu unterlassen. Sollten Sie dieser Aufforderung nicht Folge leisten, müssen Sie mit einer Kündigung Ihres Arbeitsverhältnisses rechnen.

Wir beabsichtigen, diese Abmahnung zu Ihren Personalakten zu nehmen. Gemäß § 13 Abs. 2 BAT erhalten Sie hiermit Gelegenheit, sich zu dem von uns erhobenen Vorwurf zu äußern. Sollten wir bis zum .... nichts von Ihnen hören, gehen wir davon aus, dass Sie von Ihrem Anhörungsrecht keinen Gebrauch machen wollen.

Mit freundlichen Grüßen

2.4.10 Beleidigung

66 Der Umstand, dass ein Arbeitnehmer Kollegen und Vorgesetzte unsachlich angegriffen und beleidigt hat, ist als erhebliche Störung des Vertrauensbereichs anzusehen, so dass eine Abmahnung entbehrlich ist[61]. Der Kläger hatte u.a. seinem Vorgesetzten in einem Schreiben die Vorgesetzteneigenschaften abgesprochen und ihm Befangenheit, Voreingenommenheit sowie fortgesetzte Verstöße gegen die Fürsorge- und Dienstaufsichtspflicht vorgeworfen. Außerdem hatte er zuvor ebenfalls schriftlich seinem Vorgesetzten pauschal u.a. Nötigung, Körperverletzung im Amt und Verunglimpfung vorgeworfen. In einem früheren Schreiben hatte er den Vorwurf erhoben, er sei Pressionen ausgesetzt. Darüber hinaus hatte der Kläger gegenüber einem Vorgesetzten Dienstaufsichtsbeschwerde

---

[61] Urt. d. BAG v. 3.2.1982 – AP Nr. 1 zu § 72 BPersVG; vgl. auch Urt. d. LAG Köln v. 18.4.1997 = LAGE § 626 BGB Nr. 111; Urt. d. LAG Berlin v. 14.7.1997 = LAGE § 626 BGB Nr. 108

erhoben mit dem Vorwurf, in seine Personalakten würden nur solche Vorgänge aufgenommen, die zu seinen Ungunsten entschieden worden seien.

In einem anderen Fall hat das BAG ausgeführt, **Beleidigungen** und 67
Tätlichkeiten fielen nicht unter den Leistungsbereich. Hierbei handele es sich vielmehr um Verletzungen von Nebenpflichten, die zu einer Störung im Betriebsbereich führten[62]. Der Kläger hatte einen Arbeitskollegen beleidigt und gedemütigt, indem er geäußert hatte, er sei in der psychiatrischen Heil- und Pflegeanstalt gewesen. Außerdem hatte der Kläger diesen Mitarbeiter getreten und in das Gesicht geschlagen.

In diesem Zusammenhang ist eine Entscheidung des BAG zu er- 68
wähnen, die sich mit der Kündigung eines Lehrers befasst. Dieser hatte während des Schulunterrichts einen „Judenwitz" mit menschenverachtendem Charakter erzählt. Das BAG hat – im Gegensatz zur Auffassung des LAG – wegen der irreparablen Zerstörung des Vertrauensverhältnisses aufgrund dieses Fehlverhaltens eine vorherige Abmahnung für entbehrlich gehalten[63].

Die Verantwortung eines Angestellten des öffentlichen Dienstes für 69
die Verbreitung ausländerfeindlicher Pamphlete ist nach Ansicht des BAG[64] an sich geeignet, eine außerordentliche Kündigung zu rechtfertigen. Ob in dem konkreten Fall eine vorherige Abmahnung entbehrlich war, konnte das BAG nicht entscheiden und hat deshalb den Rechtsstreit an die Vorinstanz zurückverwiesen.

---

[62] vgl. Urt. v. 12.7.1984 (= Fn. 21)
[63] Urt. v. 5.11.1992 = ArbuR 1993, 124; vgl. auch Urt. d. ArbG Frankfurt v. 28.1.1993 = ArbuR 1993, 415 zum Aufhängen eines Hitlerbildes; Urt. d. ArbG Hannover v. 22.4.1993 = ArbuR 1993, 415 zum Verteilen von Hetzschriften gegen Ausländer, Aussiedler und Asylbewerber; Urt. d. LAG Rheinland-Pfalz v. 10.6.1997 = LAGE § 1 KSchG Verhaltensbedingte Kündigung Nr. 62 zu einer ausländerfeindlichen und menschenverachtenden Äußerung gegenüber einem ausländischen Kollegen; Urt. d. LAG Köln v. 14.12.1998 = LAGE § 626 BGB Nr. 124 zur Speicherung und Verbreitung sexistischer und rassistischer Witze
[64] Urt. v. 14.2.1996 – AP Nr. 26 zu § 626 BGB Verdacht strafbarer Handlung

70   Das „Götzzitat" gegenüber dem Arbeitgeber oder Vorgesetzten rechtfertigt nach Meinung des LAG Frankfurt eine fristlose Kündigung ohne vorherige Abmahnung[65].

71   Die Beleidigung eines Vorgesetzten mit dem Wort „Arschloch" ist nach Ansicht des Arbeitsgerichts Frankfurt[66] ein Umstand, der an sich geeignet ist, einen wichtigen Grund für die außerordentliche Kündigung des Arbeitsverhältnisses zu bilden. Kündigt der Arbeitgeber gleichwohl lediglich ordentlich, so ist eine vorherige Abmahnung wegen dieser Äußerung entbehrlich, denn das Verhalten des Arbeitnehmers stellt eine schwerwiegende Beeinträchtigung des Vertrauensbereichs dar.

72   Äußert sich eine Verkäuferin gegenüber einer Kundin im Rahmen eines Reklamationsgesprächs mit den Worten „Nun werden Sie aber nicht so pissig", rechtfertigt dies nach Meinung des LAG Schleswig-Holstein[67] auch ohne vorherige Abmahnung die fristlose Kündigung des Arbeitsverhältnisses, es sei denn, die Äußerung ist durch ein beleidigendes Verhalten der Kundin provoziert worden.

2.4.11   Benehmen, schlechtes

73   Ein mit dem allgemeinen Umgangston nicht zu vereinbarendes schlechtes Benehmen (z.B. dem Vorgesetzten ins Wort fallen, Wutausbrüche) stellt nach Auffassung des LAG Düsseldorf[68] noch keine Verletzung der arbeitsvertraglichen Verpflichtung eines Angestellten des öffentlichen Dienstes nach § 8 Abs. 1 Satz 1 BAT dar. Durch diese Bestimmung wird - so das LAG - das von jedem Mitmenschen zu erwartende Mindestmaß an gutem Benehmen nicht zur arbeitsvertraglichen Verpflichtung erhoben. Deshalb bestehe insoweit auch kein Abmahnungsrecht des Arbeitgebers.

74

---

[65] Urt. v. 13.2.1984 = NZA 1984, 200 (L); vgl. auch Becker-Schaffner in DB 1985, 650, 651 (dort Fn. 27)

[66] Urt. v. 10.8.1998 – 15 Ca 9661/97 = NJW 1999, Heft 4, S. VIII

[67] Urt. v. 5.10.1998 = LAGE § 626 BGB Nr. 123; vgl. auch Urt. d. LAG Köln v. 7.12.1995 = LAGE § 1 KSchG Verhaltensbedingte Kündigung Nr. 50 („blöder Sack")

[68] Urt. v. 22. 3.1988 = ZTR 1989, 309; vgl. auch Urt. v. 19.12.1995 =LAGE § 626 BGB Nr. 91

Dieser Rechtsprechung kann nur bedingt zugestimmt werden. Wenn das unhöfliche Verhalten beleidigenden Charakter annimmt und dadurch eine deutliche Missachtung des Arbeitgebers oder des Vorgesetzten zum Ausdruck gebracht wird, liegt durchaus eine arbeitsvertragliche Pflichtverletzung vor, die mit einer Abmahnung gerügt werden kann. Dies gilt auch außerhalb des öffentlichen Dienstes. Aus der jedem Arbeitnehmer obliegenden Treuepflicht ergibt sich nämlich die Pflicht zu loyalem und korrektem Verhalten im Rahmen der allgemeinen Anstandsregeln[69].

Abmahnung wegen ungehörigen Benehmens   Muster:

Vorbemerkung:

Sofern das Verhalten des Arbeitnehmers nicht bereits ohne Abmahnung eine Kündigung rechtfertigt, ist vor allem darauf zu achten, den Vorwurf nicht nur in pauschaler Form zu erheben, sondern in der Abmahnung möglichst genau zu umschreiben (vgl. Abschnitt 4.1).

Abmahnung   Datum

Sehr geehrte/r Frau/Herr ...

am .... sind Sie von Ihrem Vorgesetzten, Herrn Schäfer, um .... Uhr zu einer Rücksprache gebeten worden. Im Verlauf dieses Gesprächs hat Ihnen Herr Schäfer Vorhaltungen wegen der nicht fristgerechten Bearbeitung verschiedener Kundenaufträge gemacht. Auf seine Frage, weshalb die Aufträge nicht fristgerecht erledigt worden seien, haben Sie ungehalten reagiert und in lautstarkem Tonfall etwa wörtlich geäußert: „Sie haben ja keine Ahnung, was in unserer Abteilung los ist." Daraufhin sind Sie aufgestanden, haben das Zimmer von Herrn Schäfer verlassen und seine Zimmertür zugeknallt.

Wir weisen Sie hiermit ausdrücklich darauf hin, dass wir ein derartiges Verhalten nicht hinnehmen. Herr Schäfer hat als Ihr Vorgesetzter sowohl das Recht, Sie zu einer Rücksprache zu bestellen, als auch die Befugnis, Ihnen Vorhaltungen zu machen, wenn Sie Ihre Aufgaben nicht ordnungsgemäß erfüllen. Ihr Verhalten stellt eine Missachtung der Person von Herrn Schäfer und damit zu-

---

[69] vgl. hierzu Urt. d. ArbG Kaiserslautern v. 16. 1.1990 = ARSt. 1990, 101

gleich auch ein nicht akzeptables Verhalten gegenüber Ihrem Arbeitgeber dar.

Sollten Sie sich erneut eine derartige oder ähnliche Pflichtverletzung zuschulden kommen lassen, müssen Sie damit rechnen, dass der Inhalt oder Bestand Ihres Arbeitsverhältnisses gefährdet ist.

Mit freundlichen Grüßen

2.4.12 Betrug

75   Im Falle eines auch strafrechtlich relevanten Betrugs (§ 263 StGB) zum Nachteil des Arbeitgebers liegt eine so schwerwiegende Störung des Vertrauensbereichs vor, dass dem Arbeitgeber eine vorherige Abmahnung nicht zugemutet werden kann. Er ist vielmehr in solchen Fällen ohne weiteres zur Kündigung des Arbeitsverhältnisses berechtigt, da das Vertrauensverhältnis in erheblicher Weise beeinträchtigt, wenn nicht sogar zerstört wird. Für den Arbeitnehmer ist sein pflichtwidriges Verhalten ohne weiteres erkennbar, und er kann nicht damit rechnen, dass der Arbeitgeber sein Fehlverhalten billigt[70].

76   Einem Chefarzt, der über mehrere Jahre hinweg vertragswidrig mehr als 600.000 DM Nebeneinnahmen nicht angezeigt und damit mehr als 160.000 DM Nutzungsentgelt für Nebentätigkeiten nicht an das Krankenhaus abgeführt hat, kann außerordentlich ohne vorherige Abmahnung gekündigt werden. Dies hat das LAG Köln[71] entschieden.

2.4.13 Datenschutz, Verletzung des ...

77   Die vorsätzliche Missachtung des Datenschutzes kann je nach den Umständen des Einzelfalles eine Kündigung ohne vorherige Abmahnung rechtfertigen. Das Arbeitsgericht Marburg[72] hat hierzu die Ansicht vertreten, der unerlaubte Einblick in die Personal- und

---

[70] vgl. Urt. d. LAG Frankfurt v. 5.7.1988 = LAGE § 1 KSchG Verhaltensbedingte Kündigung Nr. 20, das in einem besonderen Ausnahmefall eine ordentliche Kündigung für unwirksam gehalten hat; vgl. außerdem Urt. d. LAG Düsseldorf v. 5.6.1998 = LAGE § 626 BGB Nr. 119

[71] Urt. v. 20.11.1990 – 9 Sa 452/90 - n.v.

[72] Urt. v. 27.5.1994 = ARSt. 1995, 8

Gehaltsdaten Dritter stelle einen schwerwiegenden Vertrauensbruch und Eingriff in geschützte Daten dar. Außerdem könne dadurch der Betriebsfrieden beträchtlich gestört werden. Deshalb sei ohne vorherige Abmahnung eine ordentliche Kündigung gerechtfertigt. Dieser Auffassung ist zuzustimmen. Wer die Persönlichkeitssphäre Dritter bewusst missachtet, muss sich darüber im Klaren sein, dass dieses Fehlverhalten nicht nur von dem betroffenen Dritten, sondern auch vom Arbeitgeber nicht hingenommen werden kann. Eine Abmahnung ist in solchen Fällen regelmäßig nicht geeignet, das verloren gegangene Vertrauen wieder herzustellen.

2.4.14 Demonstration, Teilnahme an ...

Für zulässig hat das BAG die Abmahnung gegenüber einer Lehrerin gehalten, die wegen ihrer Teilnahme an einer Demonstration Unterricht hatte ausfallen lassen[73]. Ein angestellter Lehrer habe kein Recht, Unterricht ausfallen zu lassen, um an einer gewerkschaftlichen Demonstration teilzunehmen, mit der auf soziale Missstände hingewiesen werden sollte und die nicht der Durchsetzung tariflicher Forderungen diente.   78

Auch das LAG Schleswig-Holstein[74] hat entschieden, der Arbeitgeber könne die Teilnahme an politischen Demonstrationen während der Arbeitszeit verbieten. Nehme der Arbeitnehmer trotzdem teil, könne er rechtswirksam abgemahnt werden. Grundrechte stünden dem nicht entgegen. Der Arbeitnehmer verstoße in schwerwiegender Weise gegen seine arbeitsvertragliche Hauptleistungspflicht, wenn er entgegen dem ausdrücklich geäußerten Willen seines Arbeitgebers den Arbeitsplatz verlasse.   79

Abmahnung wegen Teilnahme an einer Demonstration   Muster:

    Vorbemerkung:

    Eine Abmahnung kommt nur in Betracht, wenn die Teilnahme an einer Demonstration als arbeitsvertragliche Pflichtverletzung gewertet werden kann. Etwas anderes gilt z.B. bei der Teilnahme an einem rechtmäßigen Warnstreik (vgl. Abschnitt 2.4.34).

---

[73] Beschl. v. 23.10.1984 - AP Nr. 82 zu Art. 9 GG Arbeitskampf
[74] Urt. v. 18.1.1995 - AP Nr. 17 zu § 611 BGB Abmahnung

> **Abmahnung** Datum
>
> Sehr geehrte/r Frau/Herr ...
> am .... haben Sie während Ihrer Arbeitszeit von .... bis ....
> Uhr an einer Demonstration gegen die Schließung der Firma
> Müller AG teilgenommen, obwohl Ihr Vorgesetzter, nachdem er
> von Ihrer Absicht erfahren hatte, Sie ausdrücklich darauf hinge-
> wiesen hat, dass trotz aller Solidarität mit den Arbeitnehmern der
> Firma Müller AG die Arbeitsniederlegung zum Zweck der Teil-
> nahme an der Demonstration von ihm nicht gebilligt wird, und
> er Sie aufgefordert hat, Ihre Arbeit fortzusetzen.
> Sie haben sich über diese Aufforderung Ihres Vorgesetzten hin-
> weggesetzt und damit in erheblicher Weise Ihre Hauptleistungs-
> pflicht verletzt. Dieses Fehlverhalten können wir nicht unbean-
> standet lassen.
> Wir weisen Sie ausdrücklich darauf hin, dass wir nur mit Rück-
> sicht auf Ihre langjährige Betriebszugehörigkeit davon Abstand
> genommen haben, Ihnen zu kündigen. Dies ändert jedoch nichts
> daran, dass wir Ihr Fehlverhalten hiermit ausdrücklich rügen. Sie
> müssen sich darüber im Klaren sein, dass Sie bei einer weiteren
> arbeitsvertraglichen Pflichtverletzung mit der Kündigung Ihres
> Arbeitsverhältnisses rechnen müssen.
> Mit freundlichen Grüßen

2.4.15 Diebstahl

80 Diebstahl zum Nachteil des Arbeitgebers oder von Arbeitskollegen
rechtfertigt ohne vorherige Abmahnung eine Kündigung des Arbeitsverhältnisses, wobei es von den Umständen des Einzelfalles
abhängig ist, ob die Kündigung als außerordentliche oder nur als
ordentliche erfolgversprechend ist.

81 Auch die rechtswidrige und schuldhafte Entwendung einer im Eigentum des Arbeitgebers stehenden Sache von geringem Wert durch
den Arbeitnehmer ist nach der Rechtsprechung des BAG[75] an sich

---

[75] Urt. v. 17.5.1984 – AP Nr. 14 zu § 626 BGB Verdacht strafbarer Handlung;
Urt. v. 13.12.1984 – AP Nr. 81 zu § 626 BGB; Urt. v. 12.8.1999 – AP Nr. 28 zu
§ 626 BGB Verdacht strafbarer Handlung; siehe ferner Urt. d. LAG Köln v.
12.12.1989 = LAGE § 1 KSchG Verhaltensbedingte Kündigung Nr. 25; Urt. d.

geeignet, einen wichtigen Grund zur außerordentlichen Kündigung abzugeben. Ob ein solches Verhalten ausreicht, eine außerordentliche Kündigung zu rechtfertigen, hängt von der unter Berücksichtigung der konkreten Umstände des Einzelfalles vorzunehmenden Interessenabwägung ab. Da es sich in solchen Fällen um eine Störung im Vertrauensbereich handelt, wäre eine vorherige Abmahnung nur dann erforderlich, wenn der Arbeitnehmer mit vertretbaren Gründen, etwa aufgrund einer unklaren Regelung oder Anweisung, annehmen konnte, sein Verhalten sei nicht vertragswidrig oder werde vom Arbeitgeber zumindest nicht als ein erhebliches, den Bestand des Arbeitsverhältnisses gefährdendes Fehlverhalten angesehen. Diese Ausnahme liegt jedoch nicht vor, wenn sich der Arbeitnehmer selbst des Unrechts seiner Tat bewusst gewesen ist.

Die gegenteilige Ansicht des Arbeitsgerichts Hamburg[76], auch eine Kündigung wegen Diebstahls geringwertiger Sachen bedürfe der vorherigen Abmahnung, ist abzulehnen. Der Kläger hatte in der Betriebskantine aus dem Kühlschrank eine Getränkedose gestohlen. Daraufhin war ihm außerordentlich und vorsorglich ordentlich gekündigt worden. Soweit das Arbeitsgericht meint, die außerordentliche Kündigung sei unwirksam, weil ein wichtiger Grund fehle, kann dem wohl gefolgt werden. Wenn es allerdings die Auffassung vertritt, auch die ordentliche Kündigung sei in einem solchen Fall nicht gerechtfertigt, kann dem nicht zugestimmt werden. Das Gericht begründet seine Entscheidung in erster Linie mit dem sog. Prognoseprinzip. Im Zeitpunkt der Kündigung sei zu fragen, ob auch in Zukunft eine Wiederholung des vertragsverletzenden Verhaltens oder zumindest die Fortwirkung der Störung des Arbeitsverhältnisses zu erwarten sei. Im vorliegenden Fall habe nichts dafür gesprochen, dass die Parteien nach „scharfer Abmahnung" nicht wieder hätten zusammenarbeiten können.

          82

LAG Köln v. 24.8.1995 = LAGE § 626 BGB Nr. 86; Urt. d. LAG Rheinland-Pfalz v. 27.3.1997 = LAGE § 626 BGB Nr. 113; Urt. d. LAG Köln v. 6. 8.1999 = LAGE § 626 BGB Nr. 127

[76] Urt. v. 27.8.1998 = ArbuR 1998, 503; ferner Urt. v. 2.10.2000 = NZA-RR 2001, 416; vgl. auch Urt. d. LAG Köln v. 30.9.1999 = ZTR 2000, 427 (L) zur Entwendung von drei Briefumschlägen; vgl. hierzu auch Zuber in NZA 1999, 1142, 1144

Diese Argumentation überzeugt in den Fällen nicht, in denen der Arbeitnehmer durch sein Verhalten zu erkennen gibt, dass er grundlegende Regeln des menschlichen Zusammenlebens missachtet und damit Charaktereigenschaften offenbart, die das Vertrauen in seine Person erheblich beeinträchtigen.

2.4.16 Führungseigenschaften, fehlende

83 Wenn der Arbeitgeber bei Vorgesetzten Führungsschwäche bzw. fehlende Führungseigenschaften feststellt, die die Arbeitsabläufe und/oder die betriebliche Zusammenarbeit beeinträchtigen, muss er zunächst eine Abmahnung aussprechen, bevor er deswegen kündigen kann[77]. Dabei ist allerdings zu beachten, dass gerade in solchen Fällen die Formulierung einer Abmahnung sehr schwierig ist. Da eine Abmahnung eine arbeitsvertragliche Pflichtverletzung voraussetzt, die gerügt werden soll, muss geprüft werden, welche konkreten Versäumnisse dem Vorgesetzten vorzuwerfen sind. Allgemeine Aussagen reichen nicht aus, um eine Abmahnung zu begründen.

84 Auch fehlende Führungseigenschaften eines ersten Konzertmeisters im Symphonieorchester hat das BAG als Störungen im Leistungsbereich gewertet und eine Abmahnung nicht etwa mangels Erfolglosigkeit als entbehrlich angesehen[78]. Führungsmängel können nach Meinung des BAG die verschiedensten Ursachen haben und gerade im künstlerischen Bereich auch auf einer Fehleinschätzung der Erfordernisse und Erwartungen beruhen.

Muster: *Abmahnung wegen fehlender Führungseigenschaften*

Vorbemerkung:

Eine Abmahnung wegen fehlender Führungseigenschaften ist problematisch. Da Gegenstand einer Abmahnung nur arbeitsvertragliche Pflichtverletzungen sein dürfen, muss darauf geachtet werden, das Fehlverhalten nicht nur genau zu umschreiben, sondern auch in Beziehung zu den arbeitsvertraglichen Pflichten zu setzen.

---

[77] Urt. d. BAG v. 29.7.1976 – AP Nr. 9 zu § 1 KSchG Verhaltensbedingte Kündigung
[78] Urt. v. 29.7.1976 (= Fn. 77)

Abmahnung   Datum

Sehr geehrter Herr ...
als Chefarzt sind Sie für die Leitung der Chirurgischen Fachabteilung unseres Hauses verantwortlich. In letzter Zeit häufen sich Beschwerden Ihrer nachgeordneten Ärzte sowie von Ärzten aus anderen Fachabteilungen über die mangelnde Führung Ihrer Abteilung.

Konkret wird Ihnen zum Vorwurf gemacht, dass Sie am .... eine fachärztliche Konsultation mit der Begründung abgelehnt haben, Sie hätten jetzt keine Zeit, obwohl Ihr Kollege Dr. Franz Sie ausdrücklich auf die Dringlichkeit der Angelegenheit hingewiesen hatte und für ihn nicht erkennbar war, welche zu diesem Zeitpunkt angeblich wichtigere Aufgabe von Ihnen zu erledigen war.

Außerdem hat es am .... Irritationen wegen des Bereitschaftsdienstes gegeben, weil Sie sowohl gegenüber Herrn Dr. Müller als auch gegenüber Herrn Dr. Paul erklärt hatten, sie müssten für den kurzfristig erkrankten Kollegen Dr. Johann einspringen.

Nicht zuletzt haben Sie am .... während der nachmittäglichen Visite im Zimmer der Patientin P. dem zuständigen Stationsarzt Dr. Paul im Beisein mehrerer Kollegen und Pflegekräfte Vorhaltungen gemacht, er habe die Patientin nicht ordnungsgemäß untersucht und ihr ein falsches Medikament verordnet.

Wir weisen Sie hiermit ausdrücklich darauf hin, dass wir dieses Verhalten nicht billigen können. Sie sind nicht nur für die ordnungsgemäße Organisation des Bereitschaftsdienstes verantwortlich, sondern auch dazu verpflichtet, die fachliche Anleitung der Ihnen nachgeordneten Ärzte so durchzuführen, dass niemand in Anwesenheit Dritter herabgesetzt wird und dadurch sein Ansehen nicht nur bei den Kollegen, sondern auch bei Patienten in Mitleidenschaft gezogen wird. Im übrigen erwarten wir, dass Sie der Bitte nach fachärztlicher Konsultation nachkommen, wenn nicht wirklich dringendere anderweitige Verpflichtungen dem entgegen stehen.

Sollte Ihr Verhalten erneut Anlass zu Beanstandungen geben, müssen Sie mit einer Gefährdung von Inhalt oder Bestand Ihres Arbeitsverhältnisses rechnen.

Mit freundlichen Grüßen

2.4.17 Gewerkschaftliche Werbung

85 Ob gewerkschaftliche Werbung im Betrieb abmahnungsrelevant sein kann, bedarf einer sorgfältigen Prüfung. Der Schutz des Art. 9 GG beschränkt sich nämlich nach der Rechtsprechung des Bundesverfassungsgerichts[79] nicht auf diejenigen Tätigkeiten, die für die Erhaltung und Sicherung des Bestandes der Koalition unerlässlich sind; er umfasst vielmehr alle koalitionsspezifischen Verhaltensweisen. Dazu gehört z.b. auch die Mitgliederwerbung. Im Einzelfall sind daher der Schutz des Arbeitnehmers nach Art. 9 Abs. 3 GG einerseits und die wirtschaftliche Betätigungsfreiheit des Arbeitgebers nach Art. 2 Abs. 1 GG andererseits gegeneinander abzuwägen. Nur bei Störungen des Betriebsablaufs und des Betriebsfriedens kann daher eine arbeitsvertragliche Pflichtverletzung und damit eine Abmahnung in Betracht kommen.

Muster: *Abmahnung wegen gewerkschaftlicher Werbung*

Vorbemerkung:

Bei einer Abmahnung wegen gewerkschaftlicher Werbung im Betrieb ist im Hinblick auf Art. 9 Abs. 3 GG besondere Vorsicht geboten. Dies gilt erst recht, wenn ein Betriebsrats- oder Personalratsmitglied abgemahnt werden soll (vgl. Abschnitt 8.3).

Abmahnung   Datum

Sehr geehrte/r Frau/Herr ...
Ihr nachfolgend dargestelltes Verhalten gibt uns Veranlassung, Sie auf die ordnungsgemäße Erfüllung Ihrer arbeitsvertraglichen Pflichten hinzuweisen.
Am .... haben Sie in der Zeit von .... bis .... Uhr – also während der Arbeitszeit und außerhalb der Frühstückspause / Mittagspause / Schichtpause – Informationsbroschüren der Gewerkschaft X verteilt und bei dieser Gelegenheit mehrere Minuten andauernde Gespräche mit einzelnen Mitarbeitern geführt, so dass diese Ihre Arbeit für den entsprechenden Zeitraum un-

---

[79] Beschl. v. 14.11.1995 – AP Nr. 80 zu Art. 9 GG. Das BVerfG hat damit das Urt. d. BAG v. 13.11.1991 (AP Nr. 7 zu § 611 BGB Abmahnung) aufgehoben.

terbrechen mussten. Außerdem haben sich die Mitarbeiter Fischer, Meier und Müller darüber beschwert, dass Sie die Werbungsgespräche für die Gewerkschaft X fortgesetzt haben, obwohl alle drei Mitarbeiter Ihnen gegenüber ausdrücklich erklärt haben, an einer Mitgliedschaft sowie an dem Informationsmaterial kein Interesse zu haben.

Wir brauchen gewerkschaftliche Werbung im Betrieb nur insoweit zu dulden, als hierdurch der Betriebsablauf und der Betriebsfrieden nicht gestört wird. Sie haben diese Grenzen nicht beachtet und damit eine arbeitsvertragliche Pflichtverletzung begangen.

Wir erwarten von Ihnen, dass Sie künftig die vorstehend genannten Vorgaben einhalten. Sollten Sie erneut Anlass zu Beanstandungen geben, müssen Sie mit einer Kündigung Ihres Arbeitsverhältnisses rechnen.

Mit freundlichen Grüßen

2.4.18 Gruppenarbeit

Wenn bei einer aus zwei Personen bestehenden Eigengruppe die Arbeitsleistung nicht getrennt erbracht werden kann, scheidet eine Einzelkündigung aus verhaltensbedingten Gründen aus; einer Eigengruppe kann dann nur gemeinsam gekündigt werden. Vor einer verhaltensbedingten Kündigung gegenüber einer solchen Eigengruppe ist nicht nur das Gruppenmitglied abzumahnen, das einen Vertragsverstoß begangen hat. Auch gegenüber dem anderen Gruppenmitglied ist eine Abmahnung auszusprechen. Dies hat das LAG Sachsen-Anhalt[79a] im Falle von Herbergseltern entschieden, wobei allein der Herbergsmutter finanzielle Unregelmäßigkeiten zum Vorwurf gemacht werden konnten.   85a

Abmahnung wegen Pflichtverletzung eines Gruppenmitglieds bei Gruppenarbeit   Muster:

Vorbemerkung:

Bei der Abmahnung gegenüber einem Gruppenmitglied, das die Pflichtverletzung nicht begangen hat, ist darauf zu achten, die Abmahnung besonders sorgfältig und zurückhaltend zu formulieren. Da

---

[79a] Urt. v. 8.3.2000 = LAGE § 611 BGB Abmahnung Nr. 48

bislang lediglich eine Gerichtsentscheidung zu dieser Thematik vorliegt, ist fraglich, ob eine Abmahnung, die keine arbeitsvertragliche Pflichtverletzung zum Inhalt hat, Bestand haben kann.

Abmahnung   Datum

Sehr geehrte Frau ...,
Ihr Ehemann hat nachweislich entgegen einer bestehenden Dienstanweisung Gelder aus der Vereinskasse entnommen, ohne hierfür einen entsprechenden Beleg auszustellen. Er hat die Gelder zwar nicht für private Zwecke verwendet, aber gleichwohl durch sein Verhalten die Kontrolle der Kasse erschwert bzw. unmöglich gemacht. Wir haben ihn ausdrücklich darauf hingewiesen, dass wir nur aufgrund seiner (und Ihrer) langjährigen Tätigkeit für unser Haus von einer sofortigen Kündigung Abstand genommen haben.
Wie Sie wissen, sind die von Ihnen gemeinsam auszuübenden Tätigkeiten nur insgesamt zu vergeben, so dass eine getrennte Besetzung beider Stellen allein schon mit Rücksicht auf die gemeinsame Hausmeisterwohnung nicht möglich ist. Die Beendigung des Arbeitsverhältnisses Ihres Ehemannes hätte deshalb unweigerlich auch das Ende Ihres Arbeitsverhältnisses zur Folge. Wir weisen Sie deshalb mit Nachdruck darauf hin, dass auch der Bestand Ihres Arbeitsverhältnisses gefährdet ist, wenn Ihr Ehemann erneut Anlass zu einer Beanstandung seines Verhaltens geben sollte.
Mit freundlichen Grüßen

2.4.19 Internetnutzung, private

85b   Das Arbeitsgericht Düsseldorf[79b] hat die Ansicht vertreten, der Arbeitgeber sei ohne vorherige Abmahnung zum Ausspruch einer außerordentlichen Kündigung berechtigt, wenn der Arbeitnehmer trotz entgegenstehender Vereinbarung das Internet zu privaten Zwecken nutzt. Diese Auffassung erscheint schon deshalb bedenklich, weil in der genannten Vereinbarung lediglich geregelt war, dass

---

[79b] Urt. v. 1.8.2001 = NZA 2001, 1386

der Internetzugang des Arbeitnehmers bei erheblichem oder dauerhaftem Verstoß gegen die Bestimmungen dieser Vereinbarung vorübergehend oder dauerhaft gesperrt oder mit Einschränkungen versehen werden kann.

Nach der Ansicht des Arbeitsgerichts Hannover[79c] bedarf es weder einer vorherigen Abmahnung noch einer ausdrücklichen Regelung, wenn ein Arbeitnehmer während der Arbeitszeit pornographisches Bildmaterial aus dem Internet lädt, das er auf Datenträgern des Arbeitgebers speichert, und wenn er den Internetzugang zum Einrichten einer Web-Page sexuellen Inhalts nutzt. In diesem Fall sei eine außerordentliche Kündigung gerechtfertigt.   **85c**

Nutzt der Arbeitnehmer das Internet entgegen des ausdrücklichen Verbots des Arbeitgebers für private Zwecke, so stellt dies nach Auffassung des Arbeitsgerichts Wesel[79d] eine Pflichtverletzung dar, die eine Kündigung rechtfertigen kann. Wurde die private Nutzung vom Arbeitgeber genehmigt, kommt eine Kündigung danach nur in Betracht, wenn die Nutzung in einem Ausmaß erfolgt, von der der Arbeitnehmer nicht annehmen durfte, sie sei noch von dem Einverständnis des Arbeitgebers gedeckt. Einer Abmahnung bedarf es in solchen Fällen nur dann nicht, wenn ein solches Ausmaß erreicht ist, dass von einer groben Pflichtverletzung auszugehen ist.   **85d**

Abmahnung wegen privater Internetnutzung   Muster:

Vorbemerkung

Insoweit kommt es entscheidend darauf an, ob die private Internetnutzung vom Arbeitgeber gänzlich oder nur eingeschränkt untersagt ist und in welcher Form, zu welchem Zweck und in welchem zeitlichen (und damit auch finanziellen) Ausmaß der Arbeitnehmer den Internetzugang nutzt.

Abmahnung   Datum

Sehr geehrte Frau/Herr ... ,

nach der Betriebsvereinbarung vom .... über die Nutzung des dienstlichen Internetzugangs ist die Nutzung zu privaten Zwek-

---

[79c] Urt. v. 1.12.2000 = NJW 2001, 3500
[79d] Urt. v. 21.3.2001 = NZA 2001, 786; vgl. zu dieser Thematik auch Beckschulze/Henkel in DB 2001, 1491, 1496 f. m.w.N.

ken während der Arbeitszeit untersagt. Gleichwohl mussten wir feststellen, dass Sie am 4. April in der Zeit von 11.00 bis 11.20 Uhr, also während Ihrer Arbeitszeit, im Internet zum Thema „Städtereisen" Informationen heruntergeladen und ausgedruckt haben.

Da dies nach unserer Kenntnis der erste Verstoß gegen die Betriebsvereinbarung war, sehen wir diesmal noch von einer Kündigung ab. Wir können es jedoch nicht hinnehmen, dass sich Arbeitnehmer während der Arbeitszeit auf unsere Kosten Informationen für private Zwecke beschaffen und darüber hinaus während des entsprechenden Zeitraums die an sich geschuldete Arbeitsleistung, für die sie bezahlt werden, unterbrechen.

Wir machen Sie deshalb ausdrücklich darauf aufmerksam, dass wir bei weiteren Pflichtverletzungen nicht zögern werden, weitergehende arbeitsrechtliche Konsequenzen als lediglich eine Abmahnung zu ergreifen.

Mit freundlichen Grüßen

86

2.4.20 Kleidung

Eine Abmahnung kommt nur dann in Betracht, wenn das Tragen bzw. Nichttragen bestimmter Kleidung eine arbeitsvertragliche Pflichtverletzung darstellt. Insoweit kommt es auf vorhandene Regelungen im Betrieb und deren Zulässigkeit sowie insbesondere auch auf die Branchenüblichkeit an.

Wenn der Arbeitnehmer vorgeschriebene Dienst- oder Schutzkleidung nicht trägt, begeht er eine Pflichtverletzung, die Gegenstand einer Abmahnung sein kann. Anders ist die Rechtslage zu beurteilen, wenn es unabhängig von diesen Fällen um die Kleidung im allgemeinen geht oder etwa um das Tragen von Schmuck.

87 Das LAG Schleswig-Holstein[80] hat in einem Fall die Abmahnung eines Nachtwachenpflegehelfers wegen des Tragens von Schmuck im Gesicht, an Ohren und Händen bei der Ausübung des Pflegedienstes entgegen der Anweisung der Fachklinik für berechtigt gehalten. Das Persönlichkeitsrecht des Klägers stehe dem nicht entgegen, da die Anordnung im Interesse der vom Kläger über-

---

[80] Urt. v. 26.10.1995 = LAGE § 611 BGB Abmahnung Nr. 44

nommenen pflegerischen Aufgabe für die komplikationslose Betreuung der ihm anvertrauten Patienten geboten sei.

Abmahnung wegen unangemessener Kleidung   Muster:

Vorbemerkung:

Bei einer Abmahnung wegen des Tragens bzw. Nichttragens einer bestimmten Kleidung kommt eine Abmahnung nur in Betracht, wenn berechtigte Interessen des Arbeitgebers vorliegen, die das Persönlichkeitsrecht des Arbeitnehmers überwiegen. Außerdem setzt eine arbeitsvertragliche Pflichtverletzung die Missachtung einer vorherigen Anweisung des Arbeitgebers oder einer im Betrieb bestehenden Regelung voraus.

Abmahnung   Datum

Sehr geehrter Herr ...

wie Sie wissen, ist nach unserer Dienstanweisung von .... das Tragen von Schmuck im Gesicht, an den Ohren und an den Händen während der Arbeitszeit aus unfallversicherungsrechtlichen Gründen sowie mit Rücksicht auf unsere Patienten und deren Angehörige untersagt.

Gestern ist uns mitgeteilt worden, dass Sie am .... Ihren Dienst aufgenommen haben, ohne zuvor Ihre beiden Ohrringe sowie einen Siegelring an der rechten Hand abzunehmen. Im Verlauf des Vormittags haben Sie die Patientin P umgebettet und dabei mit Ihrem Siegelring der Patientin eine Schürfwunde am Rücken zugefügt. Außerdem haben die Schwester und der Neffe dieser Patientin Anstoß an Ihrem auffälligen Ohrschmuck genommen und sich deshalb bei der Pflegedienstleitung beschwert.

Wir rügen hiermit ausdrücklich die Missachtung der in unserem Haus bestehenden Regelung und erwarten von Ihnen, dass Sie sich künftig dementsprechend verhalten. Sollte Ihr Verhalten erneut Anlass zu Beanstandungen oder Beschwerden geben, werden wir eine Kündigung Ihres Arbeitsverhältnisses in Erwägung ziehen

Mit freundlichen Grüßen

2.4.21 Krankfeiern, Androhen des ...

88 Es kommt nicht selten vor, dass Arbeitnehmer ankündigen, sich krankschreiben zu lassen, um dadurch Druck auf den Arbeitgeber auszuüben und diesen zu einer Entscheidung zu veranlassen, die den Wünschen des Arbeitnehmers entspricht.

Erklärt z.B. ein Arbeitnehmer, er werde krank, wenn der Arbeitgeber ihm den im bisherigen Umfang bewilligten Urlaub nicht verlängere, obwohl er im Zeitpunkt dieser Ankündigung nicht krank war und sich auch noch nicht krank fühlen konnte, so ist ein solches Verhalten nach völlig zutreffender Ansicht des BAG ohne Rücksicht darauf, ob der Arbeitnehmer später tatsächlich erkrankt, an sich geeignet, einen wichtigen Grund zur außerordentlichen Kündigung abzugeben[81].

89 Auch die Instanzgerichte haben sich schon des öfteren mit vergleichbaren Sachverhalten beschäftigen müssen:

In einem konkreten Fall hatte der Kläger die Vorlage einer Arbeitsunfähigkeitsbescheinigung für den Fall angedroht, dass er den Rest der Woche in Frühschicht arbeiten müsse. Das LAG Hamm hat dieses Fehlverhalten als Störung im Vertrauensbereich gewertet und deshalb eine Abmahnung nicht für erforderlich gehalten[82]. Es hat ausgeführt, selbst wenn man der Auffassung wäre, die Pflichtverletzung berühre primär den Leistungsbereich, wäre das Ergebnis kein anderes. Eine Abmahnung sei nämlich entbehrlich, wenn die Pflichtwidrigkeit des Arbeitnehmers so schwer sei, dass billigerweise eine vorhergehende Abmahnung nicht erwartet werden könne. Das gleiche gelte, wenn der Arbeitnehmer ohne weiteres davon ausgehen könne, der Arbeitgeber werde ein derartiges Verhalten nicht hinnehmen[83].

90 Erklärt ein Arbeitnehmer im Betrieb oder gegenüber anderen Belegschaftsmitgliedern, er werde sich „erst einmal krankschreiben lassen, da private Dinge zu erledigen seien", so kann dies nach richtiger Auffassung des Arbeitsgerichts Passau einen wich-

---

[81] Urt. v. 5.11.1992 - AP Nr. 2 zu § 611 BGB Krankheit

[82] Urt. v. 23.5.1984 = DB 1985, 49; vgl. zu diesem Kündigungsgrund auch Urt. d. LAG Hamm v. 18.1.1985 = LAGE § 626 BGB Nr. 20

[83] ebenso Meyer a.a.O. (= Fn. 8) S. 39

tigen Grund zur außerordentlichen Kündigung darstellen. Hiernach wird bei der vorzunehmenden Interessenabwägung regelmäßig das Interesse des Arbeitgebers an der sofortigen Beendigung des Arbeitsverhältnisses überwiegen[84].

Dies gilt um so mehr, wenn der Arbeitgeber für den Fall, dass der   91
Arbeitnehmer seine Drohung wahrmacht, arbeitsrechtliche Konsequenzen in Aussicht stellt. Hierbei handelt es sich zwar um eine **„vorweggenommene Abmahnung"** (vgl. Abschnitt 6.2), die aber schon deshalb zulässig sein muss, weil der Arbeitnehmer seinerseits ein Fehlverhalten ankündigt, dessen Eintritt der Arbeitgeber nicht abzuwarten braucht. Abgesehen davon liegt bereits in der Androhung des Krankfeierns ein schwerer Verstoß gegen die **Treuepflicht** des Arbeitnehmers.

Wird einem Arbeitnehmer eine Verlängerung seines Erholungsur-   92
laubs abgelehnt und kündigt er daraufhin an, dann feiere er eben krank, so rechtfertigt dies nach Meinung des Arbeitsgerichts Wetzlar eine Abmahnung, und zwar auch dann, wenn der Arbeitnehmer später im Urlaub tatsächlich erkrankt und die Arbeitsunfähigkeit durch ein ärztliches Attest nachweist[85]. Dieser Entscheidung ist zuzustimmen, da der schwerwiegende Pflichtverstoß des Arbeitnehmers gerade in der Ankündigung einer Pflichtwidrigkeit liegt, nämlich unentschuldigt zu fehlen. Die spätere tatsächliche Entwicklung vermag das Fehlverhalten und die Missachtung der arbeitsvertraglichen Pflichten durch den Arbeitnehmer nicht zu rechtfertigen.

Das Androhen des Krankfeierns stellt eine so schwerwiegende Störung des Vertrauensverhältnisses dar, dass der Arbeitgeber dieses Verhalten nicht abzumahnen braucht, sondern ohne weiteres kündigen kann.

2.4.22 Lohnpfändungen

Bei einer Kündigung wegen zahlreicher Lohnpfändungen hat das   93
BAG[86] entgegen einer in der Rechtsprechung der Instanzgerichte

---

[84] Urt. v. 16.12.1987 = ARSt. 1988, 180 (L)
[85] Urt. v. 9.5.1988 = BB 1988, 1608 (L)
[86] Urt. v. 4.11.1981 - AP Nr. 4 zu § 1 KSchG 1969 Verhaltensbedingte Kündigung

sowi im Schrifttum vertretenen Ansicht[87] eine vorherige Abmahnung nicht für erforderlich gehalten. Der Arbeitnehmer sei bei der Gestaltung seiner privaten Vermögenssphäre nicht durch arbeitsvertragliche Nebenpflichten in einer bestimmten Weise gebunden. Deshalb sei dieses außerdienstliche Verhalten keiner Abmahnung zugänglich. Es komme hinzu, dass der Arbeitnehmer auch rechtlich nicht dazu in der Lage sei, seinen Gläubigern verbindliche Weisungen hinsichtlich der Durchführung von Vollstreckungsmaßnahmen zu erteilen.

94 Es ist fraglich, ob sich diese Entscheidung in der Praxis durchsetzt. Sicherlich führen zahlreiche Lohnpfändungen zu einer erheblichen Belastung des Arbeitgebers und können eine „Störung" des Arbeitsverhältnisses zur Folge haben. Dennoch scheint das BAG zahlreiche Lohnpfändungen nicht als Störung im Leistungsbereich zu werten. Die Feststellung des Gerichts, das außerdienstliche Verhalten des Arbeitnehmers sei insoweit keiner Abmahnung zugänglich, lässt darauf schließen, dass dieser Tatbestand weder dem Leistungsbereich noch dem Vertrauens- oder betrieblichen Bereich zugeordnet wird.

95 Die Begründung, der Arbeitnehmer sei bei der Gestaltung seiner privaten Vermögenssphäre nicht durch arbeitsvertragliche Nebenpflichten in einer bestimmten Weise gebunden, mag in vielen Fällen zutreffen. Etwas anderes gilt jedoch z.B. für Mitarbeiter von Banken, Sparkassen usw.: Diese sind in der Regel aufgrund einer Dienst-, Geschäfts- oder Betriebsanweisung verpflichtet, auch ihre privaten Geldangelegenheiten in Ordnung zu halten. Die Gestaltung der privaten Vermögenssphäre gehört in diesen Fällen zu den arbeitsvertraglichen Nebenpflichten und damit zum Leistungsbereich[88].

96 Eine Abmahnung kann allenfalls dann entbehrlich sein, wenn der Arbeitnehmer so hoch verschuldet ist, dass er aus eigener Kraft überhaupt nicht dazu in der Lage ist, die Aufhebung der darauf beruhenden Lohnpfändungen zu erreichen. Dann ist nämlich die

---

[87] vgl. die Fundstellennachweise d. BAG in AP Nr. 4 a.a.O. (= Fn. 86), insoweit insbes. Lepke in RdA 1980, 185, 194 m.w.N.; siehe hierzu auch Bock in ArbuR 1987, 217, 218; von Hoyningen-Huene in RdA 1990, 193, 201
[88] im Ergebnis ebenso Pflaum a.a.O. (= Fn. 8) S. 181 ff. (187)

Abmahnung ein untaugliches Mittel, da der Arbeitnehmer, selbst wenn er es wollte, sich nicht vertragsgerecht verhalten kann.

Abmahnung wegen zahlreicher Lohnpfändungen   Muster:

Vorbemerkung:

Auch wenn nach einer älteren Entscheidung des BAG bei einer Kündigung wegen zahlreicher Lohnpfändungen eine vorherige Abmahnung nicht erforderlich ist, sollte von dieser Möglichkeit jedenfalls dann Gebrauch gemacht werden, wenn die Überschuldung Rückschlüsse auf die Eignung des Arbeitnehmers für seine Tätigkeit zulässt und außerdem zu erwarten ist, dass der Arbeitnehmer aufgrund der Abmahnung überhaupt dazu in der Lage ist, sein Verhalten so zu steuern, dass er die Verschuldung in den Griff bekommt.

Abmahnung   Datum

Sehr geehrte Frau/Herr ... ,

Unserer Personalabteilung liegen zwischenzeitlich mehrere Pfändungs- und Überweisungsbeschlüsse über Beträge in unterschiedlicher Höhe (zwischen 1.200 und 22.000 Euro) vor, die nicht nur unsere Gehaltsabrechnung belasten, weil sie einen erhöhten Bearbeitungsaufwand verursachen, sondern darüber hinaus auch Zweifel bei uns wecken, ob Sie für Ihre Tätigkeit als Referent in der Abteilung Finanzdienstleistungen geeignet sind.

Nicht nur Sie, sondern auch wir machen uns unglaubwürdig, wenn wir einen Referenten beschäftigen, der einerseits unsere Kunden dahingehend beraten soll, wie Ausgaben größeren Umfangs solide zu finanzieren sind, der jedoch andererseits selbst offensichtlich seine Vermögensverhältnisse nicht zu ordnen in der Lage ist.

Wir erwarten von Ihnen, dass Sie umgehend die aufgelaufenen Schulden tilgen und weitere Kredite nicht in Anspruch nehmen, damit Sie so schnell wie möglich die finanziellen Verpflichtungen erfüllen können, die Sie eingegangen sind. Sollte sich in den nächsten Wochen und Monaten Ihre finanzielle Situation nicht spürbar verbessern, müssen wir eine Kündigung Ihres Arbeitsverhältnisses in Erwägung ziehen.

Mit freundlichen Grüßen

2.4.23 Nachweispflicht, Verletzung der ...

siehe unter 2.4.3

2.4.24 Nebentätigkeit, unerlaubte

97 Bei Nebentätigkeiten ist zwischen der Privatwirtschaft und dem öffentlichen Dienst zu unterscheiden. In der **Privatwirtschaft** können Nebentätigkeiten von Arbeitnehmern nur dann arbeitsrechtliche Konsequenzen zur Folge haben, wenn hierdurch die vertraglich geschuldeten Leistungen beeinträchtigt werden[89]. Wenn z.b. ein Arbeitnehmer nebenbei jede Nacht Taxi fährt und am nächsten Morgen völlig übernächtigt seine Arbeit antritt, so dass er infolge seiner Ermüdung nur mangelhafte Arbeitsleistungen erbringt, kann der Arbeitgeber das Verhalten zum Anlass für eine Abmahnung nehmen. Eine Abmahnung ist aber auch dann gerechtfertigt, wenn nach dem Arbeitsvertrag eine Nebenbeschäftigung der Zustimmung des (privaten) Arbeitgebers bedarf und der Arbeitnehmer ohne Zustimmung eine solche ausübt. Mit der Anzeigepflicht wird nämlich dem Arbeitgeber die Prüfung ermöglicht, ob seine betrieblichen Interessen beeinträchtigt werden.[89a]

98 Im **öffentlichen Dienst** gelten besondere Bestimmungen[90]. So verweist z.B. § 11 BAT hinsichtlich der Nebentätigkeit auf die für die Beamten des Arbeitgebers jeweils geltenden Bestimmungen. Hiernach bedarf der Beamte und damit auch der Angestellte grundsätzlich der vorherigen Zustimmung seines Arbeitgebers, wenn er eine Nebentätigkeit ausüben will. Die Nebentätigkeit kann unter bestimmten Voraussetzungen versagt werden (vgl. z. B. § 65 BBG).

99 Die nicht genehmigte Konkurrenztätigkeit eines im Fuhr- und Reinigungsamt einer Stadt beschäftigten Arbeiters auf dem Gebiet der Abfallbeseitigung hat das LAG Frankfurt als Störung im Vertrauens-

---

[89] vgl. hierzu Urt. d. BAG v. 3.12.1970 - AP Nr. 60 zu § 626 BGB; Urt. d. BAG v. 26.8.1976 - AP Nr. 68 zu § 626 BGB; vgl. hierzu auch Becker-Schaffner in ZTR 1999, 105, 106

[89a] Urt. d. BAG v. 11.12.2001 – 9 AZR 464/00 -

[90] vgl. hierzu auch Conze in ZTR 1989, 47, 49 f.

bereich gewertet und zur Wirksamkeit einer ordentlichen Kündigung eine vorherige Abmahnung nicht für notwendig gehalten[91].

Das BAG hatte über die Wirksamkeit von Abmahnungen zu entscheiden, die der Arbeitgeber ausgesprochen hatte, weil sich die Arbeitnehmer geweigert hatten, Angaben darüber zu machen, ob und in welchem Umfang sie Nebentätigkeiten gegen Entgelt ausübten. Der Arbeitgeber berief sich hierbei auf § 13 MTL II, wonach Arbeiter Nebentätigkeiten gegen Entgelt nur ausüben dürfen, wenn der Arbeitgeber hierzu seine Zustimmung erteilt. Er musste jedoch die Abmahnungen aus den Personalakten der Kläger entfernen, weil das BAG einen Auskunftsanspruch verneinte und demzufolge keine arbeitsvertraglichen Pflichtverletzungen der Kläger annahm. Ein Fragerecht des Arbeitgebers besteht nach der Ansicht des Gerichts nur dann, wenn Anhaltspunkte für Vertragsverletzungen vorliegen. Als Beispiele nennt das BAG den Rückgang der Arbeitsleistung, häufiges Zuspätkommen und die mangelnde Bereitschaft zu Überstunden[92].   100

Bei Angestellten kann die Sach- und Rechtslage eine andere sein, da § 11 BAT insoweit die für die Beamten des Arbeitgebers jeweils geltenden Bestimmungen sinngemäß für anwendbar erklärt. Die beamtenrechtlichen Vorschriften enthalten nämlich vielfach eine Auskunftspflicht des Beamten über Art und Umfang der Nebentätigkeit (vgl. z. B. § 42 Abs. 1 BRRG, § 66 Abs. 2 Satz 2 BBG).   101

Sofern der Arbeitnehmer des öffentlichen Dienstes ohne die hierzu erforderliche Genehmigung eine Nebentätigkeit ausübt, kann er deswegen abgemahnt und unter Umständen sogar gekündigt werden.[93] Dies gilt erst recht, wenn der Arbeitnehmer einen Antrag auf Genehmigung gestellt hat, dieser vom Arbeitgeber abgelehnt worden ist und der Arbeitnehmer gleichwohl der zuvor beantragten Nebenbeschäftigung nachgeht. Aber auch dann, wenn der Sache nach ein   102

---

[91] Urt. v. 6.11.1986 = LAGE § 1 KSchG Verhaltensbedingte Kündigung Nr. 10; vgl. hierzu auch Urt. d. LAG Sachsen v. 25.6.1996 = LAGE § 626 BGB Nr. 102; Urt. d. LAG Köln v. 11.9.1996 = LAGE § 626 BGB Nr. 103; Urt. d. Hessischen LAG v. 28.4.1998 = LAGE § 1 KSchG Verhaltensbedingte Kündigung Nr. 65

[92] Urt. v. 23. 1.1992 = ZTR 1993, 66

[93] Urt. d. BAG v. 30.5.1996 – AP Nr. 2 zu § 611 BGB Nebentätigkeit; vgl. auch Urt. d. BAG v. 18.1.1996 – AP Nr. 25 zu § 242 BGB Auskunftspflicht

Anspruch auf Erteilung der Genehmigung für die Nebentätigkeit besteht, kann ein Verstoß gegen die Verpflichtung zur Einholung einer vorherigen Genehmigung Gegenstand einer Abmahnung sein.[93a]

Beachte:

Nebentätigkeiten des Arbeitnehmers berechtigen nicht ohne weiteres zur Abmahnung. Entscheidend ist, ob hierdurch Vertragspflichten verletzt werden.

Muster: *Abmahnung wegen unerlaubter Nebentätigkeit*

Vorbemerkung:

Wenn während ärztlich attestierter Arbeitsunfähigkeit eine Nebentätigkeit ausgeübt wird, kann eine Abmahnung entbehrlich sein (vgl. Abschnitt 2.4.5, Rz 45 ff.). Im Übrigen ist zu beachten, dass nicht jede Nebentätigkeit zu einer Abmahnung berechtigt. Handelt es sich z.B. um eine Beschäftigung, die der Arbeitgeber nicht untersagen darf, wird es an der für eine Abmahnung erforderlichen Pflichtverletzung des Arbeitnehmers fehlen. Im öffentlichen Dienst sind die beamten- und tarifrechtlichen Bestimmungen zu beachten.

Abmahnung   **Datum**

Sehr geehrte/r Frau/Herr

Wir sind darüber informiert worden, dass Sie entgegen der im Arbeitsvertrag[*] festgehaltenen Vereinbarung eine Nebentätigkeit / Nebenbeschäftigung / Beschäftigung als Taxifahrer ausüben, ohne hierfür die vorherige Zustimmung Ihres Arbeitgebers eingeholt zu haben. Sie sind mehrmals in der Woche abends als Taxifahrer tätig.

Wir erwarten von Ihnen, dass Sie diese unerlaubte Nebentätigkeit / Nebenbeschäftigung / Beschäftigung als .... unverzüglich einstellen.

Ihr Verhalten stellt eine arbeitsvertragliche Pflichtverletzung dar, die wir ausdrücklich rügen. Sie müssen deshalb mit einer

---

[93a] Urt. d. BAG v. 22.2.2001- 6 AZR 398/99 -
[*] Ggf. ist die entsprechende Tarifvorschrift anzugeben

> Kündigung rechnen, wenn Sie sich erneut nicht vertragsge-
> mäß verhalten.
> Mit freundlichen Grüßen

2.4.25 Nötigung

Bei einem besonders groben Pflichtenverstoß im Vertrauensbereich   103
ist eine Abmahnung entbehrlich, wenn dem Arbeitnehmer sein
pflichtwidriges Verhalten ohne weiteres erkennbar ist und er mit der
Billigung seines Verhaltens durch den Arbeitgeber nicht rechnen
kann. Diesen Grundsatz hat das LAG Düsseldorf[94] im Fall einer Nötigung herausgestellt. Der Arbeitnehmer, ein Angestellter in leiten-
der Position, hatte seinem Arbeitgeber gedroht, er würde sich nicht
scheuen, sich an die Presse zu wenden und bestimmte Vorgänge
preiszugeben, falls der Arbeitgeber auf einer Versetzung oder Kündigung bestehe. Das Gericht führte zu recht aus, jeder Arbeitnehmer
müsse wissen, dass er seinen Arbeitgeber nicht durch die Androhung
von Presseveröffentlichungen mit dem Ziel unter Druck setzen könne, dass dieser von ihm zustehenden arbeitsrechtlichen Sanktionen
Abstand nimmt.

2.4.26 Politische Betätigung

Bezüglich der vom DGB propagierten Teilnahme an den sogenann-   104
ten „5 Mahnminuten für den Frieden" sind zweitinstanzliche Entscheidungen bekannt geworden. Das LAG Hamm[95] hat bestätigt, der
Arbeitgeber könne dem Arbeitnehmer, der aufgrund dieses Aufrufs
seine Arbeit für fünf Minuten unterbrochen hatte, eine Abmahnung
erteilen. Die Arbeitsniederlegung sei als Arbeitspflichtverletzung
nach § 611 Abs. 1 BGB zu bewerten. Der Kläger könne sich nicht auf
ein Streikrecht berufen, da kein Arbeitskampf geführt worden sei.
Das LAG Baden-Württemberg[96] hat festgestellt, die „5 Mahnminu-   105
ten für den Frieden" seien keine Maßnahme des Arbeitskampfes
gewesen, sondern eine **politische Meinungsäußerung**. Ein Arbeitnehmer handele jedenfalls dann nicht vertragswidrig, wenn der

---

[94] Urt. v. 5.6.1998 = LAGE § 626 BGB Nr. 120; vgl. aber Urt. d. LAG Köln v.
     23.2.1996 = LAGE § 626 BGB Nr. 94
[95] Urt. v. 17.4.1985 = LAGE § 611 BGB Abmahnung Nr. 1
[96] Urt. v. 29.10.1984 = ArbuR 1986, 89 (L)

Arbeitgeber dem Arbeitnehmer weder die Verletzung seiner Arbeitspflicht noch eine Störung des Betriebsfriedens und Betriebsablaufs zum Vorwurf mache. Eine Abmahnung sei daher in diesem Fall nicht gerechtfertigt und aus der Personalakte zu entfernen. Bei dieser Entscheidung ist zu berücksichtigen, dass der Arbeitgeber in der Abmahnung nicht eine Arbeitspflichtverletzung, sondern eine unzulässige politische Meinungsäußerung gerügt hatte.

106   Die Beteiligung an einer betrieblichen Friedensinitiative ist nach der Ansicht des Arbeitsgerichts München[97] für sich allein nicht geeignet, den Betriebsfrieden zu stören. Eine wegen der Unterzeichnung eines Flugblatts (Appell an die Bundesregierung, die Zustimmung zur Stationierung von Pershing II-Raketen und Marschflugkörpern in Mitteleuropa zurückzuziehen) erteilte Abmahnung ist hiernach rechtswidrig. Das LAG München[98] hat diese Entscheidung bestätigt.

107   **Politische Aktivitäten** können insbesondere bei Arbeitnehmern des öffentlichen Dienstes zu einer Abmahnung führen. Nach § 8 Abs. 1 BAT hat sich der Angestellte so zu verhalten, wie es von Angehörigen des öffentlichen Dienstes erwartet wird. Er muss sich durch sein gesamtes Verhalten zur freiheitlich demokratischen Grundordnung im Sinne des Grundgesetzes bekennen. Dies wird üblicherweise als die sog. **politische Treuepflicht** bezeichnet[99].

108   Das BAG geht davon aus, dass die politische Betätigung eines Angestellten im öffentlichen Dienst (Kandidatur für die DKP bei einer Kommunalwahl) grundsätzlich nur dann einen personenbedingten Grund für eine ordentliche Kündigung darstellt, wenn der Angestellte unter Berücksichtigung der Aufgabenstellung der Behörde für die von ihm wahrzunehmenden Funktionen nicht als geeignet angesehen werden kann. Eine verhaltensbedingte Kündigung setzt hiernach voraus, dass das Arbeitsverhältnis – so das BAG – durch die politische Betätigung konkret beeinträchtigt wird, sei es im Leistungsbereich, im Bereich der Verbundenheit aller bei der Dienst-

---

[97] Urt. v. 29.11.1983 = DB 1984, 512
[98] Urt. v. 4.10.1984 = ArbuR 1985, 291
[99] vgl. hierzu auch Conze in ZTR 1989, 47, 49; Sowka/Krichel in DB-Beil. Nr. 11/89; Becker-Schaffner in ZTR 1999, 105, 107

stelle beschäftigten Mitarbeiter, im personalen Vertrauensbereich oder im behördlichen Aufgabenbereich[100].

Praktische Konsequenz:

Auch bei Verletzungen der Pflicht zur Verfassungstreue ist grundsätzlich eine vorherige Abmahnung erforderlich, durch die der Arbeitnehmer auf den pflichtwidrigen Charakter der außerdienstlichen politischen Tätigkeit hingewiesen wird.

Bei einem im öffentlichen Dienst angestellten Arbeitnehmer, der nicht einer gesteigerten politischen Treuepflicht unterliegt, liegt noch kein die Abmahnung entbehrlich machender unbehebbarer Eignungsmangel vor, wenn er die verfassungsfeindlichen Ziele einer Partei oder Organisation für richtig hält und sich mit ihnen identifiziert. Maßgebend sind in erster Linie seine Handlungen und deren Auswirkungen. Es ist zu prüfen, unter welchen Umständen und mit welchen Mitteln er selbst die verfassungsfeindlichen Zielsetzungen fördern oder verwirklichen will. Die Mitgliedschaft in der verfassungsfeindlichen Organisation und „einfache" Aktivitäten für diese erlauben insoweit keine zwingenden Schlüsse auf einen unbehebbaren Eignungsmangel[101]. | 109

Die Abmahnung eines Lehrers, mit der ihm die Kandidatur für die DKP vorgehalten und er ermahnt worden ist, derartige Aktivitäten zu unterlassen, ist nach der Ansicht des BAG gerechtfertigt[102]. | 110

Der angestellte Pressesprecher einer Stadt verletzt seine amtsbezogene Loyalitäts- und Mäßigungspflicht (§ 8 BAT), die den öffentlichen Arbeitgeber auch unter Berücksichtigung seiner grundrechtlich geschützten Meinungsfreiheit zu einer außerordentlichen Kündigung berechtigt, wenn er in einem Flugblatt den Bürgermeister die- | 111

---

[100] Urt. v. 6.6.1984 – AP Nr. 11 zu § 1 KSchG 1969 Verhaltensbedingte Kündigung; bestätigt durch Urt. v. 20.7.1989 - AP Nr. 2 zu § 1 KSchG 1969 Sicherheitsbedenken

[101] Urt. d. BAG v. 12.3.1986 = RzK Abmahnung Nr. 10

[102] Urt. v. 13.10.1988 – AP Nr. 4 zu § 611 BGB Abmahnung; vgl. hierzu auch Conze in DB 1989, 778, 780

ser Stadt als „selbstherrlich und weinerlich" hinstellt und ihn zum Rücktritt auffordert. Dies hat das LAG Brandenburg[103] entschieden.

Muster: *Abmahnung wegen unerlaubter politischer Betätigung (Privatwirtschaft)*

Vorbemerkung:

Eine unerlaubte politische Betätigung kann nur dann zum Gegenstand einer Abmahnung gemacht werden, wenn zugleich eine arbeitsvertragliche Pflichtverletzung vorliegt: Die Aktivitäten des Arbeitnehmers müssen entweder seine Arbeitsleistung tangieren oder den Betriebsfrieden stören.

Abmahnung   Datum

Sehr geehrte Frau/Herr ... ,

Uns ist bekannt, dass sie nicht nur passives, sondern aktives Mitglied der X-Partei sind. Solange Sie sich in diesem Zusammenhang im Rahmen der verfassungsrechtlich garantierten Meinungsfreiheit bewegen, wird dies selbstverständlich von uns respektiert.

Wir haben jedoch feststellen müssen, dass Sie während der Arbeitszeit Kollegen in politische Gespräche verwickeln, um Sie von den Inhalten des Programms der X-Partei zu überzeugen und deren Wahlverhalten zu beeinflussen. So haben Sie am .... zwischen .... und .... Uhr, also während Ihrer Arbeitszeit, mit Herrn Reinhold Fischer ein halbstündiges Gespräch über die Sichtweise der X-Partei zum Thema „Zuwanderung von Ausländern" geführt und dabei versucht, Herrn Fischer zu einem Eintritt in die X-Partei zu bewegen.

Ein derartiges Verhalten können wir aus verschiedenen Gründen nicht akzeptieren. Sie haben nicht das Recht, während Ihrer Arbeitszeit die Arbeit zu unterbrechen, um politische Gespräche mit Kollegen zu führen und dadurch auch diese von ihrer Arbeit abzuhalten. Wir erwarten von Ihnen eine Zurückhaltung Ihrer politischen Aktivitäten im Betrieb. Andernfalls müssen Sie damit

---

[103] Urt. v. 26.6.1997 = LAGE § 626 BGB Nr. 117

> rechnen, dass wir das Arbeitsverhältnis mit Ihnen kündigen wer-
> den.
> Mit freundlichen Grüßen

Abmahnung wegen unerlaubter politischer Betätigung (öffentlicher Dienst)   Muster:

Vorbemerkung:

Arbeitnehmer des öffentlichen Dienstes unterliegen der sog. politischen Treuepflicht. Sie müssen sich durch ihr Verhalten zur freiheitlich-demokratischen Grundordnung bekennen. Deshalb können auch solche politischen Aktivitäten abmahnungsrelevant sein, die zwar nicht unmittelbar die Arbeitsleistung oder den Betriebsfrieden beeinträchtigen, aber Zweifel an der Eignung des Arbeitnehmers für den öffentlichen Dienst begründen.

> **Abmahnung**   Datum
> Sehr geehrte Frau/Herr ... ,
> am .... ist uns mitgeteilt worden, dass Sie am .... an einer Protestkundgebung der Y-Partei in .... teilgenommen haben. Die Y-Partei verfolgt nach den Erkenntnissen des Verfassungsschutzes verfassungsfeindliche Ziele. Sie propagiert Maßnahmen, die offenkundig in Widerspruch zu der freiheitlich-demokratischen Grundordnung im Sinne unseres Grundgesetzes stehen.
> Durch Ihre Teilnahme an der Protestkundgebung haben Sie sich nicht nur mit dem Ziel der Kundgebung, sondern auch mit der Y-Partei identifiziert und deren Aktion gebilligt. Damit stellt sich für uns die Frage, ob Sie auf dem Boden unseres Grundgesetzes stehen und die demokratische Werteordnung uneingeschränkt anerkennen. Wie Sie wissen, sind Sie nach § 8 Abs. 1 Satz 1 BAT verpflichtet, sich so zu verhalten, wie es von Angehörigen des öffentlichen Dienstes erwartet wird.
> Durch Ihr Verhalten am .... haben Sie Ihre politische Treuepflicht verletzt. Wir erwarten von Ihnen, dass Sie derartige Aktivitäten künftig unterlassen. Andernfalls müssen Sie mit einer Kündigung Ihres Arbeitsverhältnisses rechnen.
> Mit freundlichen Grüssen

2.4.27 Rauchverbot, Verstoß gegen ...

112   Rauchen im Betrieb kann vom Arbeitgeber für sich allein nicht ohne weiteres zum Anlass für eine Abmahnung genommen werden. Nur dann, wenn der Arbeitgeber zulässigerweise ein Rauchverbot angeordnet hat und der Arbeitnehmer hiergegen verstößt, liegt eine arbeitsvertragliche Pflichtverletzung vor, die abgemahnt werden kann.[104]

113   Das Arbeitsgericht Frankfurt[105] hat die Ansicht vertreten, ein Rauchverbot könne gerechtfertigt sein, wenn es sich um ein Großraumbüro handele, eine Beeinträchtigung der Arbeitnehmerinteressen zu befürchten sei oder wenn brand- und sicherheitstechnische Gründe dafür sprächen.

114   Das LAG Düsseldorf[106] hält auch bei langjähriger Betriebszugehörigkeit eine Kündigung für sozial gerechtfertigt, wenn ein Arbeitnehmer trotz wiederholter Abmahnungen gegen ein in einem Betrieb zwingend vorgeschriebenes Rauchverbot verstößt. In dem entschiedenen Fall handelte es sich um einen Frischfleischverarbeitungsbetrieb.

115   Auch das BAG hat sich in letzter Zeit mehrfach mit dem Thema „Rauchen am Arbeitsplatz" befasst. Nach neuerer Rechtsprechung haben Arbeitnehmer nach § 618 Abs. 1 BGB einen arbeitsvertraglichen Anspruch auf einen tabakrauchfreien Arbeitsplatz, wenn das für sie aus gesundheitlichen Gründen geboten ist[107]. In diesem Fall ist der Arbeitgeber im Rahmen des ihm Zumutbaren verpflichtet, die Arbeitsplätze durch geeignete Maßnahmen so zu gestalten, dass Gefährdungen der Gesundheit nicht entstehen.

116   Später hat das BAG entschieden, ein vom Arbeitgeber und Betriebsrat beschlossenes generelles Rauchverbot in allen Betriebsräumen sei wirksam. Allerdings seien die Betriebsparteien nach § 75 Abs. 2 BetrVG verpflichtet, die freie Entfaltung der Persönlichkeit der im Betrieb beschäftigten Arbeitnehmer zu schützen. Dies gelte auch für Raucher. Das Rauchen müsse unter annehmbaren Bedingungen

---

[104] Börgmann in RdA 1993, S. 275, 285
[105] Urt. v. 2.7.1997 – 7 Ca 4977/96 – n.v.
[106] Urt. v. 17.6.1997 = LAGE § 1 KSchG Verhaltensbedingte Kündigung Nr. 58
[107] Urt. v. 17.2.1998 - AP Nr. 26 zu § 618 BGB

gestattet bleiben. Ein geschlossener Raum müsse dafür nicht zur Verfügung gestellt werden.[108]

Der zunehmende Nichtraucherschutz hat zur Folge, dass Rauchverbote eine größere praktische Bedeutung erlangen werden und sich damit auch die Frage einer Abmahnung häufiger stellen wird, wenn Arbeitnehmer entsprechende Anordnungen des Arbeitgebers missachten.

Abmahnung wegen Verstoßes gegen das Rauchverbot   Muster:

Vorbemerkung:

Rauchen im Betrieb kann nur dann abgemahnt werden, wenn der Arbeitgeber zulässigerweise ein Rauchverbot angeordnet hat und der Arbeitnehmer hiergegen verstößt.

Abmahnung   Datum

Sehr geehrte/r Frau/Herr ...

nach der Betriebsvereinbarung vom ......, die am schwarzen Brett aushängt und auf die alle Mitarbeiterinnen und Mitarbeiter im Rahmen der Betriebsversammlung am ...... ausdrücklich hingewiesen worden sind, ist das Rauchen im Betrieb nur außerhalb der Arbeitszeit während der Pausen in den dafür eigens eingerichteten Raucherzonen zulässig.

Trotz dieser Regelung haben Sie am ...... während der Arbeitszeit, nämlich um ...... Uhr, an Ihrem Arbeitsplatz geraucht und dadurch Ihre Kollegen Maurer und Schäfer, die beide zudem Nichtraucher sind, belästigt.

Wir weisen Sie ausdrücklich darauf hin, dass wir dieses Verhalten nicht sanktionslos hinnehmen werden. Im Interesse der Ordnung des Betriebes und der Wahrung des Betriebsfriedens, aber auch mit Rücksicht auf die Beschäftigten, die Raucher sind und die Betriebsvereinbarung respektieren, können wir es nicht dulden, wenn einzelne Mitarbeiter dagegen verstoßen.

In Ihrem eigenen Interesse raten wir Ihnen deshalb dringend, das Rauchverbot zu beachten. Andernfalls müssen Sie mit weiterge-

---

[108] Urt. v. 19.1.1999 – AP Nr. 28 zu § 87 BetrVG 1972 Ordnung des Betriebes

> henden arbeitsrechtlichen Konsequenzen bis hin zur Kündigung Ihres Arbeitsverhältnisses rechnen.
>
> Mit freundlichen Grüßen

2.4.28 Reisekostenabrechnungen, unrichtige

117 Das Ausstellen unrichtiger Reisekostenabrechnungen stellt jedenfalls dann – wenn es absichtlich und zum Zwecke der ungerechtfertigten Bereicherung erfolgt – einen Betrug zu Lasten des Arbeitgebers und damit eine schwerwiegende Störung des Vertrauensverhältnisses dar, die ohne vorherige Abmahnung eine Kündigung rechtfertigt.[109] Der Arbeitnehmer, der ein entsprechendes Fehlverhalten begeht, weiß ganz genau, dass der Arbeitgeber dies nicht billigen kann und wird. Er muss dann nicht erst durch eine Abmahnung zu vertragsgerechtem Verhalten aufgefordert werden.

118 Das LAG Frankfurt[110] hat in einem besonderen Ausnahmefall eine ordentliche Kündigung wegen Spesenbetrugs für unwirksam gehalten. Auch wenn grundsätzlich ein solches Verhalten – so das Gericht – immer einen Grund zur Kündigung – auch zur fristlosen Kündigung – darstelle, könne eine Interessenabwägung im Einzelfall ergeben, dass eine ordentliche Kündigung unwirksam ist, die gegen einen 56jährigen, für zwei Personen unterhaltspflichtigen, seit 17 Jahren beanstandungsfrei beschäftigten Arbeitnehmer ausgesprochen wurde, der den einmaligen Verstoß zugegeben und wiedergutgemacht hat und aus dessen gesamten Verhalten hervorgeht, dass eine weitere Verfehlung nicht wieder vorkommen wird.

119 Etwas anderes gilt auf jeden Fall dann, wenn die unrichtigen Abrechnungen auf mangelnder Sorgfalt und damit auf Fahrlässigkeit beruhen. In diesem Fall muss der Arbeitnehmer zunächst abgemahnt werden, bevor der Arbeitgeber deswegen zum Mittel der Kündigung greift.

Muster: *Abmahnung wegen unrichtiger Reisekostenabrechnung*

Vorbemerkung:

Sofern der Arbeitnehmer vorsätzlich gehandelt hat und sich bereichern will, liegt ein außerordentlicher Kündigungsgrund vor. Eine

---

[109] ebenso KR-Fischermeier, 6. Aufl. 2002, § 626 BGB Rz. 445 m.w.N.

[110] Urt. v. 5.7.1988 = LAGE § 1 KSchG Verhaltensbedingte Kündigung Nr. 20

Abmahnung kann ausnahmsweise dann erforderlich sein, wenn die Unrichtigkeit der Abrechnung auf einer Fahrlässigkeit des Arbeitnehmers beruht.

Abmahnung   Datum

Sehr geehrte/r Frau/Herr ...

bei der Überprüfung der von Ihnen eingereichten Reisekostenabrechnungen haben wir festgestellt, dass in mehreren Fällen unzutreffende Tagegeldsätze von Ihnen eingetragen worden sind. Im Einzelnen handelt es sich um folgende Abrechnungen:

6. Februar 2002:

Abwesenheit von 8.40 Uhr bis 17.45 Uhr

Tagegeldanspruch: 6 Euro

Von Ihnen eingetragen: 12 Euro

21. Februar 2002:

Abwesenheit von 6.30 Uhr bis 21.20 Uhr

Tagegeldanspruch: 12 Euro

Von Ihnen eingetragen: 20 Euro

5. März 2002:

Abwesenheit von 10.50 Uhr bis 17.00 Uhr

Tagegeldanspruch: 0 Euro

Von Ihnen eingetragen: 6 Euro

Wir erwarten von Ihnen, dass Sie künftig die Reisekostenabrechnungen mit der gebotenen Sorgfalt ausfüllen. Ihre widersprüchlichen Angaben erfordern nicht nur entsprechende Korrekturen durch unsere Zahlungsabteilung, sondern lassen darüber hinaus auch Zweifel aufkommen, ob der von Ihnen jeweils angegebene Beginn und das Ende der Dienstreise den Gegebenheiten entsprechen.

Bei weiteren arbeitsvertraglichen Pflichtverletzungen behalten wir uns weitergehende Schritte bis hin zur Kündigung Ihres Arbeitsverhältnisses vor.

Mit freundlichen Grüßen

2.4.29 Schlechtleistungen

120 Typische Fälle von Störungen im Leistungsbereich sind insbesondere die sogenannten „Schlechtleistungen". Sie liegen vor, wenn der Arbeitnehmer seine Arbeitspflichten nicht oder nicht ordnungsgemäß erfüllt[111].

121 Eine arbeitsvertragliche Pflichtverletzung liegt nicht schon ohne weiteres dann vor, wenn der Arbeitnehmer den Erwartungen des Arbeitgebers nicht gerecht wird. Eine solche kann vielmehr nur dann angenommen werden, wenn die vom Arbeitgeber gestellten Anforderungen und damit die vom Arbeitnehmer erwarteten Leistungen entweder im Arbeitsvertrag oder anderweitig (z.B. in Ausübung des Direktionsrechts durch konkrete Einzelanweisungen) konkret zum Ausdruck gebracht worden sind und der Arbeitnehmer danach gleichwohl die geforderten Leistungen nicht oder nicht vollständig erbringt.[112]

Muster: *Abmahnung wegen Schlechtleistungen*

Vorbemerkung:

In einem solchen Fall ist es besonders wichtig, das abmahnungsrelevante Fehlverhalten konkret zu beschreiben. Schlagworte wie „mangelhafte Leistungen", unzureichendes Engagement", „mangelndes Interesse" und ähnliche pauschale Formulierungen reichen nicht aus (vgl. Abschnitt 4.1).

Abmahnung Datum

Sehr geehrte Frau ...

wir haben Sie wiederholt darauf angesprochen, dass Ihre Rechtschreibung sehr zu wünschen übrig lässt. Am ..... haben Sie Herrn Müller ein zweiseitiges Schreiben zur Unterzeichnung vorgelegt, das 17 Rechtschreib- und Interpunktionsfehler enthielt. Der vorgelegte Text ist diesem Schreiben als Anlage beigefügt.

Außerdem mussten wir feststellen, dass Ihre Schreibgeschwindigkeit im Vergleich zu Ihren beiden Kolleginnen erheblich ab-

---

[111] vgl. KR-Etzel, 6. Aufl. 2002, § 1 KSchG Rz. 448 m.w.N.; vgl. auch Becker-Schaffner in ZTR 1999, 105, 107

[112] vgl. hierzu Urt. d. LAG Düsseldorf v. 19.12.1990 = LAGE § 611 BGB Abmahnung Nr. 24

fällt. Frau Bader und Frau Menzel erledigen in einer Woche im Durchschnitt eine Korrespondenz von etwa 250 Seiten, während Ihr Arbeitspensum im vergleichbaren Zeitraum bei 150 Seiten liegt. Diese Werte haben wir zuletzt in der 7. Kalenderwoche dieses Jahres festgestellt.

Wir erwarten von Ihnen eine deutliche Leistungssteigerung. Sie müssen sich bemühen, Rechtschreibfehler zu vermeiden. Dafür steht Ihnen am Arbeitsplatz ein Duden zur Verfügung. Außerdem können Sie das Rechtschreibprogramm Ihres PC zur Kontrolle aktivieren, um die Anzahl der Fehler zumindest zu minimieren. Darüber hinaus sollten Sie Ihr Arbeitstempo erhöhen, um in der Quantität Ihrer Arbeitsleistungen die Durchschnittswerte Ihrer Kolleginnen zu erreichen.

Sollten Ihre Arbeitsleistungen künftig nicht unseren Erwartungen entsprechen und erneut Anlass zu Beanstandungen geben, müssen Sie wissen, dass der Inhalt oder Bestand Ihres Arbeitsverhältnisses gefährdet ist.

Mit freundlichen Grüßen

2.4.30 Schmiergelder, Annahme von ...

Wer im Zusammenhang mit seiner beruflichen Tätigkeit zusätzliche finanzielle Zuwendungen von Kunden oder Mandanten fordert oder Geldgeschenke (sog. Schmiergelder) von Personen entgegennimmt, mit denen der Arbeitgeber in geschäftlichen Beziehungen steht, beeinträchtigt die Vertrauensgrundlage so erheblich, dass ohne vorherige Abmahnung im Regelfall eine außerordentliche Kündigung des Arbeitsverhältnisses in Betracht kommt[113].

122

2.4.31 Schweigepflicht, Verletzung der

Das BAG hatte 1974[114] einen Sachverhalt zu entscheiden, in dem einem Arbeitnehmervertreter im Aufsichtsrat zum Vorwurf gemacht

123

---

[113] Urt. d. LAG Köln v. 4.1.1984 = DB 1984,1101; Urt. d. LAG Schleswig-Holstein v. 6.5.1996 = LAGE § 626 BGB Nr. 95; Urt. d. LAG Hessen v. 18.6.1997 = LA-GE § 626 BGB Nr. 114; siehe auch Urt. d. BAG v. 15.11.1995 – AP Nr. 73 zu § 102 BetrVG 1972

[114] Urt. v. 4.4.1974 - AP Nr. 1 zu § 626 BGB Arbeitnehmervertreter im Aufsichtsrat

worden war, Kenntnisse und Informationen weitergegeben zu haben, die er in dieser Eigenschaft erlangt hatte. Zwischen den Parteien war streitig, inwieweit der Geschäftsführer die vorangegangenen Gespräche als vertraulich bezeichnet hatte. Das BAG hat betont, der Kläger könne seine Pflichten aus dem Arbeitsverhältnis verletzt haben, genau und vollständig zu berichten und keine – nach der Unterrichtung durch den Geschäftsführer – nicht gerechtfertigten Bedenken zu äußern, die den **Betriebsfrieden** gefährden und das Ansehen des Arbeitgebers in der Öffentlichkeit schädigen konnten. Diese Pflichtverletzung hat das Gericht als Störung im Vertrauensbereich gewertet, bei der es grundsätzlich keiner Abmahnung vor Ausspruch der Kündigung bedürfe.

2.4.32 Sexuelle Belästigung

Literatur: Degen, Neue Rechtsprechung zu sexueller Belästigung am Arbeitsplatz, PersR 1999, 8

124   Sexuelle Belästigung am Arbeitsplatz ist eine Verletzung der arbeitsvertraglichen Pflichten. Dies ist so ausdrücklich in § 2 Abs. 3 des Gesetzes zum Schutz der Beschäftigten vor sexueller Belästigung am Arbeitsplatz (Beschäftigtenschutzgesetz) vom 24. Juni 1994 (BGBl. I S. 1406) geregelt. Bei sexueller Belästigung hat der Arbeitgeber die im Einzelfall angemessenen arbeitsrechtlichen Maßnahmen wie Abmahnung, Umsetzung, Versetzung oder Kündigung zu ergreifen (§ 4 Abs. 1 Nr. 1 Satz 1 des Beschäftigtenschutzgesetzes).

125   Eine Abmahnung dürfte nur bei sexuellen Belästigungen von geringem Gewicht angemessen und ausreichend sein. Bei der Bewertung des Fehlverhaltens kann die gesetzliche Begriffsbestimmung in § 2 Abs. 2 des Beschäftigtenschutzgesetzes als Orientierungshilfe herangezogen werden. Bei strafrechtlich relevanten sexuellen Belästigungen ist im Regelfall nur eine Kündigung des Arbeitsverhältnisses geeignet, den Schutz der Beschäftigten zu gewährleisten.

126   Sexuelle Handgreiflichkeiten und anzügliche Bemerkungen rechtfertigen ohne Abmahnung eine Kündigung. Dies hat das BAG[115] entschieden. Sofern der Vertrauensbereich der Vertragspartner betroffen sei, bedürfe es einer Abmahnung nur, wenn der Arbeitneh-

---

[115] Beschl. d. BAG v. 9.1.1986 – AP Nr. 20 zu § 626 BGB Ausschlussfrist

mer mit vertretbaren Gründen annehmen konnte, sein Verhalten sei nicht vertragswidrig oder werde vom Arbeitgeber zumindest nicht als ein erhebliches, den Bestand des Arbeitsverhältnisses gefährdendes Fehlverhalten angesehen.

Nach zutreffender Ansicht des LAG Hamm[116] ist eine Abmahnung nicht ausreichend, wenn der Arbeitgeber gezwungen ist, andere geeignete Maßnahmen zu ergreifen, um die Fortsetzung der sexuellen Belästigung zu unterbinden. Im Rahmen des Beschäftigtenschutzgesetzes ist die Abmahnung – so das LAG Hamm – als die mildeste Reaktion der in § 4 Abs. 1 Nr. 1 Satz 1 normierten Stufenskala vorgesehen. In dem konkreten Fall hat das Gericht die außerordentliche Kündigung für unwirksam erklärt, die vom Arbeitgeber gleichzeitig ausgesprochene vorsorgliche ordentliche Kündigung aber für wirksam erachtet.

127

Im Übrigen hat das BAG[116a] entschieden, durch das Beschäftigtenschutzgesetz habe sich kündigungsrechtlich nichts geändert. Die Kündigung eines Arbeitsverhältnisses kommt danach gemäß § 4 Abs. 1 Nr. 1 dieses Gesetzes unter Berücksichtigung des Grundsatzes der Verhältnismäßigkeit nur bei sexueller Belästigung in Betracht. Eine Kündigung wegen des bloßen Verdachts einer sexuellen Belästigung kommt nur ausnahmsweise in Frage; dafür müssen die Tatbestandsmerkmale einer Verdachtskündigung erfüllt sein.

127a

Abmahnung wegen sexueller Belästigung

Muster:

Vorbemerkung:

Bei sexueller Belästigung hat der Arbeitgeber die im Einzelfall angemessenen arbeitsrechtlichen Maßnahmen zu ergreifen. Das Beschäftigtenschutzgesetz nennt in diesem Zusammenhang u.a. auch die Abmahnung (§ 4 Abs. 1 Nr. 1). Diese Maßnahme erscheint jedoch – wenn überhaupt – nur bei Belästigungen von ganz geringem Ausmaß angemessen und ausreichend.

---

[116] Urt. v. 22.10.1996 – AP Nr. 136 zu § 626 BGB; vgl. auch Urt. d. LAG Hamm v. 13.2.1997 = LAGE § 626 BGB Nr. 110; Urt. d. LAG Hamm v. 10.3.1999 = LAGE § 1 KSchG Verhaltensbedingte Kündigung Nr. 75; Urt. d. Sächsischen LAG v. 10.3.2000 = LAGE § 626 BGB Nr. 130

[116a] Urt. v. 8.6.2000 – AP Nr. 3 zu § 2 BeschSchG

Abmahnung Datum

Sehr geehrter Herr … ,

die Auszubildende Maria Schneider hat sich kürzlich bei uns darüber beschwert, dass Sie in ihrer Gegenwart des öfteren anzügliche Witze oder Redewendungen mit obszönem Inhalt machen. Frau Schneider fühlt sich dadurch erheblich belästigt, zumal nach ihrer Darstellung von Ihnen dieses Verhalten nur dann gezeigt wird, wenn Sie mit Frau Schneider allein im Zimmer sind.

So haben Sie am …… ihr gegenüber geäußert, sie habe heute einen „geilen Minirock" an, so dass Sie sich „kaum zurückhalten" könnten.

Wir weisen Sie mit allem Nachdruck darauf hin, dass wir dieses Fehlverhalten auf das Schärfste rügen und nicht hinzunehmen bereit sind. Ihnen wird deshalb mit sofortiger Wirkung die Zuständigkeit für die Ausbildung von Frau Schneider und den übrigen Auszubildenden entzogen. Lediglich im Hinblick auf Ihre langjährige Betriebszugehörigkeit sehen wir heute von einer Kündigung ab. Sie müssen jedoch wissen, dass wir bei einer erneuten Pflichtverletzung unweigerlich eine Kündigung Ihres Arbeitsverhältnisses erklären werden.

Mit freundlichen Grüßen

2.4.33 Sparsamkeit, Verstoß gegen …

128 Bestellt der Leiter einer technischen Betriebsgruppe zu große Glasscheiben und entstehen dadurch dem öffentlichen Arbeitgeber Mehrkosten, so verstößt der Arbeitnehmer gegen das für alle Bereiche öffentlicher Verwaltung geltende Gebot der Sparsamkeit und Wirtschaftlichkeit. Derselbe Grundsatz gilt selbstverständlich auch für die Privatwirtschaft. Hat der Arbeitnehmer langjährig ohne Beanstandungen gearbeitet, so rechtfertigt diese arbeitsvertragliche Pflichtverletzung nach zutreffender Ansicht des LAG Köln noch keine Kündigung, sondern berechtigt den Arbeitgeber lediglich zur Abmahnung[117].

---

[117] Urt. v. 31.3.1987 = ArbuR 1988, 56

Abmahnung wegen Verstoßes gegen den Grundsatz der Sparsamkeit   Muster:

Vorbemerkung:

Bei vorsätzlichem Verhalten des Arbeitnehmers kommt ohne vorheri-ge Abmahnung eine sofortige Kündigung in Betracht. Im Übrigen muss in der Abmahnung der Vorwurf konkret beschrieben sein und er-kennen lassen, inwiefern der Arbeitnehmer eine Pflichtverletzung be-gangen hat.

Abmahnung   Datum

Sehr geehrte Frau/Herr ... ,

Wie Sie wissen, sind wir alle zu einer wirtschaftlichen und spar-samen Verwendung unserer Haushaltsmittel verpflichtet. Ihr nachfolgend dargestelltes Verhalten steht dazu in Widerspruch und gibt uns deshalb Veranlassung, Sie abzumahnen.

Anlässlich Ihrer Dienstreise am .... nach Hamburg haben Sie zwei Übernachtungen in einem 5-Sterne-Hotel zu einem Ge-samtpreis von 560 Euro gebucht, obwohl nach Auskunft der Ver-anstalter in einem 4-Sterne-Hotel in unmittelbarer Nähe des Ta-gungsortes noch genügend Kapazitäten frei waren und der Ver-anstalter ausdrücklich auf dieses Haus hingewiesen hatte. Dort hätte die Einzelübernachtung lediglich 200 Euro gekostet. Au-ßerdem haben Sie mehrere Stadtfahrten mit dem Taxi innerhalb von Hamburg zu einem Gesamtpreis von 85 Euro abgerechnet, anstatt ein Mehrtagesticket des ÖPNV zu nutzen.

Wir sind nicht bereit, ein so wenig kostenbewusstes Verhalten zu akzeptieren. Übernachtungen in einem 4-Sterne-Hotel sind Ih-nen ebenso zumutbar wie Fahrten mit öffentlichen Verkehrs-mitteln, zumal dann, wenn Sie kein schweres Gepäck zu trans-portieren haben.

Bitte achten Sie künftig auf sparsames und wirtschaftliches Han-deln. Andernfalls sehen wir uns gezwungen, weitergehende ar-beitsrechtliche Schritte bis hin zur Kündigung einzuleiten.

Mit freundlichen Grüßen

2.4.34   Streik, Teilnahme an ...

129 Für nicht gerechtfertigt hat das BAG die Abmahnung einer Arbeitnehmerin gehalten, die in einem Warenhaus beschäftigt und wegen bevorstehender Warnstreiks vom Arbeitgeber schriftlich zum Notdienst der Erste-Hilfe-Leistung bestellt worden war[118]. Die Klägerin hatte gleichwohl am **Warnstreik** der Gewerkschaft HBV teilgenommen und ihren Notdienst nicht verrichtet; sie erhielt deshalb eine schriftliche Abmahnung, die der Arbeitgeber zu ihren Personalakten nahm. Das BAG ließ dahingestellt, ob der Warnstreik rechtmäßig war. Nach längeren Ausführungen zum Notdienst und zu Erhaltungsarbeiten bei einem Arbeitskampf kam es zu dem Ergebnis, die Bestellung der Klägerin zum Notdienst sei nicht erforderlich gewesen, so dass ihre Teilnahme an dem Warnstreik keine Verletzung ihrer vertraglichen Pflichten darstellte.

130 Auch die Teilnahme an einem unzulässigen **Solidaritätsstreik** berechtigt nach der Ansicht des BAG den Arbeitgeber zu einer Abmahnung. Die Klägerin hatte während des Arbeitskampfes in der Metallindustrie in Württemberg/Baden um die Einführung der 35-Stunden-Woche an einem von der Gewerkschaft ÖTV ausgerufenen Solidaritätsstreik teilgenommen. Nach Auffassung des BAG war die Klägerin nicht berechtigt, zur Teilnahme an diesem Streik ihren Arbeitsplatz zu verlassen und die Erfüllung ihrer Arbeitspflicht zu verweigern. Das beklagte Land habe daher die Klägerin zu Recht wegen dieser Vertragsverletzung abgemahnt[119].

131 Eine Abmahnung wegen Teilnahme an einem rechtmäßigen **Warnstreik** ist nach Ansicht des LAG Rheinland-Pfalz unzulässig[120]. Etwas anderes gilt allerdings dann, wenn Arbeitnehmer anlässlich der Teilnahme an einem Warnstreik unrechtmäßigerweise Dienstfahrzeuge des Arbeitgebers benutzen. In diesem Fall liegt verbotene Eigenmacht und damit eine arbeitsvertragliche Pflichtverletzung vor, da die Fahrzeuge entgegen ihrer eigentlichen Zweckbestimmung missbraucht werden[121].

---

[118] Urt. v. 30.3.1982 - AP Nr. 74 zu Art. 9 GG Arbeitskampf

[119] Urt. v. 12.1.1988 – AP Nr. 90 zu Art. 9 GG Arbeitskampf; vgl. hierzu auch Conze in DB 1989, 778, 779

[120] Urt. v. 20.3.1981 = EzBAT § 13 BAT Nr. 5

[121] vgl. Urt. d. LAG Düsseldorf v. 24. 1.1990 = LAGE § 611 BGB Abmahnung Nr. 27 mit Anm. v. Kohte

Verlässt ein Arbeitnehmer das Betriebsgelände, um an einem **Warn-** 132
streik teilzunehmen, ohne die elektrische Zeiterfassungsanlage zu
bedienen, handelt es sich nach der Auffassung des LAG Hamm um
eine abmahnungsrelevante Pflichtverletzung. Der Arbeitgeber wurde
in dem entschiedenen Fall allerdings gleichwohl zur Entfernung der
deswegen ausgesprochenen Abmahnung aus den Personalakten des
Klägers verurteilt, weil die Tarifvertragsparteien nach dem Ende des
Tarifkonflikts eine sog. **Maßregelungsklausel** vereinbart hatten.
Danach sollte jede Maßregelung von Arbeitnehmern aus Anlass oder
im Zusammenhang mit der Tarifbewegung 1992 in der Metallindustrie Nordrhein-Westfalen unterbleiben oder rückgängig gemacht
werden, falls sie bereits erfolgt war[122].

Die Teilnahme an einer Arbeitskampfmaßnahme stellt nach Ansicht 133
des Arbeitsgerichts München nur dann eine mit einer Abmahnung
sanktionierbare Pflichtwidrigkeit dar, wenn dem Arbeitnehmer die
Rechtswidrigkeit der Arbeitskampfmaßnahme ausreichend klar
erkennbar ist. Dies sei bei der Teilnahme an einem gewerkschaftlich
getragenen Solidaritätsstreik (**Sympathiestreik**) nicht der Fall[123].

Es ist zweifelhaft, ob es wirklich auf die Kenntnis oder das Kennen- 134
müssen des Arbeitnehmers von der Rechtswidrigkeit der Arbeitskampfmaßnahme ankommt. Die Frage wird man im Regelfall verneinen müssen. Nach der ständigen Rechtsprechung des BAG[124] hat
nämlich die Abmahnung keinen Sanktionscharakter, sondern soll
den Arbeitnehmer nur hinsichtlich seines künftigen Verhaltens
warnen. Deshalb erfolgt eine Abmahnung schon dann zu Recht,
wenn der erhobene Vorwurf objektiv gerechtfertigt ist. Dass das
beanstandete Verhalten dem Arbeitnehmer auch subjektiv vorgeworfen werden kann, ist nicht erforderlich (vgl. Rz. 257, 418).

| **Beachte**

---

[122] Urt. v. 25.5.1993 – = ARSt. 1995, 70 (insoweit nicht abgedruckt)
[123] Urt. v. 6.11.1984 = DB 1985, 818
[124] vgl. Urt. v. 19.7.1983 - AP Nr. 5 zu § 87 BetrVG 1972 Betriebsbuße; vgl. auch
Urt. v. 12.1.1988 (= Fn. 119)

Aus der Rechtsprechung ist für die Praxis zu folgern, dass eine Abmahnung jedenfalls dann Bestand haben kann, wenn die Arbeitsniederlegung unberechtigt war.

Muster: *Abmahnung wegen Teilnahme an einem unrechtmäßigen Streik*

Vorbemerkung:

In derartigen Fällen muss genau geprüft werden, ob dem Arbeitnehmer eine arbeitsvertragliche Pflichtverletzung zum Vorwurf gemacht werden kann.

Abmahnung   Datum

Sehr geehrte Frau/Herr ...,

Sie haben am .... während Ihrer Arbeitszeit an einem einstündigen Solidaritätsstreik teilgenommen, der von der Gewerkschaft X aus Solidarität mit der Gewerkschaft Y organisiert worden ist. Wie Sie wissen, ist die Teilnahme an Solidaritätsstreiks grundsätzlich rechtswidrig.

Sie haben demzufolge Ihre arbeitsvertraglichen Pflichten verletzt, indem Sie ohne Rechtsgrund Ihre Arbeit niedergelegt und für mindestens eine Stunde unterbrochen haben. Mit Rücksicht darauf, dass Sie möglicherweise in der Annahme gehandelt haben, nichts Rechtswidriges zu tun, weil der Streik von der Gewerkschaft X organisiert war, sehen wir von einer Kündigung Ihres Arbeitsverhältnisses ab. Wir weisen Sie jedoch ausdrücklich darauf hin, dass wir ein derartiges Fehlverhalten nicht hinzunehmen bereit sind. Sollten Sie erneut Anlass zu Beanstandungen geben, müssen Sie mit einer Kündigung rechnen.

Mit freundlichen Grüßen

2.4.35 Tätlichkeiten

135   Nach der Rechtsprechung des BAG[125] sind Tätlichkeiten unter Arbeitskollegen grundsätzlich geeignet, einen wichtigen Grund zur außerordentlichen Kündigung abzugeben. Einer Abmahnung bedarf

---

[125] Urt. v. 12.3.1987 – AP Nr. 47 zu § 102 BetrVG 1972; Urt. v. 31.3.1993 – AP Nr. 32 zu § 626 BGB Ausschlussfrist; vgl. aber LAG Frankfurt v. 23.7.1987 = LAGE § 626 BGB Nr. 33; vgl. hierzu auch Aigner in DB 1991, 596 ff.

es – so das BAG – in solchen Fällen nur dann, wenn das Arbeitsverhältnis durch die Vertragsverletzung noch nicht zu stark belastet ist und der Arbeitgeber damit rechnen kann, die Abmahnung werde zu einem vertragsgemäßen Verhalten in der Zukunft führen.

Eine tätliche Auseinandersetzung im Betrieb führt nach richtiger Ansicht des LAG Hamm[126] regelmäßig zu einer Störung des Betriebsfriedens. Eine Abmahnung ist deshalb in derartigen Fällen nicht erforderlich. Das LAG Hamm meint allerdings, wenn es sich um den ersten Fall dieser Art handele, sei in der Regel nur eine ordentliche Kündigung sozial gerechtfertigt. Dieses Kriterium ist jedoch nicht allein maßgebend. Entscheidend sind alle Umstände des Falles. So kann insbesondere die Frage, ob die Tätlichkeit zu einer Verletzung eines Kollegen geführt hat, von wesentlicher Bedeutung sein.

                      136

2.4.36 Telefongespräche

Das Arbeitsgericht Mainz[127] hatte über die Wirksamkeit einer außerordentlichen Kündigung zu entscheiden, die der Arbeitgeber deswegen ausgesprochen hatte, weil der Arbeitnehmer als Angestellter einer Bank mehr als 45 Minuten ein privates Telefongespräch mit einer Bekannten in den USA geführt hatte. Das Gericht hat einen schweren arbeitsvertraglichen Pflichtverstoß angenommen und ausgeführt, Abmahnungen seien bei solchem Verhalten nicht nötig, dessen Vermeidung sich von selbst versteht. Es hat aber im Hinblick darauf, dass der Arbeitnehmer seit 16 Jahren ohne Beanstandungen gearbeitet hatte, nach dem Grundsatz der Verhältnismäßigkeit nur das minderschwere Mittel der Abmahnung als angemessen bezeichnet und deshalb die Kündigung für unwirksam erklärt.

                      137

Eine differenzierte Betrachtungsweise ist in diesem Zusammenhang insbesondere auch dann erforderlich, wenn der Arbeitgeber die Nutzung der dienstlichen Fernsprechanschlüsse auch für den privaten Gebrauch zulässt. Das ausschweifende Gebrauchmachen von

                      138

---

[126] Urt. v. 30.5.1996 = ARSt. 1997, 69; vgl. auch Urt. d. LAG Hamm v. 29.7.1994 = LAGE § 1 KSchG Verhaltensbedingte Kündigung Nr. 43; Urt. d. LAG Hamm v. 20.9.1995 = LAGE § 626 BGB Nr. 89; Urt. d. LAG Hamm v. 8.11.2000 = LAGE § 626 BGB Nr. 132

[127] Urt. v. 31.10.1984 = NJW 1985, 285

dieser Möglichkeit, verbunden mit einer durch unzureichende Organisation verzögerten Abrechnung, berechtigt nach Ansicht des LAG Köln[128] den Arbeitgeber nicht ohne weiteres zur Kündigung des Arbeitsverhältnisses. Auch das LAG Niedersachsen[128a] hält trotz der Störung im Vertrauensbereich, die eine Vielzahl von Privattelefonaten während der Arbeitszeit zur Folge hat, eine der Kündigung vorangehende Abmahnung für erforderlich.

Muster: *Abmahnung wegen privater Telefongespräche*

Vorbemerkung:

Sofern Arbeitnehmer vorsätzlich gegen eine bestehende Regelung verstoßen oder gar außerhalb der Arbeitszeit auf Kosten des Arbeitgebers privat telefonieren, kann ohne vorherige Abmahnung je nach den Umständen des Einzelfalles eine ordentliche oder sogar eine außerordentliche Kündigung in Betracht kommen. Sind Privattelefonate in bestimmten Grenzen erlaubt und werden diese Grenzen überschritten, sollte vor einer Kündigung abgemahnt werden.

Abmahnung   Datum

Sehr geehrte/r Frau/Herr ...

nach unserer Betriebsvereinbarung vom .... ist das Führen von privaten Telefongesprächen während der Arbeitszeit nur in dringenden Fällen und nur bis zu einem zeitlichen Umfang von 5 Minuten pro Arbeitstag erlaubt. Außerdem sind Auslandsgespräche ausdrücklich untersagt.

Am .... haben Sie während Ihrer Arbeitszeit nachweislich in der Zeit von .... bis .... Uhr ein privates Telefongespräch von 35 Minuten Dauer geführt, und zwar mit einem Anschluss in den USA. Damit haben Sie nicht nur gegen die vorgenannte Regelung verstoßen, sondern darüber hinaus für die Dauer des Telefongesprächs Ihre arbeitsvertraglich geschuldete Tätigkeit unterbrochen.

Dieses Fehlverhalten wird von uns ausdrücklich gerügt. Wir erwarten von Ihnen nicht nur die Erstattung der für das Telefongespräch angefallenen Kosten sowie die Nacharbeit der dadurch

---

[128] Urt. v. 2.7.1998 = LAGE § 1 KSchG Verhaltensbedingte Kündigung Nr. 66
[128a] Urt. v. 13.1.1998 = LAGE § 1 KSchG Verhaltensbedingte Kündigung Nr. 63

ausgefallenen Arbeitszeit, sondern auch die strikte Einhaltung der in der Betriebsvereinbarung festgelegten Bestimmungen.

Sollten Sie erneut Ihre arbeitsvertraglichen Pflichten verletzen, müssen sie mit einer Kündigung Ihres Arbeitsverhältnisses rechnen.

Mit freundlichen Grüßen

2.4.37 Treuepflicht, Verletzung der ...

Ein Angestellter des öffentlichen Dienstes, der in Ausübung seines Amtes als staatliches Kontrollorgan - Bauaufsicht - sein eigenes privates Handeln und eigene Anträge überprüft und genehmigt, verstößt damit so erheblich gegen seine Treuepflicht und die allgemeinen Verhaltenspflichten des § 8 BAT, dass zumindest die darauf gestützte ordentliche Kündigung begründet ist. Ein derartiges Verhalten ist nicht abmahnungsbedürftig, da es sich hierbei um eine schwerwiegende Störung im Vertrauensbereich handelt[129].

Inwieweit negative Äußerungen des Arbeitnehmers in der Öffentlichkeit über seinen Arbeitgeber oder über den Betrieb vom Recht auf freie Meinungsäußerung gedeckt oder als arbeitsvertragliche Pflichtverletzung zu werten sind, ist umstritten[130].

139

2.4.38 Unentschuldigtes Fehlen

Unentschuldigtes Fehlen rechtfertigt entgegen landläufiger Meinung nicht ohne weiteres eine Kündigung des Arbeitsverhältnisses. Es handelt sich dabei zwar um eine Verletzung der arbeitsvertraglichen Hauptpflicht; gleichwohl wird dieses Fehlverhalten als Störung im Leistungsbereich gewertet[131]. Deshalb hat der Arbeitgeber zunächst eine Abmahnung auszusprechen, bevor er wegen unentschuldigten Fehlens kündigen kann.

140

---

[129] Urt. d. LAG Schleswig-Holstein v. 11.6.1987 = EzBAT § 53 BAT Verhaltensbedingte Kündigung Nr. 14

[130] vgl. hierzu Beschl. d. BVerfG v. 16.10.1998 – AP Nr. 24 zu § 611 BGB Abmahnung; Urt. d. ArbG Berlin v. 20.12.1996 = PersR 1997, 546

[131] Urt. d. BAG v. 24.11.1983 – AP Nr. 76 zu § 626 BGB; Urt. d. BAG v. 9.8.1984 – AP Nr. 12 zu § 1 KSchG 1969 Verhaltensbedingte Kündigung mit Anm. v. Bickel; ebenso Schmid in NZA 1985, 409, 411

141   Wiederholtes unentschuldigtes Fehlen eines Arbeitnehmers nach Abmahnung ist nach der Auffassung des BAG[132] an sich geeignet, eine verhaltensbedingte Kündigung zu rechtfertigen. Bei diesem Fehlverhalten ist allerdings sorgfältig zu prüfen, ob tatsächlich ein „unentschuldigtes" Fehlen des Arbeitnehmers vorliegt oder ob ihm lediglich der Vorwurf gemacht werden kann, die Anzeige- und Nachweispflicht im Krankheitsfall verletzt zu haben. Beide Sachverhalte sind sorgfältig voneinander zu unterscheiden (vgl. auch 2.4.3).

141a   Abzulehnen ist die Auffassung des LAG Köln[132a], wonach der Arbeitgeber nach einer langen, unbelasteten Betriebszugehörigkeit des Arbeitnehmers (über 17 Jahre) auch wiederholtes unberechtigtes Fehlen des Arbeitnehmers in gewissem Umfang hinnehmen muss. Der Arbeitnehmer hatte in den letzten eineinhalb Jahren vor der Kündigung an neun Arbeitstagen unentschuldigt gefehlt, sich zweimal beim Verlassen des Werkes nicht ordnungsgemäß abgemeldet und außerdem seine Anzeige- und Nachweispflicht im Krankheitsfall verletzt. Er war wegen dieser Vorfälle zweimal abgemahnt worden. Das LAG hat die Ansicht vertreten, der zuvor lange, ungestörte Verlauf des Arbeitsverhältnisses sei ein Umstand, der erheblich zugunsten des Arbeitnehmers zu werten sei. Dabei hat es sich auf Rechtsprechung des BAG zur Kündigung wegen Krankheit gestützt, bei der in der Tat eine andere Betrachtungsweise gerechtfertigt sein kann. Dies kann aber nicht für verhaltensbedingte Gründe gelten, insbesondere dann nicht, wenn die Hauptpflicht des Arbeitnehmers betroffen ist.

141b   Sofern die Fehltage ihre Ursache in einer Alkoholabhängigkeit des Arbeitnehmers haben, kommt nach zutreffender Ansicht des LAG Hamm[132b] eine verhaltensbedingte Kündigung mangels schuldhaft vorwerfbarem Fehlverhalten nicht in Betracht. Der Arbeitgeber kann in derartigen Fällen allenfalls eine personenbedingte Kündigung (wegen Krankheit) in Erwägung ziehen.

---

[132] Urt. v. 17.1.1991 – AP Nr. 25 zu § 1 KSchG 1969 Verhaltensbedingte Kündigung; Urt. v. 15.3.2001 = ARSt. 2001, 236 (2); vgl. auch Urt. d. LAG Berlin v. 12.8.1996 = LAGE § 1 KSchG Verhaltensbedingte Kündigung Nr. 55

[132a] Urt. v. 25.1.1995 = LAGE § 1 KSchG Verhaltensbedingte Kündigung Nr. 46

[132b] Urt. v. 15.1.1999 = LAGE § 1 KSchG Verhaltensbedingte Kündigung Nr. 74

Abmahnung wegen unentschuldigten Fehlens

Muster:

Vorbemerkung:

Unentschuldigtes Fehlen wird als Störung im Leistungsbereich angesehen. Dies gilt grundsätzlich auch bei längerem Fernbleiben des Arbeitnehmers. Besonders wichtig ist bei einer Abmahnung die Angabe des Datums bzw. der Tage, an denen der Arbeitnehmer ohne Entschuldigung der Arbeit ferngeblieben ist.

Abmahnung   **Datum**

Sehr geehrte/r Frau/Herr,

nach unseren Feststellungen sind Sie am Freitag, dem ...., nicht zur Arbeit erschienen und haben weder dem zuständigen Personalbüro / Lohnbüro / Abteilungsleiter noch Ihrem unmittelbaren Vorgesetzten den Grund Ihres Fernbleibens mitgeteilt.

Durch Ihr Verhalten haben Sie gegen den allgemeinen Rechtsgrundsatz* verstoßen, wonach Arbeitnehmer nur mit vorheriger Zustimmung des Arbeitgebers der Arbeit fernbleiben dürfen und im Falle ihrer Verhinderung dem Arbeitgeber unverzüglich den Grund mitzuteilen haben.

Wir weisen Sie darauf hin, dass wir diese Vertragsverletzung nicht billigen können. Sollte Ihr Verhalten erneut Anlass zu Beanstandungen geben, müssen Sie mit einer Kündigung rechnen.

Mit freundlichen Grüßen

2.4.39 Unpünktlichkeit

Unpünktlichkeit ist eine typische Störung im Leistungsbereich, die nur nach vorheriger Abmahnung eine Kündigung des Arbeitsverhältnisses rechtfertigen kann[133]. Der Arbeitgeber muss hierbei gut überlegen, welche Verspätung des Arbeitnehmers er zum Anlass für eine Abmahnung nehmen will. Geringfügige Verspätungen werden nämlich unter Umständen von der Rechtsprechung noch nicht

142

---

* Ggf. ist die entsprechende Vorschrift im Arbeitsvertrag / Tarifvertrag anzugeben.

[133] Urt. d. BAG v. 17.3.1988 – AP Nr. 99 zu § 626 BGB; Urt. d. BAG v. 27.2.1997 – AP Nr. 36 zu § 1 KSchG 1969 Verhaltensbedingte Kündigung; Urt. d. LAG München v. 5.12.1988 = LAGE § 1 KSchG Verhaltensbedingte Kündigung Nr. 16

einmal als abmahnungs-, geschweige denn als kündigungsrelevant angesehen (vgl. auch 10.3).

Gerade in solchen Fällen kann eine Abmahnung allein möglicherweise eine spätere Kündigung nicht unterstützen. Es kommt vielmehr entscheidend auf die Anzahl und das Ausmaß der Störungen an, die durch die Unpünktlichkeit des Arbeitnehmers hervorgerufen werden.

Wiederholtes, schuldhaft verspätetes Erscheinen eines Arbeitnehmers im Betrieb ist als Verletzung der Arbeitspflicht nach zutreffender Ansicht des LAG Hamm[133a] nach vorheriger Abmahnung grundsätzlich dazu geeignet, eine ordentliche Kündigung aus verhaltensbedingten Gründen sozial zu rechtfertigen.

Muster: *Abmahnung wegen Unpünktlichkeit*

Vorbemerkung:

Erfolgt wegen Unpünktlichkeit eine Abmahnung, ist unbedingt darauf zu achten, sowohl die genaue Uhrzeit des verspäteten Arbeitsbeginns als auch den normalen Beginn der Arbeitszeit anzugeben. Bei unerheblichen Verspätungen sollte im Regelfall von einer Abmahnung abgesehen werden.

Abmahnung   **Datum**

Sehr geehrte/r Frau/Herr

Am Dienstag, dem ...., sind Sie erst um 9.15 Uhr zur Arbeit erschienen, obwohl Ihre regelmäßige Arbeitszeit / Ihr Schichtdienst um 7.45 Uhr beginnt.

Im Interesse der Betriebsdisziplin / eines ungestörten Arbeitsablaufs und mit Rücksicht auf die Mitarbeiter, die pünktlich ihre Arbeit antreten, können wir ein solches Fehlverhalten nicht hinnehmen.

Abschließend weisen wir ausdrücklich darauf hin, dass bei weiteren arbeitsvertraglichen Pflichtverletzungen der Inhalt oder Bestand Ihres Arbeitsverhältnisses gefährdet ist.

Mit freundlichen Grüßen

[133a] Urt. v. 8.10.1997 = LAGE § 1 KSchG Verhaltensbedingte Kündigung Nr. 60

2.4.40 Unsittliches Verhalten

Siehe 2.4.32

2.4.41 Unterschlagung

Insoweit kann auf die Ausführungen unter 2.4.15 verwiesen werden.

2.4.42 Urlaubsantritt, eigenmächtiger

Umstritten ist die Frage, ob einer Kündigung wegen eigenmächtigen Urlaubsantritts des Arbeitnehmers eine Abmahnung vorauszugehen hat[134]. Im Schrifttum wird diese Frage überwiegend bejaht und angenommen, es handele sich um Störungen im Leistungsbereich[135]. Bengelsdorf[136] und Meyer[137] halten demgegenüber eine Abmahnung für entbehrlich.   143

Das BAG hat in einer früheren Entscheidung ausdrücklich festgestellt, wenn der Arbeitnehmer eigenmächtig einen vom Arbeitgeber nicht genehmigten Urlaub antrete, verletze er seine arbeitsvertraglichen Pflichten, und ein solches Verhalten sei an sich geeignet, einen wichtigen Grund zur fristlosen Kündigung darzustellen. Ein Recht des Arbeitnehmers, sich selbst zu beurlauben, sei angesichts des umfassenden Systems gerichtlichen Rechtsschutzes grundsätzlich abzulehnen[138].   144

Diesen Grundsatz hat das BAG in einer späteren Entscheidung[138a] bestätigt. Es hat ausdrücklich betont, wenn der Arbeitnehmer eigenmächtig einen vom Arbeitgeber nicht genehmigten Urlaub antrete, verletze er damit nicht eine bloße Nebenpflicht aus dem Arbeitsverhältnis, sondern vielmehr die Hauptpflicht zur Arbeitsleistung. Ob in derartigen Fällen vor Ausspruch einer fristlosen Kündigung eine Abmahnung erforderlich sei, hänge regelmäßig von dem konkreten Inhalt der Unterredung zwischen den Arbeitsvertrags-   144a

---

[134] vgl. Becker-Schaffner in DB 1985, 650, 651 (dort Fn. 23)

[135] so Schmid in NZA 1985, 409, 411; Rewolle in DB 1976, 774, 775; Berger-Delhey in PersV 1988, 430, 431

[136] in Arbeitsrechtslexikon, Verhaltensbedingte Kündigung, IV

[137] a.a.O. (= Fn. 8) S. 39

[138] Urt. v. 20.1.1994 - AP Nr. 115 zu § 626 BGB

[138a] Urt. v. 22.1.1998 – AP Nr. 38 zu § 626 BGB Ausschlussfrist; vgl. auch Urt. v. 16.3.2000 – AP Nr. 114 zu § 102 BetrVG 1972

parteien vor dem eigenmächtigen Urlaubsantritt ab. Hat der Arbeitgeber auf konkrete betriebliche Gründe hingewiesen, die einer Urlaubsgewährung entgegenstehen, und dem Arbeitnehmer nachdrücklich klar gemacht, im Fall eines unberechtigten Urlaubsantritts werde er arbeitsrechtliche Konsequenzen ergreifen, so muss dem Arbeitnehmer klar sein, dass er seinen Arbeitsplatz aufs Spiel setzt, wenn er trotzdem zu dem rechtswidrigen Mittel der Selbstbeurlaubung greift. Nimmt andererseits der Arbeitgeber die Ankündigung des Arbeitnehmers, er werde trotz Ablehnung des Urlaubsantrags in Urlaub gehen, einfach kommentarlos hin, so wird je nach den Umständen der Arbeitnehmer nicht damit rechnen müssen, dass der Arbeitgeber bereit ist, ohne weitere Abmahnung sofort zum äußersten Mittel der fristlosen Kündigung zu greifen.

145 Das Arbeitsgericht Verden hat die Auffassung vertreten, die Selbstbeurlaubung durch den Arbeitnehmer stelle keinen Grund zur außerordentlichen Kündigung dar, vielmehr müsse eine Abmahnung vorausgehen[139]. Im gegenteiligen Sinne hat das LAG Hamm[140] entschieden, dass der Arbeitnehmer unter keinen Umständen davon ausgehen könne, der Arbeitgeber werde sein vertragswidriges Verhalten hinnehmen.

146 Auch das LAG Düsseldorf[141] hat zur eigenmächtigen Urlaubsverlängerung festgestellt, der Wirksamkeit der außerordentlichen Kündigung stehe das Fehlen einer Abmahnung nicht entgegen. Der Kläger habe nicht annehmen können, sein Verhalten sei nicht vertragswidrig oder werde von dem beklagten Arbeitgeber nicht als ein erhebliches, den Bestand des Arbeitsverhältnisses gefährdendes Fehlverhalten angesehen. Allerdings war der Kläger in dem entschiedenen Fall vor Antritt des Urlaubs von seinem Arbeitgeber schriftlich darauf hingewiesen worden, dass er bei einer Urlaubsüberschreitung mit einer Kündigung rechnen müsse.

147 Das LAG Rheinland-Pfalz hatte über die Wirksamkeit einer ordentlichen Kündigung zu entscheiden, die deswegen erfolgt war, weil der Arbeitnehmer einen Tag vor Urlaubsantritt und einen Tag nach

---

[139] Urt. v. 7.11.1980 = ARSt. 1981, 127
[140] Urt. v. 25.6.1985 = LAGE § 1 KSchG Verhaltensbedingte Kündigung Nr. 5
[141] Urt. v. 26.3.1985 = NZA 1985, 779

seinem Urlaubsende nicht zum Dienst erschienen war. Das LAG hat die Kündigung bestätigt. Eine Abmahnung sei nicht erforderlich gewesen, da diese stets dann entbehrlich sei, wenn der Arbeitnehmer keinen Zweifel haben könne, dass die in Frage stehende Vertragsverletzung von seinem Arbeitgeber nicht hingenommen würde und Konsequenzen für den Arbeitsplatz haben könnte. Der Kläger habe nicht davon ausgehen können, dass der Arbeitgeber sein Fehlen vor und nach dem Urlaub akzeptieren würde. Er habe deshalb nicht darauf vertrauen können, dass er vor Ausspruch einer Kündigung zunächst noch einmal in Form einer Abmahnung auf die Pflichtwidrigkeit seines Vorgehens hingewiesen werden würde[142].

Auch das LAG Berlin[143] geht davon aus, dass es sich bei eigenmächtigem Urlaubsantritt eines Arbeitnehmers um einen Fall unberechtigter Arbeitsverweigerung handelt, der in der Regel sogar eine außerordentliche Kündigung, mindestens aber eine ordentliche Kündigung rechtfertigt.

148

Das LAG Köln[143a] weist zutreffend darauf hin, der Arbeitnehmer, der eigenmächtig seinen Urlaub antrete und eine deshalb erfolgte Abmahnung nicht zur Kenntnis genommen habe, könne sich auf diesen Umstand nicht berufen. Er habe sich durch sein Fehlverhalten selbst der Erreichbarkeit entzogen und damit seine Unkenntnis verschuldet.

148a

149

> **Beachte:**
>
> Eigenmächtiger Urlaubsantritt (dasselbe muss für die eigenmächtige Urlaubsüberschreitung bzw. -verlängerung gelten) wird in der Rechtsprechung und im Schrifttum zu Recht als **schwerwiegende Vertragsverletzung** des Arbeitnehmers angesehen, die den Arbeitgeber in der Regel zu einer außerordentlichen Kündigung berechtigt[144].

---

[142] Urt. v. 11.3.1988 – 6 Sa 989/87 - n. v.

[143] Urt. v. 5.12.1994 = LAGE § 1 KSchG Verhaltensbedingte Kündigung Nr. 45

[143a] Urt. v. 16.3.2001 = NZA-RR 2001, 533

[144] vgl. Urt. d. BAG v. 25.2.1983 - AP Nr. 14 zu § 626 BGB Ausschlussfrist; Urt. d. LAG Düsseldorf v. 14.3.1978 = BB 1978, 1571; Urt. d. LAG Schleswig-Holstein v. 9.2.1988 = LAGE § 626 BGB Nr. 36; Urt. d. LAG Hamm v. 1.9.1995 = LAGE § 611 BGB Persönlichkeitsrecht Nr. 7; Bengelsdorf in Ar-

Es ist deshalb für den Arbeitgeber unzumutbar, zunächst eine Abmahnung auszusprechen, da sich der Arbeitnehmer gewissermaßen Arbeitgeberrechte angemaßt und seine aus § 611 BGB resultierende Hauptpflicht aus dem Arbeitsverhältnis nachhaltig verletzt hat.

150 Die Bezeichnung des Verhaltens als „eigenmächtig" macht deutlich, dass sich der Arbeitnehmer eine Befugnis anmaßt, die ihm nicht zusteht. Der Arbeitnehmer, der ohne Billigung des Arbeitgebers oder sogar gegen dessen ausdrücklich erklärten Willen in den Urlaub geht oder seinen Urlaub überzieht, kann ohne weiteren Hinweis seines Arbeitgebers erkennen, dass dieser das Fehlverhalten nicht billigen wird und schon im Hinblick auf Arbeitsmoral und Betriebsdisziplin insgesamt nicht akzeptieren kann. Immerhin geht es hierbei um die dem Arbeitnehmer gemäß § 611 BGB obliegende Hauptpflicht aus dem Arbeitsvertrag, nämlich die Erbringung der Arbeitsleistung. Wenn schon derart naheliegende Überlegungen bei einem Arbeitnehmer nicht mehr vorausgesetzt werden können, hätte dies zwangsläufig zur Folge, dass sich die Hinweispflicht des Arbeitgebers auch auf Verhaltensweisen erstrecken müsste, die für einen verständigen und vernünftigen Arbeitnehmer ohne weiteres einleuchtend sind. Da aber Sinn und Zweck der Abmahnung ist, den Arbeitnehmer vor unangenehmen arbeitsrechtlichen Überraschungen zu schützen, erscheint in solchen Fällen eine Abmahnung überflüssig.

Muster: *Abmahnung wegen eigenmächtigen Urlaubsantritts*

Vorbemerkung:

Sofern in solchen Fällen ausnahmsweise eine vorherige Abmahnung erforderlich ist, kann sie nur *vor* dem Antritt des Urlaubs ihre Wirkung erzielen. Eine Abmahnung nach der Rückkehr des Arbeitnehmers aus dem eigenmächtig und damit unerlaubt angetretenen Urlaub ist der Schwere der Pflichtverletzung nicht angemessen.

---

beitsrechtslexikon, Verhaltensbedingte Kündigung, VI 7; vgl. auch Urt. d. LAG Köln v. 16. 1.1990 = LAGE § 1 KSchG Verhaltensbedingte Kündigung Nr. 27 mit Anm. v. Henssler; einen atypischen Fall behandelt das Urt. d. LAG Hamm v. 30. 5.1990 = LAGE § 1 KSchG Verhaltensbedingte Kündigung Nr. 29; vgl. auch Urt. d. LAG Hamm v. 12.9.1996 = LAGE § 626 BGB Nr. 105

Abmahnung Datum

Sehr geehrte/r Frau/Herr ...

am .... haben Sie für die Zeit vom .... bis .... Urlaub beantragt. Diesem Antrag konnten wir aus betrieblichen Gründen
nicht entsprechen. Darauf haben Sie gegenüber Herrn Peter von
der Personalabteilung erklärt, Sie würden gleichwohl wie geplant
Ihren Urlaub antreten, da Sie schon gebucht hätten.

Wir weisen Sie mit Nachdruck darauf hin, dass wir dieses Verhalten nicht akzeptieren. Sollten Sie trotz der Ablehnung des Urlaubsantrags Ihren Urlaub antreten und deshalb ab .... der Arbeit fernbleiben, werden wir nicht zögern, das Arbeitsverhältnis
außerordentlich zu kündigen.

Mit freundlichen Grüßen

2.4.43 Verdacht strafbarer Handlung

Vor einer Kündigung wegen des dringenden Verdachts einer straf-
baren Handlung, also der sog. Verdachtskündigung, ist dem Arbeitgeber im Regelfall eine Abmahnung nicht zumutbar[145]. Eine Abmahnung kommt auch deshalb nicht in Betracht, weil Voraussetzung hierfür eine tatsächlich begangene und nachweisbare Pflichtverletzung des Arbeitnehmers ist. Eine „Verdachtsabmahnung" gibt
es nicht.

151

2.4.44 Verkehrsunfall

Trotz Vorliegens einer Störung im Leistungsbereich hat das LAG
Köln bei einer schweren Pflichtverletzung eine Abmahnung als entbehrlich bezeichnet[146]. Der Arbeitnehmer habe die Unzulässigkeit
einer solchen Pflichtwidrigkeit ohne weiteres erkennen können und
durfte mit deren Billigung keinesfalls rechnen. Nach dem der Entscheidung zugrundeliegenden Sachverhalt hatte der Arbeitnehmer

152

---

[145] Insoweit ist allerdings zu beachten, dass nach dem Urteil des BAG v. 11.4.1985
- AP Nr. 39 zu § 102 BetrVG 1972 – der Arbeitgeber aufgrund der ihm obliegenden Aufklärungspflicht gehalten ist, den Arbeitnehmer vor Ausspruch einer Verdachtskündigung zu den gegen ihn erhobenen Verdachtsmomenten zu
hören. Die Erfüllung dieser Aufklärungspflicht ist Wirksamkeitsvoraussetzung
für eine Verdachtskündigung!

[146] Urt. v. 26.8.1986 = LAGE § 611 BGB Abmahnung Nr. 4

„mit schwerer Schuld" einen Verkehrsunfall verursacht, bei dem der Firmen-LKW im Wert von 30.000 bis 35.000 Euro Totalschaden erlitt. Das Gericht hat die deswegen vom Arbeitgeber erklärte Kündigung trotz Fehlens einer Abmahnung für wirksam erachtet und im Hinblick auf die erst einjährige Betriebszugehörigkeit des Klägers nicht für sozialwidrig gehalten.

153 Eine andere Kammer des LAG Köln hat sich dieser Entscheidung angeschlossen. Der Kläger war Fahrer eines Sattelkraftfahrzeugs und hatte die Verriegelungsmechanik des Sattelanhängers nicht ordnungsgemäß bedient. Dadurch kam es während der Fahrt zu einem erheblichen Sachschaden. Das LAG hat eine ordentliche Kündigung als gerechtfertigt angesehen. Bei der Gewichtigkeit der Vertragsverletzung sei keine Abmahnung erforderlich gewesen, da dem Kläger die Schwere einer solchen Pflichtverletzung erkennbar war und er auch wusste, dass er mit einer Billigung seines Verhaltens in keinem Fall rechnen konnte[147].

154 Die vorsätzliche Pflichtverletzung eines Kranführers, die zu einer erheblichen Gefährdung von Leben und Gesundheit der Arbeitnehmer auf der Baustelle sowie des Eigentums des Arbeitgebers führt, erfordert nach der Auffassung des LAG Hamm keine Abmahnung, sondern rechtfertigt sogar eine außerordentliche Kündigung[148].

2.4.45 Wahrheitspflicht, Verletzung der

155 Die wahrheitswidrige Beantwortung des Personalfragebogens bei der Einstellung stellt eine Störung im Vertrauensbereich dar, auf die der Arbeitgeber nur dann ohne Abmahnung sofort mit einer Kündigung reagieren kann, wenn das Vertrauensverhältnis durch die Verletzung der Wahrheitspflicht so beeinträchtigt wurde, dass eine Wiederherstellung des Vertrauens nicht mehr zu erwarten und deshalb dem Arbeitgeber die Fortsetzung des Arbeitsverhältnisses nicht mehr zumutbar ist. Hierbei ist allerdings Voraussetzung, dass der Arbeitnehmer eine zulässige Frage wahrheitswidrig beantwortet hat.

---

[147] Urt. v. 2.7.1987 = LAGE § 626 BGB Nr. 32
[148] Urt. v. 17. 11.1989 = LAGE § 626 BGB Nr. 48

Das BAG[149] hatte über die Wirksamkeit einer ordentlichen Kündigung zu entscheiden, die das beklagte Land deshalb ausgesprochen hatte, weil die Klägerin die Frage nach einer Verpflichtungserklärung zur Zusammenarbeit mit dem Ministerium für Staatssicherheit der DDR falsch beantwortet hatte. Das BAG hat die Kündigung nicht für sozial gerechtfertigt angesehen, wobei letztlich offen geblieben ist, ob das Gericht in diesem Fall eine vorherige Abmahnung für erforderlich gehalten hätte. Es macht der Vorinstanz zum Vorwurf, dass sie sich mit der Frage, ob hier unter dem Gesichtspunkt einer ultima ratio eine Abmahnung ausgereicht hätte, erst gar nicht befasst habe. Später heißt es in dem BAG-Urteil, ob die einmalige Falschbeantwortung überhaupt Zweifel an der Ehrlichkeit hinsichtlich künftiger Loyalität der Klägerin begründe oder hier mangels aktiver Mitarbeit für das MfS eine Abmahnung als milderes Mittel ausgereicht hätte, könne unerörtert bleiben.

Diese Ausführungen zeigen, dass bei entsprechendem Fehlverhalten des Arbeitnehmers eine differenzierte Betrachtungsweise geboten ist und nicht ohne weiteres davon ausgegangen werden kann, dass in solchen Fällen eine Abmahnung stets entbehrlich sei.

2.4.46 Wettbewerbsverbot, Verstoß gegen ...

Die Verletzung eines für die Dauer des Arbeitsverhältnisses bestehenden Wettbewerbsverbotes kann sogar einen wichtigen Grund für eine außerordentliche Kündigung darstellen, ohne dass es einer vorherigen Abmahnung bedarf. Die Unterstützung eines Konkurrenten des Arbeitgebers ist nämlich als Störung im Vertrauensbereich anzusehen[150] (vgl. hierzu auch Rz. 99).

2.4.47 Wirtschaftlichkeit, Verstoß gegen ...

Siehe 2.4.33

2.4.48 Zeiterfassungskarte, Manipulation der ...

Sowohl die nicht korrekte Handhabung der eigenen Zeiterfassungskarte als auch das Stempeln für Dritte stellt eine schwerwiegende

156

157

158

---

[149] Urt. v. 13.6.1996 – AP Nr. 33 zu § 1 KSchG 1969; vgl. hierzu auch Urt. d. BAG v. 4.12.1997 – AP Nr. 37 zu § 1 KSchG 1969 Verhaltensbedingte Kündigung
[150] Urt. d. BAG v. 16. 8.1990 - AP Nr. 10 zu § 611 BGB Treuepflicht

Störung im Vertrauensbereich dar, die zumindest eine ordentliche und je nach den Umständen eine außerordentliche Kündigung ohne vorherige Abmahnung rechtfertigen kann.[151] Dabei kommt es nicht entscheidend darauf an, wie der Vorgang strafrechtlich zu würdigen ist. Überträgt nämlich ein Arbeitgeber den Nachweis der täglich geleisteten Arbeitszeit den Arbeitnehmern selbst und täuscht der Arbeitnehmer durch falsches Betätigen oder Nichtbetätigen der Gleitzeiteinrichtung oder in anderer Weise für sich oder einen anderen Arbeitnehmer eine längere Arbeitszeit vor, als tatsächlich geleistet worden ist, so stellt dies einen schweren Vertrauensmissbrauch dar. Unter dieser Voraussetzung ist dem Arbeitgeber eine Abmahnung regelmäßig nicht zumutbar, da der Arbeitnehmer ohne weiteres davon ausgehen kann, dass sein Verhalten vom Arbeitgeber nicht gebilligt wird.

2.4.49 Zusammenfassung

159

Bei sog. Störungen im Vertrauensbereich ist nach der Rechtsprechung des BAG eine Abmahnung erforderlich, wenn es um ein steuerbares Verhalten des Arbeitnehmers geht und eine Wiederherstellung des Vertrauens erwartet werden kann. Daraus folgt im Umkehrschluss, dass ohne vorherige Abmahnung gekündigt werden kann, wenn das Vertrauensverhältnis zwischen den Arbeitsvertragsparteien durch das Fehlverhalten des Arbeitnehmers schwerwiegend gestört oder zerstört worden ist. Davon ist insbesondere – aber nicht nur – bei strafrechtlich relevantem Verhalten des Arbeitnehmers auszugehen, das das Arbeitsverhältnis konkret beeinträchtigt. Immer dann, wenn der Arbeitnehmer ein gesteigertes Maß an Illoyalität an den Tag legt oder mit besonderer Intensität gegen die Rechtsordnung verstößt, ist es dem Arbeitgeber nicht zuzumuten, den Arbeit-

---

[151] Urt. d. BAG v. 12. 8.1999 – AP Nr. 51 zu § 123 BGB; Urt. d. LAG Hamm v. 20.2.1986 = DB 1986, 1338; Urt. d. LAG Berlin v. 6.6.1988 = LAGE § 1 KSchG Verhaltensbedingte Kündigung Nr. 18; Urt. d. LAG Hamm v. 5.7.1988 = LAGE § 1 KSchG Verhaltensbedingte Kündigung Nr. 23; Urt. d. LAG Niedersachsen v. 18.10.1994 = LAGE § 1 KSchG Verhaltensbedingte Kündigung Nr. 44; Urt. d. LAG Bremen v. 31.1.1997 = LAGE § 626 BGB Nr. 107; zur Beurteilung einer außerordentlichen Kündigung aufgrund von Urkundenfälschungen vgl. auch Urt. d. BAG v. 29.1.1997 – AP Nr. 131 zu § 626 BGB

nehmer zunächst abzumahnen. In derartigen Fällen sind für den Arbeitnehmer die schweren Pflichtverletzungen ohne weiteres erkennbar, und die Hinnahme eines solchen Verhaltens durch den Arbeitgeber ist offensichtlich ausgeschlossen. Unter diesen Voraussetzungen kann eine Abmahnung ihr Ziel nicht erreichen.

Praktische Konsequenz:

Bei Störungen im Leistungsbereich sind Abmahnungen erforderlich.

Abmahnungen können auch bei Störungen im Vertrauensbereich notwendig sein.

In Zweifelsfällen sollte abgemahnt werden.

2.5　Keine Abmahnung bei fehlenden Erfolgsaussichten

Eine Abmahnung wird als nicht notwendig angesehen, wenn sie keinen Erfolg versprochen hätte[152], etwa in Fällen von **unbehebbaren Leistungsmängeln** infolge einer dauernden gesundheitlichen Beeinträchtigung der Leistungsfähigkeit des Arbeitnehmers[153].

In dem folgenden Fall hat dagegen das BAG eine Abmahnung für möglicherweise erfolgversprechend gehalten:

Bei der fehlenden Eignung und Befähigung eines Orchestermusikers handele es sich um einen abmahnungsrelevanten Tatbestand, auch wenn aus einer mehr subjektiv-künstlerischen Beurteilung sich ergebende **Eignungsmängel** sich nicht immer konkret bezeichnen ließen und daher schwerer als rein fachliche Leistungsmängel zu beheben seien[154].

Die genannten Beispiele aus der BAG-Rechtsprechung machen die Schwierigkeiten deutlich, die bei der Beurteilung der Erfolgsaussichten einer Abmahnung auftreten können. Dieses Problem findet sich insbesondere bei Arbeitnehmern in höheren Positionen, z. B.

160

161

162

---

[152] vgl. Urt. d. BAG v. 29.7.1976 - AP Nr. 9 zu § 1 KSchG Verhaltensbedingte Kündigung; Urt. d. BAG v. 3.2.1982 - AP Nr. 1 zu § 72 BPersVG

[153] vgl. Urt. d. BAG v. 18.1.1980 - AP Nr. 3 zu § 1 KSchG 1969 Verhaltensbedingte Kündigung

[154] Urt. v. 15.8.1984 - AP Nr. 8 zu § 1 KSchG 1969

bei leitenden Angestellten. Man wird im Zweifel davon ausgehen müssen, dass selbst in der Person liegende Umstände wie Führungsschwächen, mangelndes Durchsetzungsvermögen usw., also eigentlich personenbedingte Gründe, dem Arbeitgeber zunächst Veranlassung zu einer Abmahnung geben sollten, bevor er kündigt.

163 Eine Abmahnung kann aber dann entbehrlich sein, wenn der Arbeitnehmer fortgesetzt das von dem Arbeitgeber gerügte Verhalten an den Tag legt und der Arbeitgeber hieraus schließen muss, der Arbeitnehmer sei nicht gewillt, das Fehlverhalten in Zukunft zu unterlassen[155]. Besonders in Fällen offenkundiger **Uneinsichtigkeit** oder Unbelehrbarkeit des Arbeitnehmers kann es dem Arbeitgeber nicht zugemutet werden, zunächst einen weiteren, mit Sicherheit zu erwartenden Pflichtverstoß abzuwarten, bevor er kündigungsrechtliche Schritte unternehmen darf.

164 Das BAG hat bestätigt, eine Abmahnung sei dann entbehrlich, wenn im Einzelfall besondere Umstände vorgelegen haben, aufgrund derer eine Abmahnung als nicht erfolgversprechend angesehen werden durfte. Dies sei insbesondere dann anzunehmen, wenn erkennbar sei, dass der Arbeitnehmer gar nicht gewillt sei, sich vertragsgerecht zu verhalten. Kannte der Arbeitnehmer die Vertragswidrigkeit seines Verhaltens, setze er aber trotzdem hartnäckig und uneinsichtig seine Pflichtverletzungen fort, dann laufe die Warnfunktion der Abmahnung leer. Da der Arbeitnehmer erkennbar nicht gewillt sei, sein Verhalten zu ändern, müsste der Arbeitgeber auch bei Ausspruch einer Abmahnung mit weiteren erheblichen Pflichtverletzungen rechnen[156].

165 Entbehrlich ist die Abmahnung ferner, wenn der Arbeitnehmer unter den konkreten Umständen auf keinen Fall mit der Billigung seines Verhaltens rechnen konnte und er sich deshalb völlig darüber im Klaren sein musste, bei Entdeckung des Sachverhalts seinen Arbeitsplatz zu verlieren[157].

---

[155] vgl. etwa Urt. d. BAG v. 3.2.1982 (= Fn. 152)
[156] Urt. v. 18.5.1994 - AP Nr. 3 zu § 108 BPersVG
[157] ähnlich Preis in DB 1990, 685, 688 m.w.N.; Meyer a.a.O. (= Fn. 8) S. 39

Praktische Konsequenz:

Abmahnungen sind nicht entbehrlich, wenn ihre Erfolgsaussichten schwer einzuschätzen sind.

3 Abmahnung in Sonderfällen

3.1 Abmahnung gegenüber Auszubildenden

166 Das Berufsausbildungsverhältnis kann nach der Probezeit nur aus einem wichtigen Grund ohne Einhalten einer Kündigungsfrist durch den Ausbildenden gekündigt werden (§ 15 Abs. 2 Nr. 1 BBiG). Da erfahrungsgemäß die Arbeitsgerichte bei Kündigungen von Auszubildenden hohe Anforderungen stellen, wird es noch mehr als bei Arbeitsverhältnissen notwendig sein, zuvor eine Abmahnung auszusprechen. Dies kommt in erster Linie bei verhaltensbedingten Gründen in Betracht, die die Eignung des Auszubildenden für den späteren Beruf in Frage stellen. In der Regel wird es erforderlich sein, hier auch vor einer außerordentlichen Kündigung abzumahnen[158].

167 Werden von einem Auszubildenden die vorgeschriebenen Berichtshefte nicht oder verspätet vorgelegt, liegt nach Ansicht des Hessischen LAG[159] eine Pflichtverletzung vor, die geeignet sein kann, eine außerordentliche Kündigung des Berufsausbildungsverhältnisses zu rechtfertigen. Auch bei hartnäckiger und fortgesetzter Verletzung von Verhaltens- und Leistungspflichten durch den Auszubildenden ist jedoch – so das LAG – in aller Regel vor Ausspruch einer außerordentlichen Kündigung eine (erfolglose) Abmahnung notwendig.

168 Einer vorherigen Abmahnung bedarf es nach zutreffender Auffassung des LAG Berlin[160] nicht, wenn der Auszubildende gegenüber einem anderen Auszubildenden ausländerfeindliche und rassistische Verhaltensweisen an den Tag legt.

---

[158] vgl. Bengelsdorf in Arbeitsrechtslexikon, Kündigungsschutz Auszubildender, III 2 a); vgl. auch Pflaum a.a.O. (= Fn. 8) S. 124 ff., die die besondere Bedeutung von Abmahnungen im Rahmen von Berufsausbildungsverhältnissen hervorhebt

[159] Urt. v. 3.11.1997 = LAGE § 15 BBiG Nr. 12

[160] Urt. v. 22.10.1997 = LAGE § 626 BGB Nr. 118

Nach der Ansicht des BAG[160a] bedarf es auch im Ausbildungsverhältnis bei besonders schwerwiegenden Pflichtverletzungen, deren Rechtswidrigkeit dem Auszubildenden ohne weiteres erkennbar und bei denen eine Hinnahme durch den Ausbildenden offensichtlich ausgeschlossen ist, vor dem Ausspruch der außerordentlichen Kündigung keiner Abmahnung.

168a

| **Praktische Konsequenz:**

Vor der Kündigung von Auszubildenden aus wichtigem Grund sind im Regelfall Abmahnungen erforderlich.

Abmahnung gegenüber einem Auszubildenden   Muster:

Vorbemerkung:

Abmahnungen gegenüber Auszubildenden sollten besonders sorgfältig und ausführlich erfolgen. Es kann empfehlenswert sein, den Eltern des Auszubildenden eine Fotokopie zuzuleiten. Dies gilt insbesondere bei minderjährigen Auszubildenden. Wegen der hohen Anforderungen an die Wirksamkeit einer außerordentlichen Kündigung sollte auch bei erheblichen Pflichtverletzungen des Auszubildenden im Zweifelsfall zunächst abgemahnt werden.

Abmahnung   **Datum**

Sehr geehrte/r Frau/Herr

nach § 9 Satz 1 BBiG haben Sie sich zu bemühen, die Fertigkeiten und Kenntnisse zu erwerben, die erforderlich sind, um das Ausbildungsziel zu erreichen.

Nach unseren Feststellungen lassen sowohl Ihr Interesse an der Ausbildung als auch Ihre Zuverlässigkeit erheblich zu wünschen übrig. In der vergangenen Woche haben Sie an zwei Tagen unentschuldigt gefehlt, nämlich am .... und .... Außerdem hat uns die Berufsschule mitgeteilt, dass Sie im Monat Oktober zweimal dem Unterricht ferngeblieben sind, nämlich am .... und ....

Ihr Verhalten ist für uns unverständlich und wird von uns ausdrücklich gerügt. Wir erwarten, dass Sie sich diese Abmahnung

---

[160a] Urt. v. 1.7.1999 – AP Nr. 11 zu § 15 BBiG

zu Herzen nehmen und künftig mit dem erforderlichen Engagement Ihre Ausbildung fortsetzen. Ansonsten wären wir gezwungen, das Ausbildungsverhältnis zu kündigen, wenn sich diese oder ähnliche Pflichtverletzungen wiederholen.

Mit freundlichen Grüßen

3.2 Abmahnung vor Änderungskündigung

169 Nach der Begriffsbestimmung des BAG muss die Abmahnung den Hinweis enthalten, dass im Wiederholungsfall der „Inhalt" oder der Bestand des Arbeitsverhältnisses gefährdet ist.

Damit ist auch die Änderungskündigung einbezogen, also die Kündigung, bei der nicht die Beendigung des Arbeitsverhältnisses, sondern die Änderung von Arbeitsbedingungen (Inhalt des Arbeitsvertrages) angestrebt wird.

170 Folgerichtig hat das BAG[161] im Fall einer **Änderungskündigung wegen Leistungsmängeln** eine vorherige Abmahnung ebenso für notwendig gehalten wie bei einer auf **verhaltensbedingte** Gründe gestützten **Änderungskündigung**. Diese Rechtsprechung vermag allerdings rechtsdogmatisch nicht zu überzeugen. Das BAG hat zwar in seiner Entscheidung vom 21. 11. 1985[161] beiläufig erwähnt, dass es bei der Änderungskündigung „in erster Linie um den sog. Inhaltsschutz" gehe, aber im Anschluss daran lediglich Urteile zitiert, die sich auf die Notwendigkeit der Abmahnung vor **Beendigungskündigungen** beziehen. Das BAG ist also eine rechtliche Begründung

---

[161] Urt. v. 12.9.1980 = ArbuR 1981, 60; bestätigt durch Urt. v. 29. 5.1985 = RzK Abmahnung Nr. 7; Urt. v. 21.11.1985 - AP Nr. 12 zu § 1 KSchG 1969; diese Rechtsprechung befürworten von Hoyningen-Huene in RdA 1990, 193, 205; Hauer a.a.O. (= Fn. 8) S. 87; Wolf, Zur Abmahnung als Voraussetzung der verhaltensbedingten Kündigung durch den Arbeitgeber, Centaurus-Verlagsgesellschaft 1990, S. 128 ff.; Koffka, Die arbeitsrechtliche Abmahnung als Rechtsinstitut, Verlag Peter Lang GmbH, Frankfurt am Main, 1993, S. 78/79; KR-Fischermeier, 6. Aufl. 2002, § 626 BGB Rz. 256

dafür schuldig geblieben, warum auch vor einer Änderungskündigung eine Abmahnung geboten sein soll[162].

> **Praktische Konsequenz:**
> Abmahnungen sind auch vor Änderungskündigungen notwendig.

Gegen die Notwendigkeit einer Abmahnung in solchen Fällen spricht an sich die in § 2 KSchG enthaltene Regelung.[163] Danach hat der Arbeitnehmer die Möglichkeit, die auch durch eine Änderungskündigung mögliche Bestandsgefährdung seines Arbeitsverhältnisses dadurch auszuschließen, dass er das Angebot des Arbeitgebers unter Vorbehalt annimmt. Auf diese Weise kann er eine gerichtliche Überprüfung der Änderungskündigung erreichen, ohne den Bestand seines Arbeitsverhältnisses aufs Spiel zu setzen.

171

3.3 Abmahnung vor Versetzung

Im Falle einer Versetzung an einen anderen Dienstort wegen Leistungsmängeln kann die gebotene **Interessenabwägung** ergeben, dass der Arbeitgeber das beanstandete Verhalten zunächst gegenüber dem Angestellten unter Hinweis auf die sonst drohende Versetzung abmahnen muss[164].

172

Diese Rechtsprechung bedarf einer kritischen Würdigung und ist für verallgemeinernde Schlussfolgerungen nicht geeignet. Das BAG hat selbst in den Entscheidungsgründen ausgeführt, es könne unentschieden bleiben, ob die zur verhaltensbedingten Kündigung entwickelten Abmahnungsgrundsätze allgemein auch auf eine Versetzung nach § 12 BAT zu übertragen seien mit der Folge, dass beim Fehlen einer Abmahnung ein Fehlverhalten im Leistungsbereich

173

---

[162] ebenso Pflaum a.a.O. (= Fn. 8) S. 128, die allerdings im Ergebnis die Erforderlichkeit von Abmahnungen vor Änderungskündigungen mit Einschränkungen bejaht
[163] a. A. Pauly in NZA 1995, 449, 451
[164] Urt. d. BAG v. 30.10.1985 - AP Nr. 1 zu § 12 BAT = EzBAT § 12 BAT Nr. 1 mit Anm. v. Beckerle; zust. Hauer a.a.O. (= Fn. 8) S. 87; KR-Fischermeier, 6. Aufl. 2002, § 626 BGB Rz. 256; differenzierend von Hoyningen-Huene in RdA 1990, 193, 205; Pflaum a.a.O. (= Fn. 8) S. 135 ff.

einen dienstlichen oder betrieblichen Grund im Sinne des § 12 BAT nicht abgeben könnte.

Die Annahme der Erforderlichkeit der Abmahnung im entschiedenen Fall lässt sich allenfalls aufgrund der besonderen, atypischen Umstände des Sachverhalts rechtfertigen, der dem Urteil zugrunde lag. Der Kläger sollte von Regensburg nach Bayreuth versetzt werden, was nach den Feststellungen der Tatsacheninstanzen einschneidende Auswirkungen auf die persönlichen Lebensverhältnisse des betroffenen Arbeitnehmers und seiner Familie zur Folge gehabt hätte.

174 Gleichwohl überzeugt die Entscheidung des BAG nicht, weil der betroffene Arbeitnehmer in entsprechenden Fällen ausreichend geschützt ist. Nach § 12 BAT kann der Angestellte aus dienstlichen oder betrieblichen Gründen versetzt werden. Die Ausübung dieses Direktionsrechts setzt demnach voraus, dass dienstliche oder betriebliche Gründe die Versetzung bedingen. Da nach der Rechtsprechung des BAG[165] das **Direktionsrecht** nur nach **billigem Ermessen** ausgeübt werden darf, kann der Arbeitnehmer die einseitig angeordnete Maßnahme des Arbeitgebers gerichtlich daraufhin überprüfen lassen, ob sie mit diesen Rechtsgrundsätzen in Einklang steht. Das Gericht hat eine Interessenabwägung vorzunehmen, bei der die Umstände Bedeutung erlangen können, die das BAG dazu bewogen haben, in dem entschiedenen Fall[164] die Notwendigkeit einer Abmahnung vor der Versetzung anzunehmen.

175 Koffka[166] weist in diesem Zusammenhang zutreffend darauf hin, entscheidend sei, auf welcher Rechtsgrundlage die Versetzung beruhe. Könne die Versetzung auf das Direktionsrecht gestützt werden, bedürfe es keiner Abmahnung. Dasselbe gelte in dem vom BAG entschiedenen Fall des § 12 BAT. Eine Abmahnung sei aber dann grundsätzlich erforderlich, wenn die Versetzung auf einer verhaltensbedingten Änderungskündigung beruhe.

---

[165] vgl. Urt. v. 27.3.1980 - AP Nr. 26 zu § 611 BGB Direktionsrecht
[166] a.a.O. (= Fn. 161) S. 81/82; a.A. Kammerer, Personalakte und Abmahnung, Schriften des Betriebs-Beraters Band 77, 2. Aufl. 1994, S. 167

In eine ähnliche Richtung geht ein späteres Urteil des BAG[167]. Danach kann der Arbeitgeber, wenn zwischen Arbeitnehmern Span-
nungen bestehen, dieser Situation durch Umsetzung eines der Arbeitnehmer begegnen. Der Arbeitgeber ist nach Meinung des BAG
nicht gehalten, anstelle der Umsetzung eine Abmahnung auszusprechen. Das Direktionsrecht muss allerdings im Rahmen billigen Er-
messens ausgeübt werden. Der Grundsatz der Verhältnismäßigkeit,
wonach der Arbeitgeber das „mildeste Mittel" anwenden muss, gilt
jedenfalls bei Umsetzungen nicht, da die Erteilung einer Abmah
nung – so das BAG in dem konkret entschiedenen Fall – in aller
Regel den Arbeitnehmer stärker belastet als eine Umsetzung. Es ist
allein Sache des Arbeitgebers zu entscheiden, wie er auf Konfliktla-
gen reagieren will.

176

Beachte:

Eine Versetzung oder Umsetzung stellt im Regelfall weder den Inhalt
noch den Bestand des Arbeitsverhältnisses in Frage.

177

Das BAG geht bei seiner Begriffsbestimmung der Abmahnung (vgl.
Rz. 12) davon aus, dass sich der Hinweis des Arbeitgebers für den
Wiederholungsfall auf die Gefährdung von **Inhalt** oder **Bestand** des
Arbeitsverhältnisses bezieht. Die Versetzung ist also keine arbeits-
rechtliche Konsequenz, die nach der Definition des BAG bei einer
Abmahnung in Aussicht gestellt wird.

Praktische Konsequenz:

Abmahnungen sind vor Versetzungen im Regelfall nicht erforderlich.
Entscheidend ist letztlich, auf welcher Grundlage die Versetzung beruht:
- Die Versetzung ist auf das Direktionsrecht gestützt: Eine Abmahnung ist nicht erforderlich.
- Die Versetzung ist auf der Grundlage des § 12 BAT erfolgt: Eine Abmahnung ist nicht erforderlich.

---

[167] Urt. v. 24.4.1996 – AP Nr. 48 zu § 611 BGB Direktionsrecht

- Die Versetzung beruht auf einer verhaltensbedingten Änderungskündigung: Vor Ausspruch der Kündigung ist eine Abmahnung erforderlich.

3.4 Abmahnung während der Probezeit

178 Eine Abmahnung ist auch dann nicht notwendig, wenn der Arbeitnehmer noch nicht die sechsmonatige **Wartezeit** des § 1 Abs. 1 KSchG zurückgelegt hat. Diese Auffassung wird sowohl im Schrifttum[168] als auch in der Rechtsprechung[169] vertreten. Da der Arbeitnehmer in den ersten sechs Monaten des Arbeitsverhältnisses noch **keinen** allgemeinen **Kündigungsschutz** hat, weiß er ohnehin, dass der Bestand seines Arbeitsverhältnisses nicht gesichert, sondern durchaus noch gefährdet ist.

179 Allerdings ist zu berücksichtigen, dass eine Abmahnung nur dann entbehrlich ist, wenn die Kündigung noch innerhalb der ersten sechs Monate des Arbeitsverhältnisses ausgesprochen wird. Andernfalls kann sich eine Abmahnung nachträglich als erforderlich herausstellen. Wenn das möglich erscheint, kann es richtig sein, auch Vertragsverstöße innerhalb der Wartezeit vorsichtshalber abzumahnen[170]. Ist eine Probezeit von mehr als sechs Monaten vereinbart, wäre im Falle einer verhaltensbedingten Kündigung, die zwar während der Probezeit, aber nach Ablauf der Wartezeit des § 1 Abs. 1 KSchG ausgesprochen wird, eine vorherige Abmahnung – also innerhalb der Probezeit – notwendig.

---

[168] Hunold in BB 1986, 2050, 2052; Falkenberg in NZA 1988, 489, 491; von Hoyningen-Huene in RdA 1990, 193, 202; Tschöpe in NZA Beil. 2/1990, S. 10; Pflaum a.a.O. (= Fn. 8) S. 117 ff. (122); Ascheid, Kündigungsschutzrecht, 1993, Rz. 64; Koffka a.a.O. (= Fn. 161) S. 84/85; Walker in NZA 1995, 601, 603; Bernstein, Die Abmahnung im System des Kündigungsschutzes, Verlag V. Florenz GmbH, München 1992, S. 58 f.; KR-Fischermeier, 6. Aufl. 2002, § 626 BGB Rz. 276; a. A. Kammerer a.a.O. (= Fn. 166) S. 140; Hauer a.a.O. (= Fn. 8) S. 66 ff.; Gerhards in BB 1996, 794, 796; Pauly in NZA 1995, 449, 450; unklar Schaub in NJW 1990, 872, 875

[169] Urt. d. LAG Hamm v. 19.1.1988 = NZA 1988, 554 unter Hinweis auf ein Urt. v. 6.5.1986

[170] so zutreffend Hunold in BB 1986, 2050, 2052

Eine vom Arbeitgeber innerhalb der Wartezeit ausgesprochene Kündigung ist nicht daraufhin überprüfbar, ob sie sozial gerechtfertigt ist. Aus diesem Grund muss selbst vor Kündigungen wegen Störungen im Leistungsbereich, wozu während der Probezeit typischerweise die Entlassung wegen mangelnder Bewährung gehört, das Erfordernis der vorherigen Abmahnung entfallen.

Die vom BAG[171] angedeutete gegenteilige Auffassung ist abzulehnen. Das Gericht hat in den Entscheidungsgründen Folgendes ausgeführt: 180

„Die Erprobungsfunktion der Probezeit für den Arbeitgeber und die Beanstandungsfunktion der Abmahnung für den Arbeitnehmer ergänzen sich dadurch, dass die vom Arbeitgeber während der Probezeit festgestellten Eignungs- und Leistungsmängel dem Arbeitnehmer aufzuzeigen sind und ihm dadurch Gelegenheit gegeben wird, den Erwartungen und Anforderungen des Arbeitgebers noch bis zum Ablauf der Probezeit zu genügen. Die der Abmahnung innewohnende Warn- und Ankündigungsfunktion erfordert zwar, dass dem Arbeitnehmer die beabsichtigte Beendigung des Arbeitsverhältnisses wegen nicht genügender Eignung und Befähigung deutlich gemacht wird, berührt aber nicht die in der Probezeit durch kürzere Kündigungsfristen gegebene Lösungsmöglichkeit des Arbeitsverhältnisses. Das Erfordernis der Abmahnung steht daher nicht im Widerspruch zu den mit der Vereinbarung einer Probezeit verfolgten Zwecksetzungen, sondern verlangt vom Arbeitgeber lediglich, die Eignung und Befähigung des Arbeitnehmers in der Probezeit zu beurteilen und im Falle negativer Beurteilung dies dem Arbeitnehmer unter Hinweis auf eine deswegen beabsichtigte Beendigung des Arbeitsverhältnisses mitzuteilen . . ."

Diese Wertung ergibt nur dann einen Sinn, wenn eine Kündigung wegen Leistungsmängeln innerhalb der Wartezeit des Kündigungsschutzgesetzes (§ 1 Abs. 1 KSchG) zu ihrer Wirksamkeit der vorherigen Abmahnung bedarf, was das BAG anzunehmen scheint. Wäre das richtig, würde eine Kündigung in den ersten sechs Monaten eines Arbeitsverhältnisses einer weitergehenden Prüfung unterliegen, als dies der Gesetzgeber des Kündigungsschutzgesetzes bestimmt hat. Die Frage, ob einer Kündigung eine Abmahnung vorausgegangen ist, gehört nämlich in den Bereich der sozialen Recht-   181

---

[171] Urt. v. 15.8.1984- AP Nr. 8 zu § 1 KSchG 1969 mit zust. Anm. v. Wolf

fertigung im Sinne des Kündigungsschutzgesetzes und nicht zu den formellen Voraussetzungen einer Kündigung[172]. Aus diesem Grund ist es nicht gerechtfertigt, wenn sich die Arbeitsgerichte außerhalb des Geltungsbereichs des Kündigungsschutzgesetzes mit der Frage befassen, ob eine Kündigung während der Probezeit mangels einer Abmahnung unwirksam ist. Die fehlende Abmahnung ist kein anderer Unwirksamkeitsgrund im Sinne des § 7 KSchG.

182 Außerdem ist zu berücksichtigen, dass der Entscheidung des BAG[171] eine Kündigung zugrunde lag, die zwar innerhalb der Probezeit, aber erst nach Ablauf der Wartezeit des § 1 Abs. 1 KSchG erklärt worden war. Die Kündigung war demnach auf ihre soziale Rechtfertigung hin zu überprüfen, was bei Kündigungen während der Probezeit regelmäßig nicht der Fall ist, da die Probezeit üblicherweise nicht länger als sechs Monate dauert.

183 Wenn sich der Arbeitnehmer während eines befristeten Probearbeitsverhältnisses nicht voll bewährt hat, der Arbeitgeber ihn aber gleichwohl weiterbeschäftigen will, hat er folgende rechtliche Möglichkeit: Er kann die Übernahme in ein unbefristetes Arbeitsverhältnis mit dem Vorbehalt versehen, dass der Arbeitsvertrag gekündigt wird, wenn der Arbeitnehmer die festgestellten Beanstandungen nicht abstellt. Ein derartiger Vorbehalt steht einer Abmahnung gleich[173].

Praktische Konsequenz:

Abmahnungen sind grundsätzlich während der ersten sechs Monate der Beschäftigung nicht geboten.

3.5 Abmahnung in Kleinbetrieben

184 Da Voraussetzung für die Erforderlichkeit der Abmahnung ist, dass der Arbeitnehmer den allgemeinen Kündigungsschutz genießt, braucht der Arbeitgeber eines Kleinbetriebs im Sinne des § 23 Abs. 1

---

[172] ebenso Urt. d. LAG Hamm v. 13.10.1983 = NZA 1984, 40

[173] vgl. Urt. d. BAG v. 15. 3.1978 - AP Nr. 45 zu § 620 BGB Befristeter Arbeitsvertrag

Satz 2 KSchG vor einer Kündigung keine Abmahnung auszusprechen[174] . Nach dieser Vorschrift gelten die Bestimmungen des Ersten Abschnitts des Kündigungsschutzgesetzes (§§ 1 bis 14), die den allgemeinen Kündigungsschutz zum Inhalt haben, nicht für Verwaltungen und Betriebe, in denen in der Regel fünf oder weniger Arbeitnehmer ausschließlich der Auszubildenden beschäftigt werden.

Wenn der Arbeitgeber eines solchen Betriebes aber im Grundsatz frei kündigen kann und diese Kündigung im Regelfall vom Gericht nicht inhaltlich, sondern nur in formeller Hinsicht überprüft werden kann, kann es auf das Erfordernis einer vorherigen Abmahnung nicht ankommen. Dies hat nunmehr auch das BAG[174a] bestätigt und damit die Revision des Klägers gegen das Urteil des LAG Niedersachsen[174b] zurückgewiesen.

184a

Praktische Konsequenz:

Abmahnungen sind grundsätzlich in Kleinbetrieben nicht geboten.

3.6   Abmahnung während Kündigungsverbot

Nach § 9 Abs. 1 MuSchG ist jede Kündigung gegenüber einer Frau während der Schwangerschaft und bis zum Ablauf von vier Monaten nach der Entbindung unzulässig, wenn dem Arbeitgeber zur Zeit der Kündigung die Schwangerschaft oder Entbindung bekannt war oder innerhalb zweier Wochen nach Zugang der Kündigung mitgeteilt wird. Auch von dem Zeitpunkt an, von dem an Elternzeit verlangt worden ist, höchstens jedoch acht Wochen vor Beginn der Elternzeit, und während der Elternzeit darf der Arbeitgeber das Arbeitsverhältnis nicht kündigen (§ 18 Abs. 1 Satz 1 BErzGG).

185

---

[174] ebenso von Hoyningen-Huene in RdA 1990, 193, 202; Pflaum a.a.O. (= Fn. 8) S. 123, 124; Ascheid, Kündigungsschutzrecht, 1993, Rz. 64; Koffka a.a.O. (= Fn. 161) S. 84 ff.; KR-Fischermeier, 6. Aufl. 2002, § 626 BGB Rz. 276; vgl. auch Bernstein a.a.O. (= Fn. 168) S. 55 ff.; a. A. Kammerer a.a.O. (= Fn. 166) S. 140; Hauer a.a.O. (= Fn. 8) S. 68 ff.; Adam in ArbuR 2001, 41, 44 ff.

[174a] Urt. v. 21. 2.2001 – AP Nr. 26 zu § 611 BGB Abmahnung

[174b] Urt. v. 6. 5.1999 = LAGE § 1 KSchG Verhaltensbedingte Kündigung Nr. 72

In der Praxis stellt sich zuweilen die Frage, ob während der genannten Zeiträume eine Abmahnung zulässig ist. Diese Frage ist grundsätzlich zu bejahen[175].

186 Die erwähnten Bestimmungen sollen die werdende Mutter und die Wöchnerin vor den wirtschaftlichen Nachteilen schützen, die der Verlust des Arbeitsplatzes mit sich bringt. Sie sollen daneben aber auch seelische Belastungen ausschalten, die durch die Kündigung des Arbeitsverhältnisses entstehen können[176]. Auch das Ziel des Bundeserziehungsgeldgesetzes lässt sich nur verwirklichen, wenn die Mutter oder der Vater während der Elternzeit keine Kündigung zu befürchten braucht[177].

187 Der Schutzzweck dieser Vorschriften wird durch eine Abmahnung nicht in Frage gestellt. Es liegt allein an dem hiervon betroffenen Arbeitnehmer, die durch die Abmahnung hervorgerufene Bestandsgefährdung des Arbeitsverhältnisses durch vertragsgerechtes Verhalten nach Arbeitsaufnahme auszuschließen. Infolge des absoluten Kündigungsschutzes muss der Arbeitnehmer nicht damit rechnen, dass nach erfolgter Abmahnung und vor Beendigung des Schutzzeitraums im Falle des Bekanntwerdens einer weiteren Pflichtverletzung die Beendigung des Arbeitsverhältnisses in die Wege geleitet wird.

Auch wenn dem Arbeitgeber während der Kündigungsverbote prinzipiell ein Abmahnungsrecht zusteht, sollte er hiervon nur bei begründetem Anlass Gebrauch machen. Werden während der Abwesenheit des Mitarbeiters bekannt gewordene Leistungsmängel gerügt, so ist ihm nach der Wiederaufnahme seiner Beschäftigung ohnehin ausreichend Zeit und Gelegenheit zu geben, sich zu bewähren (vgl. Abschnitt 6.4). Der Arbeitgeber kann also nicht davon ausgehen, dass eine Abmahnung während der Schutzfristen eine Kündigung unmittelbar nach dem Ende der Kündigungssperre zulässig macht.

188 Die vorstehenden Ausführungen, die sich auf absolute Kündigungsverbote beziehen, gelten selbstverständlich erst recht auch im Rah-

---

[175] ebenso Koffka a.a.O. (= Fn. 161) S. 86/87; Bernstein a.a.O. (= Fn. 168) S. 59 ff.
[176] vgl. Meisel/Sowka, Mutterschutz und Erziehungsurlaub, .5. Aufl. 1999, § 9 MuSchG Rz. 1 m.w.N.
[177] vgl. Meisel/Sowka a.a.O. § 18 BErzGG Rz. 1 m.w.N.

men des § 15 KSchG. Nach dieser Vorschrift darf insbesondere Betriebsrats- und Personalratsmitgliedern nicht ordentlich gekündigt werden. Dies schließt jedoch nicht das Recht des Arbeitgebers aus, gegenüber einer nach § 15 KSchG geschützten Person zur Vorbereitung einer verhaltensbedingten Kündigung nach Ablauf der Schutzfrist eine Abmahnung auszusprechen. Dem Arbeitgeber muss die Möglichkeit verbleiben, bereits während der Schutzfristen die erforderlichen Vorbereitungen zum Ausspruch einer später beabsichtigten Kündigung zu treffen[178].

Praktische Konsequenz:

Abmahnungen sind während bestehender Kündigungsverbote grundsätzlich zulässig.

---

[178] vgl. Hueck/v. Hoyningen-Huene, KSchG, 12 Aufl. 1997, § 15 Rz. 73; ebenso Bernstein a.a.O. (= Fn. 168) S. 59 ff.

4 Notwendiger Inhalt der Abmahnung

189 Mancher Arbeitgeber stellt oftmals erst dann, wenn es zu spät ist, nämlich im Rahmen eines Kündigungsschutzverfahrens, fest, dass er dem gekündigten Arbeitnehmer entweder eine unzureichende oder eine fehlerhafte und damit unwirksame Abmahnung erteilt hat, so dass er sich zur Rechtfertigung seiner Kündigung nicht darauf berufen kann. Der notwendige Inhalt der Abmahnung wird immer noch häufig verkannt, obwohl die Rechtsprechung schon seit vielen Jahren klare Kriterien aufgestellt hat, die eine wirksame Abmahnung ausmachen.

190 In der täglichen Praxis werden häufig vermeidbare Fehler bei der Formulierung von Abmahnungen gemacht. Den wesentlichen Bestandteilen

- konkrete Bezeichnung des Fehlverhaltens und
- Androhung arbeitsrechtlicher Konsequenzen für den Wiederholungsfall

wird – oft aus Unkenntnis – nicht die notwendige Sorgfalt entgegengebracht.

Muster: *Abmahnung (allgemeines Muster)*

Vorbemerkung:

Dieses Muster soll die wesentlichen Bestandteile der Abmahnung in allgemeiner Form verdeutlichen.

Abmahnung   **Datum**

Sehr geehrte/r Frau/Herr ...

Ihr nachfolgend dargestelltes Verhalten gibt uns Veranlassung, Sie auf die ordnungsgemäße Erfüllung Ihrer arbeitsvertraglichen Verpflichtungen hinzuweisen:

(Es folgt das zu beanstandende Fehlverhalten, das möglichst konkret zu beschreiben ist, insbesondere Ort und Datum des Sachverhalts; unnötige subjektive Wertungen sind zu vermeiden, vgl. Rz. 357 ff.).

Wir können dieses Fehlverhalten nicht unbeanstandet hinnehmen. Bemühen Sie sich daher, dass Ihr Verhalten / Ihre Arbeitsleistung keinen Anlass mehr zur Klage gibt. Andernfalls müssen Sie mit einer Kündigung Ihres Arbeitsverhältnisses rechnen.

Mit freundlichen Grüßen

4.1 Konkrete Bezeichnung der Rüge

Nach der Rechtsprechung des BAG[179] muss der Arbeitgeber in einer für den Arbeitnehmer „hinreichend deutlich erkennbaren Art und Weise" Leistungsmängel beanstanden. Der Arbeitnehmer soll **eindeutig** und **unmissverständlich** ersehen können, was ihm zum Vorwurf gemacht wird, welches Verhalten der Arbeitgeber missbilligt und in welcher Hinsicht seine Leistungen nicht dessen Anforderungen entsprechen. Zweckmäßig ist es, zum Ausdruck zu bringen, welches Verhalten und welche Leistungen erwartet werden. Nur dann hat der Arbeitnehmer die Möglichkeit, zu den Beanstandungen konkret Stellung zu nehmen, gegebenenfalls entlastende Umstände zu seiner Rechtfertigung vorzubringen und sein Verhalten künftig entsprechend den Hinweisen des Arbeitgebers einzurichten[180].

191

Es genügt also **nicht**, die Pflichtverletzungen lediglich allgemein zu umschreiben und hierbei nur **schlagwortartige** Bezeichnungen zu gebrauchen. Eine Abmahnung

192

- wegen mangelhafter Leistungen
- wegen ungebührlichen Verhaltens
- wegen häufigen Zuspätkommens

---

[179] vgl. die Urt. v. 18.1.1980 (= Fn. 153), 9.8.1984 (= Fn. 131) und 27.11.1985 – AP Nr. 93 zu § 611 BGB Fürsorgepflicht mit Anm. v. Echterhölter

[180] ebenso Becker-Schaffner in DB 1985, 650 und in ZTR 1999, 105, 109 f.; vgl. auch Urt. d. ArbG Düsseldorf v. 15.3.1995 = ArbuR 1995, 424, wonach Abmahnungen keine pauschalen Beschuldigungen enthalten dürfen, sondern eine Darstellung des wahren Geschehens in verständlichen Worten enthalten müssen.

- wegen Leistungsmängeln
- wegen Unzuverlässigkeit
- wegen Störung des Betriebsfriedens
- wegen Trunkenheit
- wegen Führungsschwächen
- wegen Unpünktlichkeit
- wegen mangelnden Interesses

ist demnach zu pauschal und wird den Anforderungen der Rechtsprechung nicht gerecht[181].

193 Das LAG Düsseldorf weist in diesem Zusammenhang zutreffend auf die Funktion der Abmahnung hin[182]. Diese besteht darin, auch als Voraussetzung für eine eventuelle spätere Kündigung zu dienen. Das dem Arbeitnehmer vorgeworfene Verhalten muss demnach so substantiiert geschildert werden, dass es in einem Kündigungsprozess verwertet werden kann und insbesondere der Arbeitnehmer hierauf substantiiert erwidern kann.

Praktische Konsequenz:

Die unzureichenden Leistungen bzw. das Fehlverhalten des Arbeitnehmers sind anhand konkreter Fakten oder Beispiele darzustellen und auch nach Ort und Zeit so detailliert zu beschreiben, dass kein Zweifel aufkommen kann, welcher Vorgang beanstandet werden soll (vgl. Abschnitt 2.4, Muster). Schlagworte sind zu vermeiden.

---

194 Die Bezugnahme im Abmahnungsschreiben auf ein vorangegangenes **Gespräch** zwischen Arbeitgeber und Arbeitnehmer kann ausreichend sein, wenn sich hieraus unmissverständlich die Beanstandungen des Arbeitgebers ergeben[183]. Bock[184] bezeichnet es zu Recht als „formalistisch", wollte man die Wiederholung der konkreten Rügen

---

[181] ebenso Bock in ArbuR 1987, 217, 220; vgl. auch Tschöpe in NZA Beil. 2/1990, S. 10 f.; Urt. d. ArbG Wetzlar v. 12. 4.1990 = DB 1990, 2480; Urt. d. LAG Baden-Württemberg v. 17. 10.1990 = LAGE § 611 BGB Abmahnung Nr. 25; Urt. d. ArbG Wetzlar v. 17.8.1993 = ARSt. 1994, 37 (L)

[182] Urt. v. 27. 2.1991 = LAGE § 611 BGB Abmahnung Nr. 29

[183] vgl. hierzu das Urt. d. BAG v. 27.11.1985 (= Fn. 179); siehe ferner Urt. d. LAG Hamm v. 13.4.1983 = BB 1983, 1858

[184] in ArbuR 1987, 217, 220

in der schriftlichen Abmahnung verlangen, die in einem kurz zuvor stattgefundenen Gespräch ausführlich zur Sprache gekommen sind.

> **Praktische Konsequenz:**
>
> Trotzdem ist es empfehlenswert, den wesentlichen Inhalt eines Gesprächs schriftlich festzuhalten und der Abmahnung den Vermerk beizufügen (vgl. Rz. 209 f.).

Eine in der schriftlichen Abmahnung enthaltene **Verweisung auf ein früheres Schreiben** kann ebenfalls genügen. Das LAG Hamm[185] hat allerdings entschieden, es fehle der Abmahnung an der erforderlichen Eindeutigkeit, wenn darin undifferenziert auf ein anderes Schreiben verwiesen wird, in dem neben den beanstandeten Vertragsverletzungen weitere Vorgänge aufgeführt sind, auf die sich die Abmahnung erkennbar nicht bezieht und auch nicht beziehen soll.

195

> **Praktische Konsequenz:**
>
> Verweisungen sollten daher nur dann erfolgen, wenn eine unmissverständliche Bezugnahme möglich und auch sinnvoll ist.

Bei der Verwendung **formularmäßiger Abmahnungen** ist **Vorsicht** geboten. Sofern wegen der Größe des Betriebes oder der Vielzahl der beschäftigten Arbeitnehmer die Verwendung von Formularen unvermeidlich ist, ist auf eine entsprechende Ausgestaltung zu achten. Zum einen besteht nämlich die Gefahr, dass der Formulartext nicht genau das zu beanstandende Fehlverhalten des Arbeitnehmers trifft, weil ein solcher Text zwangsläufig einen pauschalen und damit zu unbestimmten Charakter haben wird, um auf möglichst viele Fälle zu passen[186]. Zum anderen kann der Arbeitgeber leicht der Versuchung unterliegen, häufiger als dies sonst der Fall wäre, von seinem Recht zur Abmahnung Gebrauch zu machen. Dadurch kann er der Maßnahme viel von ihrer Wirkung nehmen (vgl. Rz. 292). Das LAG Rheinland-Pfalz hat zu Recht darauf hingewiesen, dass eine Abmah-

196

---

[185] Urt. v. 1.2.1983 = EzBAT § 13 BAT Nr. 6; ebenso Becker-Schaffner in DB 1985, 650

[186] ebenso Pflaum a.a.O. (= Fn. 8) S. 201

nung, die mehrfach wiederholt wird, ihre Warnfunktion verlieren kann, wenn die angedrohte Konsequenz (Kündigung) dann immer ausbleibt[187]. Das kann wohl nicht gelten, wenn eine Kündigung aus menschlicher Rücksichtnahme unterbleibt, statt dessen eine Abmahnung erteilt und zum Ausdruck gebracht wird, der Arbeitnehmer könne nicht auf Dauer mit dem gleichen Vorgehen rechnen.

197   Die Abmahnung kann sich ohne weiteres auch auf **mehrere Beanstandungen** beziehen. Im Hinblick auf den notwendigen Inhalt der Abmahnung, insbesondere die konkrete Angabe der einzelnen Vorwürfe, sollte hiervon jedoch nur zurückhaltend Gebrauch gemacht werden. Der Arbeitgeber muss sich nämlich darüber im Klaren sein, dass eine Vielzahl von Vorwürfen auch mehr mögliche Angriffspunkte bietet. Da dies im Rahmen von gerichtlichen Auseinandersetzungen zu Schwierigkeiten führen und sehr schnell die Unwirksamkeit der gesamten Abmahnung zur Folge haben kann (vgl. Rz. 446 ff.), sollte nach Möglichkeit die Abmahnung auf einen oder nur wenige Punkte beschränkt werden. Die verständliche Neigung mancher Arbeitgeber, mit unliebsamen Arbeitnehmern quasi eine „Generalabrechnung" vorzunehmen, indem sämtliche Versäumnisse und Pflichtverletzungen der zurückliegenden Monate oder gar Jahre aufgelistet werden, bringt im Ergebnis oft prozessuale Auseinandersetzungen wegen der einzelnen Punkte der Abmahnung[188] und führt im Zweifel zu deren Unwirksamkeit.

Praktische Konsequenz:

Die Abmahnung sollte möglichst auf **einen** oder ganz wenige hieb- und stichfeste Punkte beschränkt werden.

„Generalabrechnungen" sind gefährlich!

---

[187] Urt. v. 26.11.1986 – 10 Sa 604/86 – n. v.; vgl. hierzu auch Hauer a.a.O. (= Fn. 8) S. 91 sowie Urt. d. BAG v. 15.11.2001 – 2 AZR 609/00 –

[188] vgl. hierzu auch Tschöpe in NZA Beil. 2/1990, S. 11; Burger in DB 1992, 836, 839

4.2 Androhung von Konsequenzen

Literatur: Kranz, Die Ermahnung in der arbeitsrechtlichen Praxis, DB
1998, 1464

Die Androhung arbeitsrechtlicher Konsequenzen für den Wieder-   198
holungsfall ist ein **unverzichtbarer Bestandteil**, der aus einer rechtlich unverbindlichen Ermahnung erst eine arbeitsrechtlich relevante
Abmahnung macht[189].

Irreführend ist deshalb ein Urteil des BAG aus dem Jahre 1988190 ,   199
wonach es auch eine Abmahnung ohne ausreichende Warnfunktion,
also ohne die Androhung möglicher Konsequenzen, geben soll, zumal
das BAG in derselben Entscheidung ausdrücklich betont hat, die
Warnfunktion sei „unabdingbare Voraussetzung" einer Abmahnung.

Eine Rüge der Leistungen des Arbeitnehmers genügt also selbst dann   200
nicht den Anforderungen einer Abmahnung, wenn der Vorhalt des
Arbeitgebers bezüglich der Leistungsmängel noch so eindringlich
erfolgt, wenn damit nicht zugleich auch die Androhung arbeitsrechtlicher Konsequenzen für den Wiederholungsfall verbunden ist[191].

Die im Berufsalltag und im geschäftlichen Schriftverkehr oftmals   201
anzutreffende Zurückhaltung ist hier fehl am Platze. Becker-
Schaffner[192] weist zutreffend darauf hin, dass ein „kollegialer Rat"
nicht genügt, selbst wenn er von einer abmahnungsberechtigten
Person (vgl. Rz. 212 ff.) gegeben wird. Für die Wirksamkeit der
Abmahnung ist es zwar nicht erforderlich, **bestimmte** kündigungs-
rechtliche Maßnahmen (z. B. ordentliche oder außerordentliche
Beendigungskündigung bzw. Änderungskündigung) anzudrohen[193].
Gleichwohl sollte der Arbeitnehmer **unmissverständlich** darauf

---

[189] ebenso Fromm in DB 1989, 1409, 1412; vgl. auch v. Hoyningen-Huene in
RdA 1990, 193, 203; Adam in ArbuR 2001, 41

[190] Urt. v. 10. 11.1988 - AP Nr. 3 zu § 1 KSchG 1969 Abmahnung; vgl. hierzu
auch Conze, Anm. in AP Nr. 2 zu § 13 BAT m.w.N.; KR-Fischermeier, 6. Aufl.
2002, § 626 BGB Rz. 267 f.; Bader in ZTR 1999, 200, 201

[191] so Urt. d. LAG Köln v. 16.3.1988 = ArbuR 1988, 385; vgl. auch Meyer a.a.O.
(= Fn. 8) S. 30

[192] in DB 1985, 650

[193] so Urt. d. BAG v. 18.1.1980 (= Fn. 153); seitdem ständige Rechtsprechung des
BAG

hingewiesen werden, dass er im Wiederholungsfall mit einer Kündigung seines Arbeitsverhältnisses rechnen muss.

202 Dies hat das BAG später zweimal bestätigt. In der einen Entscheidung[194] hat es formuliert, Abmahnung bedeute, „dass der Arbeitgeber in einer für den Arbeitnehmer hinreichend deutlich erkennbaren Art und Weise seine Beanstandungen vorbringt und damit deutlich – wenn auch nicht expressis verbis – den Hinweis verbindet, im Wiederholungsfall sei der Inhalt oder der Bestand des Arbeitsverhältnisses gefährdet". In der anderen Entscheidung[195] hat das BAG ausgeführt, nach der ständigen Senatsrechtsprechung sei es nicht erforderlich gewesen, konkret auf die Möglichkeit einer fristlosen Kündigung hinzuweisen, um auszuschließen, dass der Kläger die Androhung „arbeitsrechtlicher Konsequenzen" lediglich als die Androhung einer Abmahnung verstand.

Gleichwohl sollte der Arbeitnehmer unmissverständlich darauf hingewiesen werden, dass er im Wiederholungsfall mit einer Kündigung seines Arbeitsverhältnisses rechnen muss.

203 Die folgenden Formulierungen sind z. B. **nicht** hinreichend deutlich genug, um dem Arbeitnehmer die Gefährdung seines Arbeitsverhältnisses vor Augen zu führen:

- „Wir machen Sie darauf aufmerksam, dass wir dieses Fehlverhalten nicht hinnehmen."
- „Bitte bemühen Sie sich, künftig pünktlich am Arbeitsplatz zu erscheinen."
- „Wir weisen Sie ausdrücklich darauf hin, dass wir von Ihnen eine Steigerung Ihrer Arbeitsleistungen erwarten."
- „Wir raten Ihnen in Ihrem eigenen Interesse dringend, künftig unsere Anordnungen und Hinweise in diesem Schreiben zu befolgen."
- „Wir sind nicht mehr bereit, Ihre vorgenannten Pflichtverletzungen länger hinzunehmen."
- „Wir erwarten, dass Sie Ihre Pflichten aus dem Arbeitsvertrag künftig genauestens beachten."

204

---

[194] Urt. v. 17.2.1994 - AP Nr. 116 zu § 626 BGB
[195] Urt. v. 18.5.1994 - AP Nr. 3 zu § 108 BPersVG

Dem Arbeitnehmer muss vielmehr klargemacht werden, dass er bei unverändertem Verhalten bzw. gleichbleibenden Leistungen mit einer Beendigung seines Arbeitsverhältnisses zu rechnen hat[196] (vgl. insbesondere das Muster unter Abschnitt 4 sowie alle weiteren Muster).

Beachte:

Die zu konkrete Androhung von arbeitsrechtlichen Konsequenzen   205
kann den Entscheidungsspielraum des Arbeitgebers einschränken[197].

Zu eng wäre z. B. die Formulierung, der Arbeitnehmer müsse im Wiederholungsfall mit einer „Versetzung" oder „Gehaltseinbuße" rechnen. Der Arbeitgeber ist dann grundsätzlich nicht befugt, bei erneutem Pflichtverstoß des Arbeitnehmers über die in der Abmahnung angedrohten Sanktionen hinauszugehen und schärfere Maßnahmen zu ergreifen. Dieses Verhalten würde gegen Treu und Glauben verstoßen (venire contra factum proprium).

Ähnlich liegt die Problematik in den Fällen, in denen die Abmah-   206
nung sinngemäß mit folgenden Worten schließt: „Sollten Sie sich innerhalb eines Zeitraums von sechs Monaten nicht entsprechend verhalten, müssen Sie mit einer Kündigung Ihres Arbeitsverhältnisses rechnen". Es liegt auf der Hand, dass der Arbeitgeber dadurch die **Wirkungsdauer** seiner Abmahnung (vgl. Abschnitt 6.3) selbst – unnötigerweise – auf sechs Monate begrenzt hat. Wenn innerhalb dieser Zeitspanne kein Wiederholungsfall eintritt, so kann der Arbeitnehmer darauf vertrauen, dass er anschließend bei einer weiteren Vertragsverletzung nicht gekündigt, sondern allenfalls erneut abgemahnt wird.

Praktische Konsequenz:

Die Androhung arbeitsrechtlicher Konsequenzen sollte daher einerseits so deutlich und ernstlich wie geboten, andererseits aber nicht zu konkret und eingeschränkt erfolgen, wenn sich der Arbeitgeber im

---

[196] ähnlich Becker-Schaffner in DB 1985, 650
[197] bedenklich Hunold in BB 1986, 2050

Falle erneuter Vertragsverstöße alle Reaktionsmöglichkeiten offen halten will.

207   Der Arbeitnehmer darf nicht darauf vertrauen, der Arbeitgeber werde nacheinander alle denkbaren arbeitsrechtlichen Konsequenzen ergreifen, bevor er die Kündigung ausspricht[198]. Da der Arbeitgeber nicht verpflichtet ist, bestimmte kündigungsrechtliche Maßnahmen anzudrohen, muss der Arbeitnehmer bei einem allgemeinen Hinweis auf die Inhalts- oder Bestandsgefährdung seines Arbeitsverhältnisses mit allen Konsequenzen rechnen, also unter Umständen auch mit einer außerordentlichen Kündigung.

207a   Etwas anderes gilt nach der Rechtsprechung des BAG[198a] dann, wenn der Arbeitgeber z.B. in einer Dienstanweisung im Einzelnen festlegt, wie er auf bestimmte Pflichtverstöße des Arbeitnehmers zu reagieren beabsichtigt. Damit bindet er sich selbst und muss sich im konkreten Fall an das in der Dienstanweisung festgelegte Verfahren halten. Eine Kündigung, bei der der Arbeitgeber die von ihm selbst aufgestellten Verfahrensregeln nicht beachtet, verstößt regelmäßig gegen den Verhältnismäßigkeitsgrundsatz.

208   Der Arbeitgeber ist jedoch nicht gehindert, lediglich eine ordentliche Kündigung auszusprechen, auch wenn er zuvor in der Abmahnung eine außerordentliche angedroht hatte[199].

Praktische Konsequenz:

Die Gefährdung des Arbeitsverhältnisses muss unmissverständlich angekündigt werden. Unnötige Einschränkungen sind zu vermeiden.

---

[198] vgl. Urt. d. BAG v. 28.4.1982 - AP Nr. 4 zu § 87 BetrVG 1972 Betriebsbuße

[198a] Urt. v. 16. 9.1999 – AP Nr. 1 zu Art. 4 GrO kath. Kirche mit Anm. v. Thüsing

[199] so Urt. d. BAG v. 16.3.1961 - AP Nr. 2 zu § 1 KSchG Verhaltensbedingte Kündigung

5 Form, Zugang u. Ä. der Abmahnung

Die Abmahnung ist an keine Form gebunden und daher grundsätzlich auch in mündlicher Form möglich, zulässig und wirksam[200]. Aus Gründen der **Beweissicherung** und zur Vermeidung von Missverständnissen ist die **Schriftform** jedoch unbedingt empfehlenswert, da der Arbeitgeber im Kündigungsschutzverfahren die **Darlegungs- und Beweislast** für das Vorliegen der Kündigungsgründe trägt[201]. Die Abmahnung hat über die Warn- und Ankündigungsfunktion hinaus gewissermaßen auch eine **Beweisfunktion**[202]. Hunold[203] weist zu Recht ergänzend darauf hin, dass ein Schreiben regelmäßig eine stärkere psychologische Wirkung hat als eine nur mündlich erklärte Abmahnung.

Sofern die Abmahnung im Rahmen eines Gesprächs mit dem betroffenen Arbeitnehmer erfolgt, sollte unbedingt der wesentliche Inhalt in einem schriftlichen Vermerk festgehalten und nach Möglichkeit von dem Arbeitnehmer gegengezeichnet werden, damit klargestellt ist, dass über den Inhalt und Verlauf des Gesprächs zwischen Arbeitgeber und Arbeitnehmer Übereinstimmung besteht. Hierbei ist darauf zu achten, dass sich aus dem Gesprächsvermerk nicht nur die einzelnen Pflichtverstöße ergeben, die dem Arbeitnehmer vorgehalten worden sind, sondern auch der Umstand, dass ihm die Gefährdung seines Arbeitsverhältnisses klargemacht worden

---

[200] vgl. Urt. d. LAG Rheinland-Pfalz v. 7. 1.1991 – 7 Sa 664/90 – n. v.

[201] ebenso Hunold in BB 1986, 2050, 2051; Meyer, a.a.O. (= Fn. 8) S. 27; Tschöpe in NZA Beil. 2/1990, S. 11

[202] so Kammerer in BB 1980, 1587, 1588; ebenso Bengelsdorf in Arbeitsrechtslexikon, Abmahnung, II 4; Berger-Delhey in PersV 1988, 430, 431; a. A. von Hoyningen-Huene in RdA 1990, 193, 198, der von einer Beweissicherungs- bzw. Dokumentationsfunktion spricht; differenzierend Koffka a.a.O. (= Fn. 161) S. 53 ff.

[203] siehe oben Fn. 201; im Ergebnis ähnlich Schmid in NZA 1985, 409

ist. Gerade das Erinnerungsvermögen an diesen zentralen Gesichtspunkt der Abmahnung ist im Falle einer späteren Beweisaufnahme im Rahmen des Kündigungsschutzprozesses oftmals lückenhaft oder gar nicht mehr vorhanden.

> **Praktische Konsequenz:**
> Abmahnungen sind grundsätzlich **schriftlich** vorzunehmen. Gespräche sind **schriftlich** festzuhalten.

5.1 Bezeichnung als „Abmahnung"

211 Wie der Arbeitgeber die Abmahnung bezeichnet, ist rechtlich ohne Bedeutung. Er kann sie Verwarnung, Verweis oder Mahnung nennen[204]. Das BAG hat allerdings zutreffend darauf hingewiesen, dass der Arbeitgeber, der eine Abmahnung aussprechen will, seine Beanstandung auch so bezeichnen sollte, schon um Missdeutungen zu vermeiden[205]. Da z. B. die Abgrenzung zwischen einer Abmahnung und der sog. Betriebsbuße (vgl. Abschnitt 8.4) im Einzelfall schwierig sein kann, empfiehlt es sich, das Wort „Abmahnung" zu verwenden.

Eines ist allerdings sicher: Nicht die Überschrift, sondern der **Inhalt** eines Schreibens ist dafür **ausschlaggebend**, ob eine Abmahnung vorliegt oder nicht[206]. Dennoch: Wer abmahnen will, sollte von „Abmahnung" sprechen.

5.2 Wer ist abmahnungsberechtigt?

Literatur: Adam: Die Abmahnungsberechtigung, DB 1996, 476

212 Nach der Rechtsprechung des BAG[207] kommen als abmahnungsberechtigte Personen nicht nur die Kündigungsberechtigten selbst,

---

[204] so Urt. d. BAG v. 30.1.1979 – AP Nr. 2 zu § 87 BetrVG 1972 Betriebsbuße
[205] Urt. v. 7.11.1979 – AP Nr. 3 zu § 87 BetrVG 1972 Betriebsbuße m.w.N.
[206] so zutreffend Hunold in BB 1986, 2050
[207] Urt. v. 18.1.1980 - AP Nr. 3 zu § 1 KSchG 1969 Verhaltensbedingte Kündigung; zust. Zachert in ArbuR 1981, 224; von Hoyningen-Huene in RdA 1990,

sondern alle Mitarbeiter in Betracht, die aufgrund ihrer Aufgabenstellung dazu befugt sind, verbindliche Anweisungen bezüglich des Ortes, der Zeit sowie der Art und Weise der arbeitsvertraglich geschuldeten Arbeitsleistung zu erteilen.

Es kann also nicht nur der Firmeninhaber, das Vorstandsmitglied,   213
der Geschäftsführer, der Bürgermeister oder der Bankdirektor eine wirksame Abmahnung aussprechen. Vielmehr ist z. B. der Chefarzt gegenüber den nachgeordneten Ärzten sowie dem Pflegepersonal abmahnungsberechtigt, obwohl er im Regelfall nicht kündigungsberechtigt ist[208]. Der Fertigungsmeister ist als Vorgesetzter der nachgeordneten Arbeitskräfte diesen gegenüber abmahnungsberechtigt[209]. Der Meister als zuständiger Fachvorgesetzter hat die gleiche Befugnis[210].

Als abmahnungsberechtigte Personen kommen ferner leitende An   214
gestellte im Sinne des § 5 Abs. 3 BetrVG sowie Abteilungs-, Personal-, Filial- und Zweigstellenleiter in Betracht. Entscheidend ist stets, dass das **Direktionsrecht** an die betreffenden Personen aufgrund ihrer Stellung innerhalb der Hierarchie des Betriebes vom kündigungsberechtigten Arbeitgeber **delegiert** worden ist.

Eine ganz andere Frage ist, inwieweit die Übertragung der Befugnis   215
zur Abmahnung sachlich geboten und zweckmäßig ist. Hunold[211] weist mit Recht darauf hin, dass es empfehlenswert ist, die fragliche Berechtigung eindeutig zu regeln und die danach Abmahnungsberechtigten entsprechend zu instruieren (vgl. das nachstehende Muster). Die Unterrichtung ist geboten, um Rechtsfehler zu vermeiden.

193, 206; Tschöpe in NZA Beil. 2/1990, S. 12; Hauer a.a.O. (= Fn. 8) S. 101 ff.; KR-Fischermeier, 6. Aufl. 2002, § 626 BGB Rz. 257; Bader in ZTR 1999, 200, 202; kritisch hierzu Kammerer in BB 1980, 1587, 1589; Kammerer a.a.O. (= Fn. 166) S. 134 f.; Wolf a.a.O. (= Fn. 161) S. 118 ff.; Schaub in NJW 1990, 872, 873; Pflaum a.a.O. (= Fn. 8) S. 206 ff.; Burger in DB 1992, 836, 837; Koffka a.a.O. (= Fn. 161) S. 110 ff.; Adam in DB 1996, 476; Pauly in NZA 1995, 449, 452; Adam in ArbuR 2001, 41, 42 f.

[208] Urt. d. BAG v. 18. 1.1980 (= Fn. 207)

[209] Urt. d. LAG Hamm v. 13.4.1983 = BB 1983, 1858

[210] Urt. d. LAG Düsseldorf v. 8.1.1980 = BB 1980, 526; ebenso Becker-Schaffner in DB 1985, 650, 651

[211] BB 1986, 2050, 2051; zust. Hauer a.a.O. (= Fn. 8) S. 102

Insbesondere in mittleren und größeren Betrieben ist eine **Delegation der Abmahnungsbefugnis** durchaus sinnvoll. Dadurch wird dem Umstand Rechnung getragen, dass abmahnungsrelevantes Fehlverhalten den kündigungsberechtigten Personen in der Chefetage oftmals nicht oder zu spät zur Kenntnis gelangt.

Der Arbeitgeber sollte vor allem organisatorisch sicherstellen, dass erfolgte Abmahnungen und deren Inhalt der zuständigen Abteilung (Personalabteilung) mitgeteilt werden.

Praktische Konsequenz:

Vorgesetzte können zur Abmahnung befugt sein, auch wenn sie nicht kündigungsberechtigt sind. Eine Delegation ist zweckmäßig.

Muster:　*Delegation der Abmahnungsbefugnis*

Vorbemerkung:

Insbesondere in größeren Betrieben kann die Delegation zweckmäßig sein. Abmahnungsberechtigt ist nämlich nicht nur der Kündigungsberechtigte.

Erteilung der Abmahnungsbefugnis　　　　　　　　Datum

Sehr geehrte/r Frau/Herr

aufgrund Ihrer Funktion als Abteilungsleiter / in (Personalleiter / in, Prokurist / in, Meister usw.) sind Sie befugt, die Ihnen nachgeordneten Mitarbeiter / Angestellten / Arbeiter bei entsprechendem Fehlverhalten abzumahnen.

Bitte beachten Sie, dass eine Abmahnung nur dann arbeitsrechtliche Wirkung hat, wenn zwei Kriterien erfüllt sind: Das gerügte Fehlverhalten bzw. die unzureichende Arbeitsleistung muss so konkret wie möglich beschrieben werden; Schlagworte reichen nicht aus. Außerdem muss dem Arbeitnehmer die Gefährdung seines Arbeitsverhältnisses deutlich gemacht werden. Am besten sollte unmissverständlich eine Kündigung für den Fall angedroht werden, dass er erneut Anlass zu Beanstandungen gibt.

Sie können eine solche Abmahnung auch im Rahmen eines Gesprächs erteilen. In diesem Fall halten Sie bitte den wesentlichen Gesprächsinhalt sofort schriftlich fest und lassen nach Möglich-

keit den abgemahnten Arbeitnehmer die Aktennotiz gegenzeichnen. Außerdem bitten wir Sie, uns nach erfolgter Abmahnung unverzüglich zu unterrichten.
Mit freundlichen Grüßen

5.3   Zugang der Abmahnung

Die Abmahnung ist eine **empfangsbedürftige Erklärung**, die erst in dem Zeitpunkt wirksam wird, in welchem sie dem Arbeitnehmer zugeht (§ 130 BGB). Diese Problematik spielt in erster Linie bei schriftlichen Abmahnungen eine Rolle, die in der Praxis die Regel sein sollten (vgl. Rz. 209).   216

Nach der Ansicht des BAG[212] ist zur Wirksamkeit einer Abmahnung über ihren **Zugang** hinaus grundsätzlich auch die **Kenntnis** des Empfängers von ihrem Inhalt erforderlich. Das BAG hat damit die zugrundeliegende Entscheidung des LAG Hamm[213] aufgehoben und die Sache zur erneuten Verhandlung und Entscheidung zurückverwiesen.   217

Das LAG Hamm hatte die Auffassung vertreten, eine schriftliche Abmahnung sei einem der deutschen Sprache nicht mächtigen **ausländischen Arbeitnehmer** erst dann zugegangen, wenn der Gedankeninhalt in dessen Wahrnehmungsbereich gelangt sei. Das sei jedoch nur der Fall, wenn er von dem Empfänger auch verstanden werden könne. Für den Arbeitgeber habe nicht nur die Möglichkeit bestanden, dem deutschen Text eine griechische Übersetzung beizufügen, sondern auch, ihn durch den bei ihm beschäftigten griechischen Dolmetscher mündlich übersetzen zu lassen.   218

Das BAG ist der Vorinstanz zwar im Ausgangspunkt gefolgt, hat aber die Auffassung vertreten, der ausländische Arbeitnehmer habe sich auf fehlende Kenntnis von dem Inhalt des Abmahnungsschreibens nach Treu und Glauben nicht berufen können. Er habe damit rechnen müssen, dass das ihm übergebene Schreiben im Zusammenhang mit seinem vorangegangenen Fernbleiben stehe. Er hätte   219

---

[212] Urt. v. 9.8.1984 - AP Nr. 12 zu § 1 KSchG 1969 Verhaltensbedingte Kündigung; zust. Adam in ArbuR 2001, 41, 43
[213] Urt. v. 7.6.1983 = ARSt. 1984, 14 (L)

daher entweder dem Arbeitgeber umgehend deutlich machen müssen, dass er mit dem Schreiben wegen seiner fehlenden Sprach- und Lesekenntnisse nichts anfangen könne, oder unverzüglich für eine Übersetzung der Abmahnung Sorge tragen müssen.

220 Die in Fn. 212 zitierte Entscheidung des BAG ist nicht unumstritten[214]. Das BAG hat aus dem Sinn und Zweck der Abmahnung die Schlussfolgerung gezogen, der Zugang einer Abmahnung reiche für deren Wirksamkeit nicht aus; insoweit liege eine Ausnahme von der Regelung des § 130 Abs. 1 BGB vor. Hiernach wird eine Willenserklärung in dem Zeitpunkt wirksam, in welchem sie dem Empfänger zugeht. Das BAG ist damit von dem allgemeinen Grundsatz abgewichen, nach dem es für den Zugang einer Willenserklärung grundsätzlich unerheblich ist, ob und wann der Empfänger den Inhalt der Erklärung tatsächlich zur **Kenntnis** genommen hat.

221 Insbesondere auch in Anbetracht der Rechtsprechung des BAG zum Zugang der Kündigung während des Urlaubs des Arbeitnehmers[215] sowie zur Kündigungszustellung an die Wohnadresse zu einem Zeitpunkt, zu dem sich der Arbeitnehmer in Untersuchungshaft oder Auslieferungshaft befindet[216], wird das BAG die Frage des Zugangs einer Abmahnung überdenken müssen. Diese Frage dürfte nur bei Abmahnungen von ausländischen Arbeitnehmern relevant sein, die der deutschen Sprache nicht mächtig sind. Die Wirksamkeit der Abmahnung kann jedenfalls nicht dadurch beseitigt werden, dass der Arbeitnehmer, der den Abmahnungstext nicht lesen oder verstehen kann, das Schreiben einfach beiseite legt und dann im Wiederholungsfall behauptet, er wisse von nichts. Er wird nach Treu und Glauben dazu verpflichtet sein, den Arbeitgeber umgehend um

---

[214] vgl. Bickel, Anm. in AP Nr. 12 zu § 1 KSchG 1969 Verhaltensbedingte Kündigung; Dorndorf in SAE 1987, 137 ff.; von Hoyningen-Huene in RdA 1990, 193, 206 f.; Hauer a.a.O. (= Fn. 8) S. 108 ff.; Kammerer a.a.O. (= Fn. 166) S. 129 ff.; Pflaum a.a.O. (= Fn. 8) S. 211 ff.; differenzierend Wolf a.a.O. (= Fn. 161) S. 123 ff.; vgl. auch Schmid in NZA 1985, 409, 410; Tschöpe in NZA Beil. 2/1990, S. 14, 15; Koffka a.a.O. (= Fn. 161) S. 112 ff.; Bernstein a.a.O. (= Fn. 168) S. 76 ff.

[215] Urt. v. 16. 3.1988 – AP Nr. 16 zu § 130 BGB

[216] Urt. v. 2. 3.1989 - AP Nr. 17 zu § 130 BGB

eine Übersetzung zu bitten oder sich seinerseits um einen Dolmetscher zu bemühen.

Das Verhalten des Arbeitnehmers kann **rechtsmissbräuchlich** sein, wenn er den Zugang oder die Kenntnisnahme treuwidrig vereitelt[217]. In entsprechender Anwendung von § 162 BGB sowie nach dem allgemeinen Grundsatz von Treu und Glauben (§ 242 BGB) kann der Arbeitnehmer, wenn er die Annahme einer schriftlichen Abmahnung verweigert, durch sein Verhalten nicht verhindern, dass sie als zugegangen gilt.

222

Aus Gründen der Rechtssicherheit sollte sich der Arbeitgeber den Zugang der Abmahnung bestätigen lassen, um einen **Nachweis** für den tatsächlichen Zugang zu haben. Dies ist am ehesten bei persönlicher Aushändigung des Abmahnungsschreibens an den Arbeitnehmer in Gegenwart eines Zeugen gewährleistet.

223

Da vom Zugang der Abmahnung unter Umständen der Ausgang eines Kündigungsschutzverfahrens abhängen kann, ist gerade hierbei – ebenso wie beim Zugang der Kündigung selbst – größte Sorgfalt geboten.

Praktische Konsequenz:
Beim Zugang von Abmahnungen ist mit derselben Sorgfalt wie bei Kündigungen zu verfahren.

5.4   Aushang am schwarzen Brett?

Es kommt nicht selten vor, dass Arbeitgeber eine im Einzelfall erteilte Abmahnung am schwarzen Brett aushängen. Damit soll hauptsächlich entweder die übrige Belegschaft gewarnt oder das abgemahnte Fehlverhalten des Arbeitnehmers zusätzlich geahndet werden.

224

Unabhängig davon, auf welchem Motiv des Arbeitgebers die Veröffentlichung beruht, ist der Aushang einer im Einzelfall erteilten Abmahnung am schwarzen Brett unzulässig. Hierdurch wird nämlich das **Persönlichkeitsrecht** des abgemahnten Arbeitnehmers in

---

[217] vgl. Urt. d. BAG v. 9.8.1984 (= Fn. 212)

einer nicht zu rechtfertigenden Weise verletzt[218]. Bei der Abmahnung handelt es sich um eine individualrechtliche Maßnahme, die ausschließlich das Arbeitsverhältnis zwischen Arbeitgeber und Arbeitnehmer betrifft. Die Abmahnung wird Bestandteil der Personalakten und gehört damit zu den vertraulichen Unterlagen, zu denen nur ganz bestimmte Personen Zugang haben dürfen.

225 Wird eine Abmahnung unter dem Gesichtspunkt der Ahndung des Fehlverhaltens des Arbeitnehmers vorgenommen, nimmt die Abmahnung den Charakter einer **Betriebsbuße** an, die der Mitbestimmung des Betriebsrates unterliegt (vgl. hierzu Abschnitt 8.4). In diesen Fällen ist deshalb die allgemeine Bekanntmachung einer Abmahnung ebenfalls unzulässig[219].

226 Anders ist die Rechtslage dann, wenn der Arbeitgeber in einem allgemein formulierten **Rundschreiben** an alle Mitarbeiter oder einen bestimmten Kreis der Belegschaft Erwartungen formuliert und damit zugleich die Androhung arbeitsrechtlicher Konsequenzen für den Fall verbindet, dass der angesprochene Personenkreis den Erwartungen nicht entspricht. Nach Auffassung des LAG Köln[219a] ist die Gestaltung der Abmahnung als Aushang unschädlich. Abmahnungen müssen – so das LAG – nicht persönlich adressiert sein. Sie können auch in Arbeitsverträgen, Rundschreiben oder gerade auch in Betriebsaushängen enthalten sein.

Zum Problem der sog. „vorweggenommenen" Abmahnung vgl. auch Abschnitt 6.2.

Praktische Konsequenz:

Der Aushang einer im Einzelfall erteilten Abmahnung am schwarzen Brett ist unzulässig.

---

[218] vgl. hierzu auch Fromm in DB 1989, 1409, 1412
[219] ebenso Beschl. d. ArbG Regensburg v. 28. 7.1989 = AiB 1991, 387
[219a] Urt. v. 6. 8.1999 = LAGE § 626 BGB Nr. 127

5.5   Erwähnung im Zeugnis?

Bei der Beendigung des Arbeitsverhältnisses hat der Arbeitnehmer   227
einen Anspruch auf Erteilung eines Zeugnisses (§ 630 BGB). Insbesondere dann, wenn das Arbeitsverhältnis aufgrund einer verhaltensbedingten Kündigung aufgelöst worden ist, wird sich mancher Arbeitgeber die Frage stellen, ob und in welcher Weise er das vom Arbeitnehmer während des Arbeitsverhältnisses gezeigte Fehlverhalten im Zeugnis erwähnen darf.

Nach allgemeiner Auffassung dürfen schwerwiegende Pflichtverletzungen – und nur diese – lediglich dann im Zeugnis erwähnt werden, wenn sich hieraus die mangelnde Eignung des Arbeitnehmers für bestimmte Berufe ergibt und mögliche künftige Arbeitgeber ein berechtigtes Interesse daran haben, auf diesen Umstand hingewiesen zu werden. Tatbestände, die den Arbeitgeber lediglich zu einer Abmahnung veranlassen, haben im Regelfall ein erheblich geringeres Gewicht. Da der Arbeitgeber bei der Ausstellung des Zeugnisses darauf achten muss, das berufliche Fortkommen des Arbeitnehmers nicht unnötig zu erschweren, ist es ihm grundsätzlich verwehrt, Sachverhalte, die er zum Anlass für eine Abmahnung genommen hat, sowie den Umstand, eine oder mehrere Abmahnungen erteilt zu haben, im Zeugnis zu erwähnen[220].

> **Praktische Konsequenz:**
>
> Die Erwähnung von Abmahnungen im Zeugnis ist grundsätzlich unzulässig.

---

[220] ebenso Schleßmann, Das Arbeitszeugnis, Schriften des Betriebs-Beraters Band 27, 16. Aufl. 2000, S. 82

6 Zeitpunkt der Abmahnung

6.1 Wann muss spätestens abgemahnt werden?

Literatur: Brill, Verwirkung und Wirkungslosigkeit von Abmahnungen, NZA 1985, 109

228 Zwischen dem Fehlverhalten des Arbeitnehmers und der Abmahnung als Reaktion des Arbeitgebers sollte keine erhebliche Zeitspanne liegen, da in diesem Fall beim Arbeitnehmer der Eindruck entstehen könnte, der Arbeitgeber messe dem Vorfall keine besondere Bedeutung bei oder habe ihn sogar dem Arbeitnehmer **verziehen**. Ein Arbeitsgericht wird deshalb im Zweifel auch prüfen, ob die Sanktion des Arbeitgebers unter Berücksichtigung von Treu und Glauben „zu spät" erfolgt ist.

229 Es gibt allerdings **keine „Regelausschlussfrist"**, innerhalb derer der Arbeitgeber von seinem Rügerecht Gebrauch machen muss. Dies hat das BAG ausdrücklich klargestellt[221]. Eine Vorschrift, die dieses vertragliche Rügerecht des Arbeitgebers in irgendeiner Form an eine Ausschlussfrist bindet, sei im Gesetz nicht enthalten. Die dort für andere Rechtsinstitute vorgesehenen Ausschlussfristen (z. B. §§ 121, 124, 626 Abs. 2 BGB) könnten auch nicht in entsprechender Anwendung auf die Abmahnung ausgedehnt werden. Bei der Anfechtung und der außerordentlichen Kündigung handele es sich um Gestaltungsrechte, deren Ausübung der Gesetzgeber an bestimmte

---

[221] Urt. v. 15. 1.1986 - AP Nr. 96 zu § 611 BGB Fürsorgepflicht mit zust. Anm. v. Echterhölter; bestätigt durch Urt. v. 12.1.1988 (= Fn. 119) und 7.9.1988 - AP Nr. 2 zu § 611 BGB Abmahnung mit Anm. v. Conze sowie zuletzt durch Urt. v. 14.12.1994 – AP Nr. 15 zu § 611 BGB Abmahnung; zust. Falkenberg in NZA 1988, 489, 490; Kraft in NZA 1989, 777, 780; Hauer a.a.O. (= Fn. 8) S. 120 ff.; Kammerer a.a.O. (= Fn. 166) S. 125, 181; Koffka a.a.O. (= Fn. 161) S. 122 ff.; Pauly in NZA 1995, 449, 453; vgl. zu dem Urt. v. 15. 1.1986 auch Conze in DB 1989, 778

Fristen geknüpft habe. Die Abmahnung stelle hingegen die Ausübung eines vertraglichen Rügerechts dar.

Das BAG[221] hat außerdem noch darauf hingewiesen, dass eine zeitliche Begrenzung, innerhalb der die Abmahnung auszusprechen ist, auch nicht aus deren Zweckbestimmung abzuleiten sei. Es stehe im Belieben des Arbeitgebers, ob er eine Arbeitsvertragsverletzung des Arbeitnehmers abmahne oder darauf verzichte. Wollte man den Ausspruch der Abmahnung an eine bestimmte Frist knüpfen, könne sich dies zum Nachteil des Arbeitnehmers auswirken. Der Arbeitgeber wäre dann nämlich gehalten, nur zwecks Fristwahrung abzumahnen.

Die Ansicht, wonach vom Arbeitgeber die Einhaltung einer Regelfrist erwartet wird, ist deshalb abzulehnen. Brill[222] differenziert danach, ob der Arbeitgeber aufgrund des Pflichtverstoßes des Arbeitnehmers unter Umständen zur außerordentlichen oder ordentlichen Kündigung berechtigt wäre: Im ersten Fall soll er dann an die zweiwöchige Ausschlussfrist des § 626 Abs. 2 BGB gebunden sein, wenn er nur abmahnen will, während er im zweiten Fall mehr als zwei Wochen Zeit haben soll, und zwar mindestens einen Monat. Diese Auffassung ist schon wegen der viel zu großen Rechtsunsicherheit, die sich zwangsläufig aufgrund der hypothetischen Betrachtungsweise ergibt, weder praktikabel noch rechtlich überzeugend.

Beitzke[223] bezeichnet den Gedanken der entsprechenden Anwendung der zweiwöchigen Ausschlussfrist des § 626 Abs. 2 BGB bei der Abmahnung zu Recht als abwegig, da die Rechtsfolgen einer außerordentlichen Kündigung und einer Abmahnung auch nicht annähernd vergleichbar sind.

Auch die Meinung von Hunold[224], eine Abmahnung sei in aller Regel spätestens vier Wochen nach dem zu rügenden Vorfall auszusprechen, „möglichst früher", ist zu eng. Es kommt vielmehr entscheidend auf die Schwere der Pflichtverletzung des Arbeitnehmers und den zur vollständigen Aufklärung des Sachverhalts notwendigen Zeitraum an. Je länger der Arbeitgeber ohne erkennbaren Grund

230

231

232

---

[222] in NZA 1985, 109, 110; vgl. auch Mayer-Maly in SAE 1988, 310
[223] in SAE 1986, 202, 20; vgl. auch von Hoyningen-Huene in RdA 1990, 193, 207
[224] in BB 1986, 2050, 2051

den Ausspruch der Abmahnung hinauszögert, um so mehr wird die Abmahnung in ihrer Wirkung abgeschwächt. Auch auf diesen Gesichtspunkt hat das BAG[225] zutreffend mit der Bemerkung hingewiesen, ein „Aufspareffekt" scheide aus.

233   Die Auffassung von Meyer[226] , Maßstab für die Dauer der dem Arbeitgeber zur Verfügung stehenden Überlegungsfrist könne die Klagefrist nach § 4 Satz 1 KSchG (drei Wochen) sein, überzeugt nicht. Die Kündigung führt über kurz oder lang zur Beendigung des Arbeitsverhältnisses und hat damit eine einschneidende Rechtsfolge, so dass beide Vertragspartner ein Interesse daran haben, möglichst bald geklärt zu wissen, ob die Kündigung akzeptiert oder gerichtlich überprüft wird. Diese Sachlage ist bei einer Abmahnung auch nicht in einem annähernd vergleichbaren Maße gegeben.

234   Auch die Ansicht von Tschöpe[227], es spreche einiges dafür anzunehmen, der Arbeitgeber könne nach Ablauf eines gewissen Zeitraums, der regelmäßig drei Monate nicht überschreiten sollte, Vertragsverletzungen nicht mehr mit Abmahnungsqualität rügen, vermag nicht zu überzeugen. Er verweist u. a. auf § 61 Abs. 2 HGB, wonach Ansprüche auf Schadenersatz wegen Verletzung eines Wettbewerbsverbotes in drei Monaten verjähren. Auch dort liegt ein kurzfristiges Klärungsbedürfnis auf der Hand, während die Ausübung des vertraglichen Rügerechts in Form der Abmahnung zunächst keine unmittelbaren Rechtsfolgen auslöst, wenn auch die Gefahr nicht von der Hand zu weisen ist, dass bei längerer Untätigkeit des Arbeitgebers beim Arbeitnehmer der berechtigte Eindruck entstehen kann, er brauche nicht mehr mit einer Abmahnung zu rechnen.

235   Es kann also nur im Interesse des Arbeitgebers liegen, möglichst bald die Abmahnung auszusprechen. Daran sollte ihm auch gelegen sein, um die von ihm erhobenen Beanstandungen umgehend aktenkundig zu machen, vor allem aus Beweissicherungsgründen. Deshalb ist es zweckmäßig, den Arbeitnehmer in den Fällen, in denen dies notwendig sein kann, möglichst frühzeitig anzuhören.

236

---

[225] Urt. v. 15. 1.1986 (= Fn. 221)
[226] a.a.O. (= Fn. 8) S. 30
[227] in NZA Beil. 2/1990, S. 13

Unabhängig von dem Umstand, dass der Arbeitgeber beim Ausspruch einer Abmahnung keine bestimmte Frist einzuhalten hat, ist jedoch allgemein anerkannt, dass er sein Recht zur Abmahnung **verwirken** kann[228]. Dies wäre der Fall, wenn der Arbeitgeber nach dem Vorfall eine erhebliche Zeitspanne ohne erkennbare Reaktion verstreichen lässt und beim Arbeitnehmer dadurch den berechtigten Eindruck hervorruft, die Angelegenheit sei erledigt. So hat z. B. das ArbG Flensburg Verwirkung angenommen, weil der Arbeitgeber die Abmahnung erst sechs Monate nach dem Vorfall und vier Monate nach der Aufklärung des Sachverhalts vorgenommen hatte[229].

Das LAG Köln[230] hat die Ansicht vertreten, das Rügerecht des Arbeitgebers zur Abmahnung eines nicht vertragsgemäßen Verhaltens des Arbeitnehmers könne nach einjährigem Zuwarten des Arbeitgebers verwirkt sein. Dieser Entscheidung lag folgender Sachverhalt zugrunde: Ein im öffentlichen Dienst beschäftigter Buchhalter hatte einen Vorgang ohne Auftrag an den stellvertretenden Vorsitzenden des Werksausschusses weitergegeben. Dies war etwa Mitte 1986. Mit Schreiben vom 9.7.1986 hatte der Arbeitgeber gegenüber dem Angestellten die Verletzung der Schweigepflicht (§ 9 BAT) beanstandet und sich weitere Schritte vorbehalten. Anschließend geschah nichts bis zu einem weiteren Schreiben des Arbeitgebers vom 15.6.1987, in dem der Kläger lediglich zur Stellungnahme aufgefordert wurde. Die Abmahnung erfolgte sodann mit Schreiben vom 7.8.1987. Das LAG Köln hat sowohl das Zeitmoment als auch das Umstandsmoment der Verwirkung als erfüllt angesehen. Es hat zusätzlich auf die tarifliche Ausschlussfrist von sechs Monaten nach § 70 BAT hingewiesen und ausgeführt, die Vorschrift sei zwar nur auf Ansprüche aus dem Arbeitsverhältnis anwendbar, verfolge aber den Zweck, mit der nur befristeten Möglichkeit der Geltendmachung von Ansprüchen alsbald für klare Verhältnisse zu sorgen. Die damit nach dem Willen der Tarifvertragsparteien zum Ausdruck kommende Befriedungsfunktion könne dabei auch für das Recht auf Erteilung einer Ab-

237

---

[228] vgl. Brill in NZA 1985, 109; Hunold in BB 1986, 2050, 2051; Meyer a.a.O. (= Fn. 8) S. 30; Hauer a.a.O. S. 120 m.w.N.; Koffka a.a.O. S. 123/124; Kammerer a.a.O. S. 132 f.

[229] Urt. v. 16.12.1981 = ARSt. 1982, 157

[230] Urt. v. 28.3.1988 = LAGE § 611 BGB Abmahnung Nr. 10

mahnung herangezogen werden. Die Sechsmonatsfrist soll danach einen Anhaltspunkt für die zeitlich einzuschränkende Möglichkeit zur Ausübung des Rechts auf Abmahnung geben.

238 Diese Betrachtungsweise darf nicht dazu verleiten, eine Regelausschlussfrist für das Abmahnungsrecht des Arbeitgebers anzunehmen. Nach der ständigen Rechtsprechung des BAG ist die Verwirkung ein Ausnahmetatbestand, für den mehrere Voraussetzungen erfüllt sein müssen: Einmal muss der Gläubiger mit der Geltendmachung des Anspruchs gezögert haben (Zeitmoment). Er muss weiterhin durch das Zuwarten beim Schuldner die Ansicht hervorgerufen haben, er werde seinen Anspruch nicht mehr geltend machen, so dass der Schuldner sich darauf eingestellt hat, nicht mehr in Anspruch genommen zu werden. Schließlich muss dem Schuldner gegenwärtig die Erfüllung des Anspruchs unter Berücksichtigung aller Umstände nach Treu und Glauben nicht mehr zuzumuten sein (Umstandsmoment)[231].

239 Unter Berücksichtigung dieser Umstände kann eine tarifliche Ausschlussfrist höchstenfalls eine Orientierungshilfe für das **Zeitmoment,** nicht aber für das **Umstandsmoment** des Rechtsinstituts der Verwirkung sein.

Zur Frage, ob der Arbeitnehmer tarifliche Ausschlussfristen beachten muss, vgl. Abschnitt 9.4.

240 Entscheidend ist demnach vor allem, ob es nach dem Pflichtverstoß zu Gesprächen oder einem Schriftwechsel zwischen den Vertragsparteien gekommen ist und ob der Arbeitnehmer gegebenenfalls davon ausgehen durfte, die Angelegenheit sei erledigt und abgeschlossen, ohne dass der Arbeitgeber mit einer Abmahnung reagieren wolle.

Praktische Konsequenz:

Die Abmahnung unterliegt keiner Ausschlussfrist, sollte aber nicht unnötig hinausgezögert werden.

---

[231] Urt. v. 14.11.1978 - AP Nr. 39 zu § 242 BGB Verwirkung; Urt. v. 13. 10.1988 (= Fn. 102)

6.2 Kann die Abmahnung „vorweggenommen" werden?

Die Praxis wird fragen, ob der Arbeitgeber bereits **vor** einer Vertragsverletzung – quasi vorbeugend – für ein Fehlverhalten arbeitsrechtliche Maßnahmen androhen kann. Dies wird als „vorweggenommene" oder „antizipierte" Abmahnung bezeichnet.

Schwerdtner[232] meint, die Unzulässigkeit folge aus der Funktion der Abmahnung. Der Arbeitgeber genüge dem Abmahnungserfordernis nicht, wenn er z. B. in einer **Arbeitsordnung** darauf hinweise, dass bei einem Verstoß gegen ein betriebliches Rauch- oder Alkoholverbot mit einer Kündigung zu rechnen sei. Schaub[233] vertritt die Ansicht, diese Frage werde nicht allgemein zu entscheiden sein; vielfach werde es auf die Umstände des Einzelfalles ankommen. Hauer[234] hält eine vorweggenommene Abmahnung deshalb für unzulässig, weil die Abmahnung dem Arbeitnehmer eine Bewährungsmöglichkeit einräumen soll, Bewährung aber eine bereits begangene Pflichtverletzung voraussetze. Berger-Delhey[235] bezeichnet die Frage als offen. Mehrere Argumente gegen die Zulässigkeit einer antizipierten Abmahnung finden sich bei Pflaum[236]. Sie begründet ihre Auffassung in erster Linie mit der Warn- und Ankündigungsfunktion der Abmahnung sowie der Notwendigkeit einer hinreichend deutlichen Kennzeichnung der beanstandeten Vertragsverletzung, was bei einer vorweggenommenen Abmahnung nur in Form der pauschalen Benennung von Pflichtwidrigkeiten möglich sei. Pauly[237] meint, eine Abmahnung werde auch dann entbehrlich sein, wenn der Arbeitgeber unmissverständlich erklärt habe, er werde bei einem bestimmten Pflichtenverstoß (z.B. unerlaubter Alkohol- und Drogenkonsum im Betrieb) die Kündigung aussprechen, was etwa durch Bekanntma-

241

---

[232] Kündigung und Kündigungsschutz in der betrieblichen Praxis, RWS-Skript 114, 2. Aufl. 1983, S. 102

[233] in NJW 1990, 872, 875; ebenso Kammerer a.a.O. (= Fn. 166) S. 142 f.

[234] a.a.O. (= Fn. 8) S. 107 f.

[235] in PersV 1988, 430, 432

[236] a.a.O. (= Fn. 8) S. 176 ff.; zust. Adam in ArbuR 2001, 41, 42; vgl. auch Koffka a.a.O. (= Fn. 161) S. 115 ff.

[237] in NZA 1995, 449, 451

chung in einem öffentlichen Aushang am schwarzen Brett geschehen könne.

242
Gerichtsurteile, die ausdrücklich auf diese Frage eingehen, liegen nicht vor. Das LAG Hamm hatte über einen entsprechenden Sachverhalt zu entscheiden[238]. Es hat sich zwar nicht im Einzelnen mit der Problematik auseinander gesetzt und auch nicht von einer vorweggenommenen Abmahnung gesprochen, aber den durchaus zutreffenden Standpunkt eingenommen, der Arbeitnehmer sei bereits durch den **Betriebsaushang** genügend darauf hingewiesen, dass der Arbeitgeber erwarte, im Fall der Arbeitsunfähigkeit unverzüglich eine Nachricht des Arbeitnehmers zu erhalten. Deshalb habe er nicht damit rechnen können, der Arbeitgeber dulde ein hiervon abweichendes Verhalten.

243
Das LAG Köln hat zu einer Entscheidung den Leitsatz formuliert, der **Hinweis im Arbeitsvertrag**, ein bestimmtes Verhalten ziehe die fristlose Entlassung nach sich, erweitere zwar nicht die gesetzlichen Kündigungsmöglichkeiten, er könne aber, da er jedenfalls eine Warnfunktion erfülle, eine Abmahnung als Kündigungsvoraussetzung entbehrlich machen[239].

Der Arbeitgeber hatte einem Arbeitnehmer wegen wiederholter Verletzung der Anzeigepflicht im Krankheitsfall fristlos und vorsorglich auch ordentlich gekündigt. Das LAG Köln hat die Wirksamkeit der ordentlichen Kündigung bejaht. Die Entscheidung ist allerdings aufgrund der Umstände des Falles nicht für allgemeine Schlussfolgerungen geeignet. Der Kläger war nämlich noch keine zehn Monate beschäftigt und hatte – abgesehen von dem Hinweis im Arbeitsvertrag – erst 14 Tage vor Ausspruch der Kündigungen eine einschlägige Abmahnung erhalten.

244
Ausgehend vom Sinn und Zweck der Abmahnung sowie deren Bedeutung im Rahmen des Kündigungsrechts kann eine vorweggenommene Abmahnung nur im Ausnahmefall eine spätere Abmahnung nach erfolgter Pflichtverletzung ersetzen. Andernfalls könnte der Arbeitgeber die Notwendigkeit von Abmahnungen völlig umgehen, indem er alle denkbaren Pflichtverletzungen auflistet, damit die

---

[238] Urt. v. 16.12.1982 = BB 1983, 1601
[239] Urt. v. 12.11.1993 = LAGE § 1 KSchG Verhaltensbedingte Kündigung Nr. 40

Androhung arbeitsrechtlicher Konsequenzen verbindet und einen entsprechenden Aushang im Betrieb veranlasst[240].

Beachte:

Da die Abmahnung – ebenso wie die Kündigung – stets eine Abwägung der jeweiligen Umstände des konkreten Einzelfalles erforderlich macht, ist sie für eine Vielzahl von Fällen als „Pauschalandrohung" kaum geeignet.

So wie der Arbeitnehmer nicht im vorhinein auf seinen Kündigungsschutz verzichten kann und vertragliche Vereinbarungen über „absolute" Kündigungsgründe allgemein als unwirksam angesehen werden, ist auch die vorweggenommene Abmahnung problematisch, da sie den Rechtsschutz der hiervon betroffenen Arbeitnehmer verkürzt und zudem im Fall einer späteren Pflichtverletzung die Reaktion des Arbeitgebers für den Arbeitnehmer zumindest dann unklar bleibt, wenn dieser keine Konsequenzen in Form einer Kündigung zieht. Der Arbeitnehmer weiß dann nämlich nicht, wie sein Verhalten arbeitsrechtlich gewertet wird.

Eine antizipierte Abmahnung macht daher eine (spätere) Abmahnung **im Regelfall nicht** entbehrlich. Sie kann jedoch den Erwartungen des Arbeitgebers besonderen Nachdruck verleihen und bei einer nachfolgenden Pflichtverletzung eine für den Arbeitnehmer ungünstigere Beurteilung zur Folge haben.

245

Praktische Konsequenz:

Eine „vorweggenommene" Abmahnung kann eine Abmahnung nur ausnahmsweise ersetzen.

6.3   Wirkungsdauer und Tilgung

Literatur: Conze, Zur Tilgung und Wirkungsdauer von berechtigten Abmahnungen, DB 1987, 889; Conze, Wirkungslosigkeit einer Abmahnung durch Zeitablauf, ZTR 1987, 175; Conze, Nochmals: Die

---

[240] ebenso Koffka a.a.O. (= Fn. 161) S. 116; ebenso Bernstein a.a.O. (= Fn. 168) S. 63

Wirkungsdauer einer Abmahnung, DB 1987, 2358; Eich, Anspruch auf Entfernung einer berechtigten Abmahnung aus der Personalakte durch Zeitablauf?, NZA 1988, 759

Praktische Konsequenz:

246

Die Wirkung einer Abmahnung ist zeitlich begrenzt. Je länger die Abmahnung zurückliegt, um so geringer ist ihr Gewicht im Rahmen der Prüfung und Würdigung einer nachfolgenden Kündigung.

247   Im Schrifttum wird zum Teil die Meinung vertreten, eine Abmahnung verliere nach ca. zwei bis drei Jahren automatisch ihre Wirkung und müsse ohne weiteres aus den Personalakten entfernt werden[241]. Auch das LAG Hamm[242] hat entschieden, eine Abmahnung werde in der Regel nach Ablauf von zwei Jahren wirkungslos, so dass sich der Arbeitgeber zur Rechtfertigung der Kündigung nicht mehr darauf berufen könne.

248   Dieser Ansicht kann – zumindest in dieser Allgemeinheit – nicht gefolgt werden. Auch das BAG[243] hat sich von dieser Auffassung distanziert und hierbei ausdrücklich das Urteil des LAG Hamm[(242)] erwähnt. Es sei zwar richtig, dass auch eine ursprünglich berechtigte Abmahnung durch Zeitablauf gegenstandslos werden könne. Insbesondere könne es nach einer längeren Zeit einwandfreier Führung des Arbeitnehmers dem Arbeitgeber verwehrt sein, sich auf früher abgemahnte Pflichtverstöße des Arbeitnehmers zu berufen. Hierfür lasse sich aber keine bestimmte Frist aufstellen, und sei es auch nur

---

[241] vgl. z. B. Schmid in NZA 1985, 409, 413; ferner Brill in NZA 1985, 109, 110; ähnlich Hunold in BB 1986, 2050, 2052

[242] Urt. v. 14.5.1986 = LAGE § 611 BGB Abmahnung Nr. 2

[243] Urt. v. 18.11.1986 - AP Nr. 17 zu § 1 KSchG 1969 Verhaltensbedingte Kündigung mit kritischer Anm. von Conze. Das BVerfG hat mit Beschl. v. 16.10.1998 (AP Nr. 24 zu § 611 BGB Abmahnung) an diese Rechtsprechung angeknüpft und angenommen, in dem konkreten Fall sei die Abmahnung durch Zeitablauf jedenfalls kündigungsrechtlich wirkungslos geworden, da das beanstandete Verhalten mehr als sechs Jahre zurückliege und es zu keinen weiteren Beanstandungen gekommen sei; vgl. hierzu auch Conze in ZTR 1987, 175

für den Regelfall; vielmehr seien die jeweiligen Umstände des Einzelfalles maßgebend.

Das BAG hat weiter ausgeführt, eine Abmahnung verliere ihre Bedeutung erst dann, wenn aufgrund Zeitablaufs oder neuer Umstände (z. B. einer späteren unklaren Reaktion des Arbeitgebers auf ähnliche Pflichtverletzungen anderer Arbeitnehmer) der Arbeitnehmer wieder im Ungewissen sein könne, was der Arbeitgeber von ihm erwarte bzw. wie er auf eine etwaige Pflichtverletzung reagieren werde. Hierbei seien jedoch insbesondere die Art der Verfehlung des Arbeitnehmers und das Verhalten des Arbeitgebers im Anschluss an die Abmahnung zu beurteilen.

In dem zugrundeliegenden Verfahren ging es um die Wirksamkeit einer Änderungskündigung gegenüber einer Tierärztin, die für den beklagten Landkreis nebenberuflich tätig war. Das LAG Rheinland-Pfalz[244] hatte als Vorinstanz die Auffassung vertreten, der **Zeitraum von drei Jahren** zwischen einer wegen nicht ordnungsgemäßer Trichinenschau erfolgten Abmahnung und der aus demselben Grund erklärten Änderungskündigung sei angesichts der Art der Aufgaben und der mit ihnen verbundenen Verantwortung nicht so erheblich, dass die Abmahnung ihre Wirkung verlöre.   249

Die heute überwiegende Auffassung im Schrifttum geht zu Recht davon aus, dass eine berechtigte Abmahnung nicht nach Ablauf einer bestimmten Frist automatisch ihre Wirkung verliert, da die jeweiligen Umstände des Einzelfalles nicht unberücksichtigt bleiben können[245]. Selbst die Befürworter von festen Tilgungsfristen differenzieren nach der Schwere des der Abmahnung zugrundeliegenden Fehlverhaltens[246].   250

---

[244] Urt. v. 27.11.1984 – 3 Sa 287/84 - n. v.

[245] Eich in NZA 1988, 759 ff.; Kraft in NZA 1989, 777, 781; Schaub in NJW 1990, 872, 874; Wolf a.a.O. (= Fn. 161) S. 151; Kammerer a.a.O. (= Fn. 166) S. 138; Hauer a.a.O. (= Fn. 8) S. 124 ff.; von Hoyningen-Huene in RdA 1990, 193, 210; Tschöpe in NZA Beil. 2/1990, S. 13; Koffka a.a.O. (= Fn. 161) S. 133 ff.; ebenso Walker in NZA 1995, 601, 607, der die Anwendung von Regeltilgungsfristen ablehnt; Pauly in NZA 1995, 449, 452; KR-Fischermeier, 6. Aufl. 2002, § 626 BGB Rz. 263

[246] siehe oben Fn. 241

251　Die abweichende Auffassung von Conze[247] , aus Gründen der Rechtssicherheit sei es zwingend geboten, von einer einheitlichen Tilgungsfrist auszugehen, ist abzulehnen. Er spricht sich in Anlehnung an die Bundesdisziplinarordnung für eine einheitliche Tilgungsfrist von drei Jahren aus[248].

252　Diese Auffassung hat das BAG[249] ausdrücklich zurückgewiesen. Der Zweite Senat hat mit dieser Entscheidung das Urteil des LAG Hamm[250] aufgehoben und die Rechtsprechung des Siebten Senats[251] bestätigt:

„Der Ansicht des Siebten Senats schließt sich der erkennende Senat an. Für sie spricht entscheidend die Funktion der Abmahnung für die Rechtfertigung einer verhaltensbedingten Kündigung, den möglichen Einwand des Arbeitnehmers auszuräumen, er habe die Pflichtwidrigkeit seines Verhaltens nicht gekannt oder jedenfalls nicht damit rechnen müssen, der Arbeitgeber sehe dieses Verhalten als kündigungsrechtlich erheblich an.“

253　Bei allem Verständnis für die Bedeutung der Rechtssicherheit ist zu berücksichtigen, dass allgemeingültige zeitliche Maßstäbe für die Wirkungsdauer der Abmahnung nicht entwickelt werden können[252].

Beachte:

Jeder Abmahnung liegt ein anderer Sachverhalt zugrunde, schon wegen der persönlichen und betrieblichen Umstände des einzelnen Arbeitsverhältnisses. Genauso wenig, wie gesagt werden kann, dass ein bestimmter Sachverhalt generell und ohne Ausnahme eine außerordentliche oder ordentliche Kündigung rechtfertigt, lässt sich die Ansicht halten, jede Abmahnung verliere nach Ablauf einer bestimmten Frist ihre Wirkung.

---

[247] in DB 1987, 889, 890

[248] in ZTR 1987, 175; DB 1987, 2358 ff.; Anm. in AP Nr. 17 zu § 1 KSchG 1969 Verhaltensbedingte Kündigung

[249] Urt. v. 21.5.1987 = DB 1987, 2367

[250] Urt. v. 14.5.1986 (= Fn. 242)

[251] Urt. v. 18.11.1986 (= Fn. 243)

[252] vgl. hierzu insbesondere Tschöpe in NZA Beil. 2/1990, S. 13; siehe auch Bengelsdorf in Arbeitsrechtslexikon, Abmahnung, IV 4; ebenso Pflaum a.a.O. (= Fn. 8) S. 243; Pauly in NZA 1995, 449, 452 f.

So wird auch im Schrifttum danach unterschieden, ob es sich um   254
leichtere oder schwere Verfehlungen des Arbeitnehmers handelt: Bei
leichteren Verfehlungen (z. B. Unpünktlichkeit, Schlechtleistung)
wird – wohl als Richtschnur für die Praxis – eine Wirkungsdauer der
Abmahnung von zwei bis drei Jahren angenommen, während die
Bestandskraft bei schweren Verfehlungen (z. B. Trunkenheit im
Dienst, Diebstahl) bei fünf bis sechs Jahren liegen soll[253].

Angesichts der Rechtsprechung des BAG[254], wonach vom Arbeitge-   255
ber im Rahmen des Kündigungsschutzrechts der **Grundsatz der
Verhältnismäßigkeit** zu beachten ist, also eine Kündigung unter
Umständen erst nach mehreren Abmahnungen (vgl. Abschnitt 7.2)
sozial gerechtfertigt sein kann, wäre bei Arbeitsverhältnissen mit
hohem sozialem Bestandsschutz (z. B. bei sogenannter „Unkünd-
barkeit" nach tariflichen Vorschriften) eine verhaltensbedingte
Kündigung kaum noch durchsetzbar, wenn Abmahnungen allein
aufgrund Zeitablaufs ihre Wirkung verlieren würden. Die insbesondere aus dem Bundeszentralregistergesetz herrührenden Überlegungen können deshalb nicht ohne weiteres für das Rechtsinstitut der
Abmahnung herangezogen werden[255].

Das LAG Frankfurt hat zu Recht festgestellt, dass die §§ 43, 44 BZRG   256
nach ihrem Zweck nicht ohne weiteres auf das Arbeitsverhältnis mit
seiner im Verhältnis des Bürgers zum staatlichen Strafanspruch
unterschiedlichen Interessenlage übertragbar sind[256]. Nach der Ansicht des Gerichts wird eine den Vertrauensbereich betreffende Abmahnung nicht automatisch nach zwei Jahren gegenstandslos. Dies
sei mit ihrer Bedeutung für die Beweispflichten des Arbeitgebers im
Prozess nicht vereinbar. Durch einen über zwei oder drei Jahre hinausgehenden Verbleib einer solchen Abmahnung werde der Arbeitnehmer auch nicht unbillig belastet. Er habe nämlich im Grundsatz
keinen Anspruch darauf, vor einem dem Vertrauensbereich zuzu-
ordnenden Fehlverhalten überhaupt abgemahnt zu werden.

---

[253] vgl. Brill in NZA 1985, 109, 110 m.w.N.; siehe auch Meyer a.a.O. (= Fn. 8) S.
34

[254] Urt. v. 27.9.1984 - AP Nr. 8 zu § 2 KSchG 1969

[255] insoweit zutreffend Conze in DB 1987, 889; a. A. Falkenberg in NZA 1988,
489, 492

[256] Urt. v. 6.11.1986 = LAGE § 1 KSchG Verhaltensbedingte Kündigung Nr. 10

257 Auch die in der Bundesdisziplinarordnung enthaltenen Regelungen lassen sich nicht ohne weiteres auf die Bestandskraft von Abmahnungen übertragen[257]. Missbilligende Äußerungen von Dienstvorgesetzten (Zurechtweisungen, Ermahnungen, Rügen und dergleichen), die nach § 6 Abs. 2 BDO keine Disziplinarmaßnahmen im Sinne des § 5 BDO sind, werden hinsichtlich der Tilgungsfristen dem Verweis gleichgestellt (vgl. § 119 Abs. 5 BDO), der nach § 119 Abs. 1 BDO nach drei Jahren aus den Akten zu entfernen ist. Eich[258] vertritt hierzu die überzeugende Ansicht, Abmahnungen seien mit derartigen missbilligenden Äußerungen nicht vergleichbar. Die Abmahnung hat einen arbeitsvertraglichen Charakter und keinen Straf- oder Sanktionscharakter. Aus diesem Grund ist es nach der ständigen Rechtsprechung des BAG ausreichend, wenn der Arbeitnehmer seine vertraglichen Pflichten lediglich **objektiv** verletzt hat. Rechtlich ist eben nicht entscheidend, ob das beanstandete Verhalten dem Arbeitnehmer auch **subjektiv** vorgeworfen werden kann[259].

258 Conze[260], der die Analogie zur Bundesdisziplinarordnung befürwortet, hat nicht zu dem denkbaren Einwand Stellung genommen, dass nach § 119 Abs. 2 BDO die Tilgungsfrist erst mit dem Tag beginnt, an dem die Disziplinarmaßnahme bzw. missbilligende Äußerung unanfechtbar geworden ist. Wenn man die Bundesdisziplinarordnung heranzieht, wäre es konsequent, bei einem Rechtsstreit über die Wirksamkeit einer Abmahnung die Tilgungsfrist erst mit rechtskräftigem Abschluss des Verfahrens beginnen zu lassen. Außerdem weist Conze[261] selbst auf § 119 Abs. 3 BDO hin, wonach die Tilgungsfrist nicht endet, solange gegen den Beamten ein Straf- oder Disziplinarverfahren schwebt, eine andere Disziplinarmaßnahme berücksichtigt werden darf oder ein auf Gehaltskürzung lautendes Urteil noch nicht vollstreckt ist. Er folgert hieraus für die Abmahnung, die Bestandskraft gehe noch nicht verloren, solange eine ande-

---

[257] ebenso Koffka a.a.O. (= Fn. 161) S. 136

[258] in NZA 1988, 759, 763; vgl. auch von Hoyningen-Huene in RdA 1990, 193, 210; Wolf a.a.O. S 151

[259] vgl. hierzu Fn. 124

[260] in DB 1987, 889, 890; ZTR 1987, 175, 176; DB 1987, 2358, 2359; Anm. in AP Nr. 17 zu § 1 KSchG 1969 Verhaltensbedingte Kündigung (dort Bl. 1115 R)

[261] in DB 1987, 889, 890

re – nicht unbedingt einschlägige – Rüge noch berücksichtigt werden dürfe.

Eine feste Tilgungsfrist wäre danach mit so zahlreichen Unsicherheitsfaktoren belastet, dass das von Conze zur Begründung seiner Auffassung herangezogene Gebot der Rechtssicherheit eigentlich genauso in Frage gestellt ist wie bei der vom BAG befürworteten Einzelfallbetrachtung.

In Übereinstimmung mit der Entscheidung des BAG vom   259
18.11.1986[262] ist festzuhalten, dass keine bestimmten Fristen für die Wirkungsdauer der Abmahnung bestehen und jede schematische Betrachtungsweise abzulehnen ist[263]. Diese Rechtsprechung hat das BAG in seinem Urteil vom 27.1.1988[264] ausdrücklich bestätigt. Hiernach sind alle Umstände des Einzelfalles zu berücksichtigen, insbesondere die Art der Verfehlung des Arbeitnehmers sowie sein weiteres Verhalten und die Einstellung des Arbeitgebers hierzu im Anschluss an die Abmahnung.

Nach einer weiteren Entscheidung des BAG kann der Arbeitnehmer   260
die Entfernung eines auf einer wahren Sachverhaltsdarstellung beruhenden Schreibens aus der Personalakte verlangen, wenn es für die weitere Beurteilung des Arbeitnehmers überflüssig geworden ist und ihn in seiner beruflichen Entwicklungsmöglichkeit fortwirkend beeinträchtigen kann[265]. Diesem Fall lag keine Abmahnung zugrunde, sondern eine schriftliche Mitteilung des Arbeitgebers, wonach dem Kläger wegen seiner etwa vierstündigen Teilnahme an einem Warnstreik eine entsprechende Gehaltskürzung angekündigt wurde. Das BAG hat zur Begründung seiner für den Kläger positiven Entscheidung ausdrücklich auf das Urteil vom 18.11.1986[266] hingewiesen, wonach zwar eine ursprünglich gerechtfertigte Abmahnung nicht allein durch Zeitablauf wirkungslos werden kann, wohl aber nach Ablauf einer bestimmten Zeit unter Berücksichtigung aller

---

[262] siehe oben Fn. 243

[263] vgl. Fn. 245

[264] ZTR 1988, 309; vgl. auch Conze in DB 1989, 778, 779

[265] Urt. v. 13.4.1988 - AP Nr. 100 zu § 611 BGB Fürsorgepflicht mit Anm. v. Conze = EzBAT § 13 BAT Nr. 10 mit Anm. v. Beckerle; vgl. hierzu auch Conze in DB 1989, 778, 780; kritisch zu dieser Entsch. Kraft in NZA 1989, 777, 781

[266] siehe oben Fn. 243

Umstände des Einzelfalles. Das BAG hat hieraus gefolgert, allein der Verbleib eines durch zeitliche Ereignisse überholten und überflüssigen Vorgangs in der Personalakte würde noch nicht den Anspruch auf Entfernung dieses Aktenbestandteils rechtfertigen. Der Anspruch des Klägers ergebe sich jedoch daraus, dass hiermit seine Teilnahme am Warnstreik dokumentiert werde, ohne dass dies für die Abwehr des Zahlungsanspruchs des Klägers noch erforderlich wäre.

261   Da im öffentlichen Dienst in vielen Bereichen die Eingruppierung von Bewährungszeiten abhängig ist, muss zumindest in den Fällen, in denen sich die Abmahnung auf Schlechtleistungen bezieht, die einem Bewährungsaufstieg entgegenstehen könnten, der Vorgang bis zum Ablauf des Bewährungszeitraums aktenkundig bleiben. Andernfalls wäre für den Arbeitgeber des öffentlichen Dienstes die Möglichkeit erschwert, Ansprüche auf Höhergruppierungen im Wege des Bewährungsaufstiegs abzuwehren[267].

262   In diese Richtung geht ein weiteres Urteil des BAG, wonach dem Anspruch auf Entfernung **berechtigter** Abmahnungen aus der Personalakte berechtigte vertragliche Interessen des Arbeitgebers an der Erhaltung der abgemahnten Vorgänge entgegenstehen können. Das LAG habe – so das BAG – zu Recht darauf abgestellt, dass die Abmahnung für den weiteren beruflichen Aufstieg sowie für eine Versetzung oder für ein Zeugnis wichtig sein könne. Das BAG hat unter Bezugnahme auf die Entscheidungen vom 18.11.1986[268] und 21.5.1987[268] erneut bestätigt, für die Wirkungsdauer der Abmahnung lasse sich keine bestimmte Frist aufstellen[269].

Das BAG hat mit dieser Entscheidung die Revision gegen das in der Fachpresse veröffentlichte Urteil des LAG Frankfurt zurückgewiesen[270]. Conze meint in einer Anmerkung[271] zu der Entscheidung der Vorinstanz, diese weiche von der bisherigen Rechtsprechung des BAG ab und sei mittlerweile durch die Entscheidung des BAG vom

---

[267] ebenso Berger-Delhey in PersV 1988, 430, 434; zum Bewährungsaufstieg trotz Abmahnung vgl. Urt. d. BAG v. 17.2.1993 – AP Nr. 29 zu § 23a BAT

[268] siehe oben Fn. 243 und 249

[269] Urt. v. 8. 2.1989 = ZTR 1989, 236 mit Anm. v. Conze

[270] Urt. v. 23.10.1987 = LAGE § 611 BGB Fürsorgepflicht Nr. 14

[271] ZTR 1988, 393, 394

13.4.1988 (vgl. Fn. 265) überholt. Dieser Ansicht kann nicht gefolgt werden, da das BAG in der genannten Entscheidung ausdrücklich darauf hingewiesen hat, allein der Verbleib eines durch zeitliche Ereignisse überholten Vorgangs rechtfertige noch nicht einen Entfernungsanspruch.

Im Zusammenhang mit der Wirkungsdauer und Tilgung von Abmahnungen ist zwischen der **Aufbewahrungsdauer** (automatische Tilgung nach Ablauf eines bestimmten Zeitraums) und **Wirksamkeitsdauer** (Heranziehung für nachfolgendes arbeitsrechtlich relevantes Verhalten des Arbeitnehmers) zu unterscheiden[272]. Ein automatischer Entfernungsanspruch des Arbeitnehmers nach Ablauf einer bestimmten Frist ist rechtlich nicht überzeugend begründbar. Eine automatische Tilgung lässt sich auch der bisherigen Rechtsprechung des BAG nicht entnehmen.

263

Die Wirksamkeitsdauer der Abmahnung ist allerdings zeitlich begrenzt (vgl. Rz. 246). Diese Frage ist gegebenenfalls im Rahmen eines gerichtlichen Verfahrens zu berücksichtigen, das wegen einer der Abmahnung nachfolgenden Kündigung durchgeführt wird. Hierbei ist im Rahmen der nach dem Kündigungsschutzgesetz vorzunehmenden Interessenabwägung zu prüfen, inwieweit der Arbeitgeber noch auf länger zurückliegende Abmahnungen Bezug nehmen kann, um sein Kündigungsvorbringen zu unterstützen. Eine danach möglicherweise eingeschränkte oder völlig entfallene Auswirkung der Abmahnung kann jedoch regelmäßig keinen Entfernungsanspruch des Arbeitnehmers zur Folge haben. In den beiden Entscheidungen vom 27.1.1988[273] und 13.4.1988[274] hat das BAG betont, dass ein Entfernungsanspruch nur in Ausnahmefällen in Betracht kommen kann, und zwar nicht zuletzt auch wegen des Grundsatzes der Richtigkeit und Vollständigkeit von Personalakten.

264

Zum Entfernungsanspruch des Arbeitnehmers bei unberechtigten Abmahnungen vgl. Abschnitt 9.1.

---

[272] ebenso Berger-Delhey in PersV 1988, 430, 434
[273] siehe oben Fn. 264
[274] siehe oben Fn. 265

> **Praktische Konsequenz:**
>
> Die Wirkung von Abmahnungen ist zeitlich begrenzt. Bestimmte Fristen bestehen nicht. Maßgebend sind die Umstände des Einzelfalles.

6.4   Zeitraum zwischen Abmahnung und Kündigung

265   Von einem Arbeitnehmer, der über längere Zeit hinweg eine mangelhafte Arbeitsweise an den Tag gelegt hat, ohne hierauf hingewiesen worden zu sein, kann im Regelfall nicht erwartet werden, dass er von heute auf morgen sein Verhalten ändert. So wäre z. B. einer Schreibkraft, die wegen unzureichender Schreibleistung abgemahnt wurde, angemessene Zeit einzuräumen, um an einem Schreibkurs teilzunehmen.

266   Das LAG Hamm[275] hat zu Recht festgestellt, der Arbeitgeber müsse bei Minderleistung dem Arbeitnehmer **ausreichend Zeit** und Gelegenheit geben, sein Verhalten zu ändern und seine Arbeitsweise den Anforderungen anzupassen, die der Arbeitgeber an ihn stelle. Daran fehle es, wenn zwischen Abmahnung und Kündigung nur neun Arbeitstage lägen.

267   Unter Hinweis auf diese Entscheidung des LAG Hamm hat das LAG Rheinland-Pfalz[276] ausgeführt, der Arbeitgeber müsse dem Arbeitnehmer nach der Abmahnung „eine angemessen lange Zeitspanne zur Bewährung bzw. zur Leistungssteigerung einräumen", während das LAG Köln[277] die Formulierung wiederholt, dem Arbeitnehmer müsse „ausreichend Zeit und Gelegenheit" gegeben werden, „das missbilligte Verhalten abzustellen".

268   Welcher Zeitraum abzuwarten ist, lässt sich aber nicht generell festlegen. Vielmehr ist der Anlass für die Abmahnung entscheidend[278]. Ein angemessener Zeitraum zur Bewährung muss dem Arbeitnehmer nur bei Leistungsmängeln im eigentlichen Sinne eingeräumt

---

[275] Urt. v. 15.3.1983 = DB 1983, 1930; vgl. auch Wolf a.a.O. (= Fn. 161) S. 127 f.

[276] Urt. v. 26.11.1986 – 10 Sa 604/86 - n.v.

[277] Urt. v. 6.11.1987 = LAGE § 611 BGB Abmahnung Nr. 14

[278] vgl. hierzu auch Hauer a.a.O. (= Fn. 8) S. 118 ff. m.w.N.; Pflaum a.a.O. (= Fn. 8) S. 240; ebenso Urt. d. Hessischen LAG v. 26. 4.1999 = LAGE § 1 KSchG Verhaltensbedingte Kündigung Nr. 71

werden. Bei anderen Leistungsstörungen (z. B. Verletzung der Anzeige- oder Nachweispflicht im Krankheitsfall, Unpünktlichkeit)
weiß der Arbeitnehmer, dass er das entsprechende Fehlverhalten im
Interesse der Erhaltung seines Arbeitsplatzes sofort zu unterlassen
hat. Je eher er nach erfolgter Abmahnung erneut eine gleichartige
Pflichtverletzung begeht, um so naheliegender ist die Vermutung,
dass eine weitere Abmahnung zwecklos und deshalb dem Arbeitgeber nicht mehr zumutbar ist.

Eine Kündigung kann dann ausgesprochen werden, wenn Verhalten   269
oder Leistung des Arbeitnehmers zeigt, dass die Abmahnung ihren
Zweck verfehlt hat. In jedem Fall sollte der Arbeitgeber davon Abstand nehmen, einen „Bewährungszeitraum" festzulegen (vgl.
Rz. 206).

Praktische Konsequenz:

Kündigungen nach Abmahnungen dürfen nicht voreilig ausgesprochen werden, sondern erst dann, wenn die Abmahnung ihren Zweck
verfehlt hat.

Aus Sinn und Zweck der Abmahnung folgt, dass der Zeitraum zwischen Abmahnung und Kündigung nicht zu kurz bemessen sein darf.
Dies gilt jedenfalls bei Leistungsmängeln im eigentlichen Sinn, also
unzureichenden Arbeitsleistungen hinsichtlich Qualität und Quantität.

7 Verhältnis zur Kündigung

7.1 Gleichartigkeit der Vertragsverstöße

Literatur: Sibben, Abschied vom Erfordernis der „einschlägigen" Abmahnung, NZA 1993, 583

270 Im Falle der Notwendigkeit einer Abmahnung ist eine nachfolgende Kündigung nach überwiegender Auffassung im Schrifttum nur dann sozial gerechtfertigt, wenn die Abmahnung einem Fehlverhalten gegolten hat, das auf einer Ebene mit der zum Anlass für die Kündigung genommenen Pflichtverletzung liegt[279]. Der Arbeitgeber kann sich nach dieser Meinung also bei einer verhaltensbedingten Kündigung nur dann auf eine Abmahnung berufen, wenn sie einen **vergleichbaren Sachverhalt** betraf. Andernfalls würde es an der Wiederholung des gerügten Fehlverhaltens bzw. Leistungsmangels fehlen.

271 Das BAG hat ebenfalls die vorgenannte Auffassung vertreten. Es hat dies in einer Entscheidung aus dem Jahre 1985[280] damit begründet, durch eine Abmahnung solle dem Arbeitnehmer Gelegenheit gegeben werden, durch Änderung seines Verhaltens eine Kündigung abzuwenden. Die abgemahnten Leistungsmängel oder Verhaltensweisen könnten erst dann zur Rechtfertigung einer Kündigung herangezogen werden, wenn nach der Abmahnung zumindest ein Leistungs- oder Verhaltensmangel der gerügten Art auftritt. In dem entschiedenen Fall war der Arbeitnehmer dreimal abgemahnt worden, nämlich wegen Arbeitszeitverstößen, dem Nichterscheinen zu Besprechungsterminen und der nicht termingerechten Fertigstellung

---

[279] vgl. Becker-Schaffner in DB 1985, 650 und in ZTR 1999, 105, 109; Bengelsdorf in Arbeitsrechtslexikon, Abmahnung, IV 2; von Hoyningen-Huene in RdA 1990, 193, 207 f.; Berger-Delhey in PersV 1988, 430, 434; Schmid in NZA 1985, 409, 411; Hauer a.a.O. (= Fn. 8) S. 112 ff. m.w.N.; Pflaum a.a.O. (= Fn. 8) S. 234 ff.; KR-Fischermeier, 6. Aufl. 2002, § 626 BGB Rz. 269; a.A. Sibben in NZA 1993, 583

[280] Urt. v. 27. 2.1985 = RzK Abmahnung Nr. 5

eines Berichtes. Nach der Ansicht des BAG rechtfertigten selbst drei Abmahnungen bei einer erneuten Verfehlung des Arbeitnehmers eine Kündigung nicht, wenn die erneute Verfehlung mit keiner der abgemahnten Pflichtverstöße der Art nach vergleichbar sei.

In einem weiteren Urteil[281], dem eine Kündigung wegen häufiger Unpünktlichkeiten nach mehrfachen Abmahnungen zugrunde lag, hat das BAG Folgendes ausgeführt:

„Die letzte Verspätung des Klägers vor Ausspruch der Kündigung unterscheidet sich zwar in ihrem äußeren Verlauf von den früheren Unpünktlichkeiten, indem er sich nicht zu Schichtbeginn verspätet, sondern einen ihm gestatteten späteren Dienstantritt nach dem Vortrag der Beklagten nicht unerheblich überzogen hat. Dieses Verhalten kann aber gleichwohl ebenfalls auf den Tatbestand der ‚Unpünktlichkeit` zurückgeführt werden, wegen der der Kläger mehrfach vergeblich abgemahnt worden ist. Dem Kläger konnte und musste aufgrund der vorhergehenden Abmahnungen klar sein, dass die Beklagte auch eine Unpünktlichkeit in dieser Form nicht dulden und nicht sanktionslos hinnehmen werde.“

Später hat das BAG in einer Entscheidung die Formulierung verwendet, Pflichtverletzungen im Leistungsbereich könnten nur dann einen verhaltensbedingten Kündigungsgrund abgeben, wenn der Arbeitnehmer vorher wegen „gleichartigen Fehlverhaltens“ abgemahnt worden sei. Abmahnung und Kündigung müssten „in einem inneren Zusammenhang stehen“[282].

Aus der Rechtsprechung der Instanzgerichte sind folgende Entscheidungen bekannt geworden:

Das LAG Hamm hat die Auffassung vertreten, ein Fehlverhalten des Arbeitnehmers, dessentwegen eine Abmahnung erfolgt sei, könne nur unter der weiteren Bedingung als „erledigt“ angesehen werden, dass sich der Arbeitnehmer in Zukunft „in der angesprochenen Beziehung“ einwandfrei verhalte. Andernfalls könne das abgemahnte Verhalten für eine Kündigung mit herangezogen werden[283].

272

273

274

275

---

[281] Urt. v. 17. 3.1988 - AP Nr. 99 zu § 626 BGB
[282] Urt. v. 16. 1.1992 – 2 AZR 412/91 - n.v.
[283] Urt. v. 4.12.1980 = ARSt. 1983, 14 (L)

In einer weiteren Entscheidung hat dasselbe Gericht angenommen, eine Abmahnung werde dann nicht nach Ablauf von zwei Jahren wirkungslos, wenn dem Arbeitnehmer während des zweijährigen Zeitraums eine weitere Abmahnung wegen einer „gleichen oder gleichartigen Arbeitsvertragsverletzung" erteilt worden sei. In diesem Fall trete die Wirkungslosigkeit der ersten Abmahnung nicht vor Ablauf von zwei Jahren seit der zweiten Abmahnung ein[284].

276   Das LAG Rheinland-Pfalz vertritt den Standpunkt, die Abmahnung müsse einem Fehlverhalten gegolten haben, das auf einer Ebene mit der zum Anlass der Kündigung genommenen Vertragswidrigkeit liege. Denn wenn die Abmahnung zur Einstellung des gerügten Verhaltens führe, habe sie grundsätzlich ihre Funktion erfüllt und könne für weitergehende Sanktionen keine Handhabe mehr geben. Etwas anderes könne gelten, wenn die Abmahnung mehrere, verschiedenartige Vertragsverletzungen zum Gegenstand habe oder Ausdruck einer allgemeinen Unzufriedenheit mit dem Leistungs- oder Ordnungsverhalten des Arbeitnehmers sei[285].

277   Nach der Ansicht des LAG Schleswig-Holstein muss der Arbeitnehmer „einschlägig" abgemahnt worden sein[286]. Daran fehle es, wenn die Abmahnung wegen Entzugs der Fahrerlaubnis aufgrund Alkoholgenusses erfolgt sei, diesmal aber dem Arbeitnehmer Verkehrsunfallflucht als Ursache für den Entzug des Führerscheins angelastet werde. Der Wiederholungsfall, der auf eine Abmahnung folge, müsse „gleichartig" sein.

278   Das LAG Berlin hat angenommen, das mehrfache zu späte Aufsuchen und zu frühe Verlassen des Arbeitsplatzes, das vorzeitige Verlassen einer Baustelle sowie Kartenspielen während der Arbeitszeit seien gleichartige Pflichtverletzungen. Die eigenmächtigen Arbeitsbummeleien des Klägers und das Kartenspielen stünden in einem inneren Zusammenhang und stellten sich insgesamt als beharrliche Arbeitsverweigerung dar[287]. Diese Betrachtungsweise überzeugt.

---

[284] Urt. v. 14.5.1986 = LAGE § 611 BGB Abmahnung Nr. 2

[285] Urt. v. 5. 11.1982 = DB 1983, 1554

[286] Urt. v. 16.6.1986 = NZA 1987, 669; ebenso Urt. d. LAG Köln v. 7.10.1987 = LAGE § 1 KSchG Verhaltensbedingte Kündigung Nr. 15

[287] Urt. v. 18.1.1988 = LAGE § 626 BGB Nr. 31

In diese Richtung gehen auch zwei neuere zweitinstanzliche Entscheidungen. Das LAG Berlin[288] hat zutreffend entschieden, unberechtigtes Fehlen und berechtigtes, aber nicht rechtzeitig angezeigtes Fernbleiben von der Arbeit seien gleichartige Pflichtverletzungen. Gleiches hat das Hessische LAG[289] in einem Fall angenommen, bei dem der Arbeitnehmer zunächst wegen Verletzung der Anzeigepflicht bei Krankheit abgemahnt worden war und sich sodann zu einem späteren Zeitpunkt weigerte, während der Arbeitszeit zu einem Gespräch mit dem Vorgesetzten zu erscheinen.

279

Zuspätkommen bzw. unentschuldigtes Fehlen einerseits sowie Nebenpflichtverstöße während einer Krankheit andererseits liegen nach einer rechtskräftigen Entscheidung des Arbeitsgerichts Wiesbaden nicht auf der gleichen Ebene[290].

280

Die Rechtsprechung ist zum Teil bedenklich. Ein zu enger Maßstab darf nicht angelegt werden[291]. Insbesondere die Urteile des BAG[(280)] und des LAG Schleswig-Holstein[(286)] machen deutlich, dass eine derart eingeschränkte Betrachtungsweise zu unbefriedigenden Ergebnissen führt.

281

Beachte:

Eine Identität von Abmahnungs- und Kündigungssachverhalt ist nicht erforderlich und in der Praxis nur selten gegeben. „Gleichartigkeit" im weiteren Sinne muss vielmehr genügen.

Durch eine solche Rechtsprechung werden Arbeitnehmer, die sich verschiedenartige Pflichtverletzungen zuschulden kommen lassen, in einer nicht zu rechtfertigenden Weise vor Kündigungen geschützt. Der Arbeitnehmer, der zuerst zu spät kommt, beim nächsten Mal sein Fehlen nicht entschuldigt und nach einigen weiteren Wochen volltrunken zur Arbeit erscheint – dabei jedes mal abgemahnt wird ,

282

---

[288] Urt. v. 5.12.1995 = LAGE § 1 KSchG Verhaltensbedingte Kündigung Nr. 52

[289] Urt. v. 7.7.1997 = LAGE § 626 BGB Nr. 115

[290] Urt. v. 14.11.1984 = BB 1985, 733

[291] ebenso Schmid in NZA 1985, 409, 411; Hunold in BB 1986, 2050, 2055; vgl. auch von Hoyningen-Huene in RdA 1990, 193, 207, der die Entsch. d. LAG Schleswig-Holstein (= Fn. 286) ablehnt; ebenso Pflaum a.a.O. (= Fn. 8) S. 237, 239

könnte in ähnlicher Form immer weitermachen, ohne kündigungsrechtliche Folgen befürchten zu müssen. Anders ausgedrückt: Der „Phantasiereichtum" des Arbeitnehmers, der sich immer wieder eines anderen Fehlverhaltens schuldig macht, würde belohnt, wenn der Arbeitgeber nicht mit einer Kündigung reagieren könnte[292].

283   Hauer[293] meint, eine Abmahnung könne nur dann eine spätere Kündigung rechtfertigen, „wenn der von der Abmahnung erfaßte Sachverhalt sich wiederholt hat". Die Annahme eines Wiederholungsfalles erfordere eine „Ähnlichkeit" zwischen dem abgemahnten und dem der Kündigung zugrundeliegenden Sachverhalt. Dies sei bei Selbstbeurlaubung, unentschuldigtem Fehlen und Unpünktlichkeit gegeben. Dasselbe gelte im Vertrauensbereich für Beleidigungen und die Nichtausführung von Anweisungen.

284   Nach von Hoyningen-Huene[294] sind Pflichtverletzungen gleichartig, wenn sie unter einem einheitlichen Gesichtspunkt zusammengefasst werden können. Ein solcher übergeordneter Gesichtspunkt sei z. B. die Verletzung der arbeitsvertraglichen Hauptleistungspflicht, nämlich die Leistung der geschuldeten Dienste. Deswegen lägen Zuspätkommen, zu früh gehen, Unpünktlichkeit und sonstige zeitliche Unzuverlässigkeiten auf einer Ebene.

285   Noch weitergehend ist die zutreffend begründete Auffassung von Kammerer[295], der sich wie folgt äußert:
„Die Frage, aufgrund welcher Umstände oder Merkmale ein bestimmtes Verhalten ,vergleichbar' sein soll, lässt sich nicht zwingend beantworten. Die Abmahnung will das Gläubigerrecht des Arbeitgebers wahren und den Arbeitnehmer auf einen objektiven Vertragsverstoß hinweisen (Rügefunktion). Beanstandet wird ein Verstoß gegen vertragliche Haupt- oder Nebenpflichten. Deshalb ist unerheblich, ob die beanstandeten Vertragsverletzungen miteinander vergleichbar sind oder nicht. Jeder erneute Verstoß gegen vertragliche Pflichten stellt einen ,Wiederholungsfall' fehlender Vertragstreue dar. Eine andere Frage ist, ob die trotz vorheriger Abmahnung wiederholte Vertrags-

---

[292] zust. Wolf a.a.O. (= Fn. 161) S. 147 f.

[293] a.a.O. (= Fn. 8) S. 116 f.

[294] in RdA 1990, 193, 208; ebenso Urt. d. Hessischen LAG v. 7.7.1997 (= Fn. 289)

[295] a.a.O. (= Fn. 166) S. 145; ähnlich Sibben in NZA 1993, 583, 586

pflichtverletzung zu kündigungsrechtlichen Maßnahmen berechtigt und eine vom Arbeitgeber ausgesprochene außerordentliche oder ordentliche Kündigung wirksam und sozial gerechtfertigt ist. Das beurteilt sich nach den allgemeinen kündigungsrechtlichen Grundsätzen (ultimaratio-prinzip) und den für eine Interessenabwägung bedeutsamen Regeln.*

Für die Praxis sollte aus den vorstehenden Überlegungen die Folgerung gezogen werden, arbeitsrechtliche Konsequenzen nicht nur für ein ganz konkretes Fehlverhalten anzukündigen, sondern die **Androhung** so weit wie möglich zu **verallgemeinern** (vgl. die Muster). Die Formulierung „Sollten Sie nochmals zu spät kommen ..." macht nur im entsprechenden Wiederholungsfall eine Abmahnung „einschlägig". Der Arbeitgeber hat dann nämlich nur für ein erneutes Zuspätkommen des Arbeitnehmers arbeitsrechtliche Folgen in Aussicht gestellt. Andere Vertragsverstöße würden von einer Abmahnung dieses Inhalts nicht erfasst und machten eine erneute Kündigungsandrohung erforderlich[296].

286

Hat die Abmahnung mehrere, verschiedenartige Vertragsverletzungen zum Gegenstand oder ist sie die Folge einer allgemeinen Unzufriedenheit mit den Leistungen bzw. dem Verhalten des Arbeitnehmers, so kann unter Umständen etwas anderes gelten[297], nämlich in dem Sinne, dass bei erneuten Beanstandungen eine Kündigung gerechtfertigt sein kann. In solchen Fällen sollte dies auch bei der Androhung arbeitsrechtlicher Konsequenzen entsprechend zum Ausdruck gebracht werden. Der Hinweis „Sollten sich diese oder ähnliche Pflichtverletzungen wiederholen ..." macht deutlich, dass der Arbeitgeber auch bei ähnlichen Verstößen des Arbeitnehmers gegen seine Vertragspflichten Konsequenzen zu ziehen gewillt ist.

287

Auch die rechtliche Begründung und die Zweckbestimmung der Abmahnung sprechen gegen eine zu enge Betrachtungsweise. Ein Arbeitnehmer, der fortlaufend andersartige Vertragsverstöße begeht, kann sich im Falle einer Kündigung nicht darauf berufen, er sei noch

288

---

[296] ebenso Sibben in NZA 1993, 583, 587

[297] vgl. Urt. d. LAG Rheinland-Pfalz v. 5.11.1982 = DB 1983, 1544; vgl. auch Urt. d. LAG Hamm v. 27. 5.1992 = LAGE § 1 KSchG Verhaltensbedingte Kündigung Nr. 38; Bader in ZTR 1999, 200, 204

nicht einschlägig abgemahnt worden und habe mit einer solchen Reaktion des Arbeitgebers nicht rechnen müssen. Das gilt jedenfalls dann, wenn die arbeitsrechtliche Konsequenz in allgemeiner Form angekündigt worden ist (vgl. Abschnitt 4.2).

> **Praktische Konsequenz:**
>
> Die Androhung arbeitsrechtlicher Konsequenzen sollte nicht auf einen bestimmten Wiederholungsfall beschränkt werden.

289 Der Anlass für die Kündigung darf im Vergleich zum Abmahnungssachverhalt nicht von untergeordneter Bedeutung sein. Wer wegen einer Belanglosigkeit kündigt und zuvor eine erhebliche Pflichtverletzung nur abgemahnt hat, reagiert unverhältnismäßig.

> **Praktische Konsequenz:**
>
> Abmahnung und Kündigung müssen nicht nur zeitlich, sondern auch inhaltlich in einem angemessenen Verhältnis zueinander stehen.

7.2 Anzahl der Abmahnungen

290 Die Frage, ob mehrere Abmahnungen notwendig sind, bevor eine Kündigung Aussicht auf Erfolg hat, lässt sich nicht allgemeingültig, sondern nur unter Berücksichtigung der jeweiligen Umstände des Einzelfalles beantworten[298].

291 Bei hohem sozialen Bestandsschutz des Arbeitnehmers können durchaus mehrere Abmahnungen erforderlich sein, bevor der Arbeitgeber mit guten Chancen von seinem Kündigungsrecht Gebrauch machen kann[299]. Dies gilt insbesondere bei Arbeitnehmern, die aufgrund tarifrechtlicher Vorschriften „unkündbar" sind, denen

---

[298] ähnlich Hunold in BB 1986, 2050, 2054; vgl. auch Meyer a.a.O. (= Fn. 8) S. 41 ff.; Bengelsdorf, Arbeitsrechtslexikon, Abmahnung IV 3; Hauer a.a.O. (= Fn. 8) S. 131; Pflaum a.a.O. (= Fn. 8) S. 246 ff.; Koffka a.a.O. (= Fn. 161) S. 130 f.

[299] vgl. Urt. d. ArbG Kassel v. 12.12.1978 = BB 1979, 325; vgl. auch Sibben in NZA 1993, 583, 586

also nur noch aus wichtigem Grund gekündigt werden kann. So hat z.B. das LAG Hamm[300] entschieden, trotz vorangehender einschlägiger Abmahnung könne nach dem Grundsatz der Verhältnismäßigkeit ausnahmsweise vor Ausspruch einer verhaltensbedingten Kündigung wegen Arbeitsverweigerung eine erneute Abmahnung im Sinne einer „letzten Warnung" geboten sein, wenn das Arbeitsverhältnis langjährig (18 Jahre) störungsfrei verlaufen ist und die Weigerungshaltung des Arbeitnehmers allein auf arbeitsbedingten Problemen in der Zusammenarbeit mit einem Kollegen beruht.

Andererseits muss vor zu zahlreichen Abmahnungen gewarnt werden, da mit zunehmender Häufigkeit die Abmahnungen an Gewicht verlieren und beim Arbeitnehmer der unter Umständen berechtigte Eindruck entstehen kann, die Ankündigung arbeitsrechtlicher Konsequenzen sei nur eine **leere Drohung**[301].

292

Übertriebene Geduld und Nachsicht sowie zu weitgehendes soziales Verständnis können hier durchaus fehl am Platze sein. Der Arbeitgeber darf seine Glaubwürdigkeit nicht aufs Spiel setzen, indem er immer wieder arbeitsrechtliche Schritte ankündigt und diese im Wiederholungsfall dann doch nicht realisiert. Es empfiehlt sich, bei weiteren Abmahnungen die Formulierungen in sprachlicher Hinsicht zu verschärfen, um den Eindruck widersprüchlichen Verhaltens zu entkräften (vgl. hierzu auch die beiden nachfolgenden Muster)[302].

Praktische Konsequenz:

Sofern sich der Arbeitgeber zu einer letztmaligen Abmahnung entschließt, muss er sich darüber im Klaren sein, dass er bei einem erneuten kündigungsrelevanten Fehlverhalten des Arbeitnehmers die Kündigung aussprechen muss. Andernfalls kann ihm der Einwand der Verwirkung entgegengehalten werden.

293

294

---

[300] Urt. v. 25.9.1997 = LAGE § 1 KSchG Verhaltensbedingte Kündigung Nr. 59

[301] vgl. Urt. d. LAG Rheinland-Pfalz v. 26.11.1986 – 10 Sa 604/86 – n.v.; vgl. auch Bengelsdorf, Arbeitsrechtslexikon, Abmahnung IV 5 sowie Urt. d. BAG v. 15.11.2001 – 2 AZR 609/00 –

[302] so zutreffend von Hoyningen-Huene in RdA 1990, 193, 208

Zwei Kriterien sind von ausschlaggebender Bedeutung: der Abmahnungssachverhalt und die Dauer der Betriebszugehörigkeit des Arbeitnehmers.

Praktische Konsequenz:

Eine Abmahnung ist nicht immer ausreichend.

Zu viele Abmahnungen können aber Rechtsnachteile zur Folge haben.

Je gravierender der Sachverhalt, um so weniger wird dem Arbeitgeber eine zweite Abmahnung zumutbar sein; je länger die Beschäftigungszeit des Arbeitnehmers, um so mehr wird die Fürsorgepflicht eine weitere Abmahnung gebieten[303].

Muster: *Wiederholte Abmahnung*

Vorbemerkung:

Bei einer wiederholten Abmahnung ist in jedem Fall auf die vorangegangene Abmahnung Bezug zu nehmen und diese datumsmäßig mit kurzer Inhaltsangabe zu benennen. Wiederholte Abmahnungen kommen insbesondere bei Arbeitnehmern in Betracht, die schon länger im Betrieb tätig sind. Zu häufige Abmahnungen sind gefährlich, da die Rücksichtnahme des Arbeitgebers in solchen Fällen von den Arbeitsgerichten häufig zu dessen Nachteil ausgelegt wird.

Wiederholte Abmahnung   **Datum**

Sehr geehrte/r Frau/Herr

Am ...... mussten wir Sie wegen unentschuldigten Fernbleibens von Ihrer Arbeit schriftlich abmahnen. Wir haben Sie damals darauf hingewiesen, dass Sie bei erneuten Pflichtverletzungen mit einer Kündigung Ihres Arbeitsverhältnisses rechnen müssen.

In der vergangenen Woche, nämlich am ......, sind Sie erneut nicht zur Arbeit erschienen, ohne uns über den Grund Ihres Fernbleibens unterrichtet zu haben.

Wir weisen Sie mit allem Nachdruck darauf hin, dass durch diese wiederholte Pflichtverletzung der Bestand Ihres Arbeitsverhältnisses in hohem Maße gefährdet ist. Ausschließlich mit Rücksicht

---

[303] ebenso Bengelsdorf, Arbeitsrechtslexikon, Abmahnung VIII

> auf Ihre familiären / persönlichen / wirtschaftlichen Verhältnisse sehen wir zum jetzigen Zeitpunkt davon ab, das Arbeitsverhältnis zu kündigen. Wir weisen Sie jedoch ausdrücklich darauf hin, dass Sie mit einer Beendigung des Arbeitsverhältnisses rechnen müssen, wenn Sie erneut Anlass zu Beanstandungen geben sollten.
> Mit freundlichen Grüßen

Letztmalige Abmahnung   Muster:

Vorbemerkung:

Wer als Arbeitgeber „letztmals" abmahnt, setzt sich in Zugzwang. Er muss sich darüber im Klaren sein, dass er bei erneutem Fehlverhalten des Arbeitnehmers kündigen muss, wenn er sich selbst nicht unglaubwürdig und die bislang erfolgten Abmahnungen nicht wertlos machen will.

Letztmalige Abmahnung   **Datum**

Sehr geehrte/r Frau/Herr

Bereits mit Schreiben vom .... und .... mussten wir Sie wegen alkoholbedingten Fehlverhaltens abmahnen.

Offensichtlich haben unsere deutlichen Hinweise bei Ihnen nicht den erhofften Erfolg gehabt. Wir mussten kürzlich feststellen, dass Sie am .... während Ihrer Arbeitszeit trotz des ausdrücklich bestehenden betrieblichen Alkoholverbotes erneut unter Alkoholeinfluss standen. Sie wurden dabei beobachtet, wie Sie gegen 10.00 Uhr aus einer Kognak-Flasche getrunken haben. Außerdem haben Sie ohne ersichtlichen Grund den Monteur der Fa. Auto-Heinz angebrüllt und ihm mit undeutlicher Sprache vorgeworfen, was ihm einfiele, so kurz vor Feierabend in die Geschäftsräume zu kommen, obwohl es erst etwa 14.30 Uhr war. Der Monteur hat sich wegen Ihres Verhaltens bei Ihrem zuständigen Meister beschwert und hierbei geäußert, dass Sie angetrunken gewesen seien.

Wir sind nicht mehr bereit, dieses untragbare Verhalten länger hinzunehmen. Ausschließlich aus sozialen Gründen sehen wir heute davon ab, Ihnen zu kündigen. Sie werden hiermit letztmals abgemahnt mit dem ausdrücklichen Hinweis, dass Ihr Arbeitsverhältnis bei dem nächsten Fehlverhalten unweigerlich gekün-

> digt wird und Sie mit weiterer Nachsicht nicht mehr rechnen
> können.
>
> Mit freundlichen Grüßen

7.3 Verzicht auf Kündigung durch Abmahnung

295 Es ist nicht zulässig, wegen desselben Sachverhalts den Arbeitnehmer abzumahnen und kurz darauf zu kündigen. Dies hat das BAG entschieden[304]. Nach dem Sachverhalt war einem Piloten, der ohne Genehmigung der Geschäftsleitung wiederholt Passagiere befördert hatte, zunächst eine Abmahnung erteilt worden, in dem ihm „letztmalig" das Mitnehmen von Fluggästen untersagt wurde. Vier Tage später wurde der Arbeitnehmer entlassen, und zwar mit derselben Begründung.

Das BAG hat zutreffend darauf hingewiesen, in diesem Fall könne der Arbeitgeber eine spätere Kündigung nicht allein auf die abgemahnten Gründe stützen, sondern hierauf nur dann unterstützend zurückgreifen, wenn weitere kündigungsrechtlich erhebliche Umstände eintreten oder ihm nachträglich bekannt werden.

296 Nimmt der Arbeitgeber ein bestimmtes Verhalten des Arbeitnehmers zum Anlass für eine Abmahnung, so gibt er damit zu erkennen, dass er dieses Verhalten noch nicht als für eine Kündigung ausreichend ansieht, jedenfalls aber eine Beendigung des Arbeitsverhältnisses nicht herbeiführen, sondern lediglich in Aussicht stellen will. Zugleich räumt er mit der Abmahnung dem Arbeitnehmer eine Bewährungschance ein[305]. Aus diesem Grund wäre es ein Verstoß gegen Treu und Glauben, nämlich ein widersprüchliches Verhalten (venire contra factum proprium), wenn der Arbeitgeber zunächst abmahnt und danach wegen derselben Gründe doch kündigt[306]. Aus der Funktion der Abmahnung folgt eine Selbstbindung des Arbeitgebers in der Weise, dass er nach erfolgter Abmahnung nicht auch

---

[304] Urt. v. 10.11.1988 - AP Nr. 3 zu § 1 KSchG 1969 Abmahnung; zust. v. Hoyningen-Huene in RdA 1990, 193, 208, 209; Schaub in NJW 1990, 872, 876; Hauer a.a.O. (= Fn. 8) S. 132 f.; Koffka a.a.O. (= Fn. 161) S. 137/138

[305] Urt. d. LAG Köln v. 7.10.1987 (= Fn. 286); Urt. d. LAG Köln v. 6. 11.1987 = LAGE § 611 BGB Abmahnung Nr. 14

[306] ebenso Koffka a.a.O. (= Fn. 161) S. 138

noch wegen des bereits abgemahnten Verhaltens eine Kündigung aussprechen darf. In der Abmahnung liegt quasi ein **Kündigungsverzicht**[307].

Tschöpe[308] macht zu Recht darauf aufmerksam, dass es unter Berücksichtigung dieser Rechtsprechung für den Arbeitgeber nachteilig sein kann, die Abmahnungsbefugnis im Betrieb hierarchisch weit nach unten zu delegieren, ohne dass dem die Kündigungsbefugnis folgt (vgl. hierzu Abschnitt 5.2 mit Muster). Der Arbeitgeber kann sich dadurch nämlich selbst in der Prüfungsmöglichkeit beschränken, ob ein bestimmter Sachverhalt nicht doch zur Kündigung – und nicht nur zur Abmahnung – gereicht hätte.

297

---

[307] so auch Urt. d. ArbG Wiesbaden v. 14.11.1984 = BB 1985, 733; zum Verhältnis der außerordentlichen zur ordentlichen Kündigung vgl. Urt. d. LAG Baden-Württemberg vom 2. 3.1988 = LAGE § 626 BGB Nr. 37

[308] in NZA Beil. 2/1990, S. 12

8 Abmahnung und Betriebsrat (Personalrat)

8.1 Beteiligung des Betriebsrats (Personalrats)

Literatur: Beckerle, Zur Beteiligung des Personalrates bei Abmahnungen, PersV 1989, 150; Dedert, Zuständigkeit der Einigungsstelle für Abmahnungen, BB 1986, 320

298 Die Abmahnung ist sowohl im Geltungsbereich des Betriebsverfassungsgesetzes als auch im Rahmen des Bundespersonalvertretungsgesetzes nach ganz herrschender Auffassung **mitbestimmungsfrei**[309]. Es handelt sich hierbei **nicht** um eine Maßnahme im Sinne des § 87 Abs. 1 Nr. 1 BetrVG bzw. des § 75 Abs. 3 Nr. 15 BPersVG, wonach Regelungen der Ordnung im Betrieb/in der Dienststelle und Regelungen des Verhaltens der Arbeitnehmer der Zustimmung des Betriebsrates bzw. Personalrates bedürfen. Die Abmahnung ist keine kollektivrechtliche Maßnahme, sondern eine aus der Gläubigerstellung des Arbeitgebers abzuleitende individualrechtliche Rüge eines bestimmten Fehlverhaltens des Arbeitnehmers.

8.2 Die Rechtslage in den einzelnen Bundesländern

Anders ist die Rechtslage zum Teil im Geltungsbereich der Landespersonalvertretungsgesetze. Im Einzelnen gilt hier Folgendes:

---

[309] vgl. Urt. d. BAG v. 30.1.1979 - AP Nr. 2 zu § 87 BetrVG 1972 Betriebsbuße; Urt. d. BAG v. 7.11.1979 - AP Nr. 3 zu § 87 BetrVG 1972 Betriebsbuße; vgl. f.d. Personalvertretungsrecht Beschl. d. BAG v. 23 10.1984 - AP Nr. 82 zu Art. 9 GG Arbeitskampf; Beschl. d. BVerwG v. 23.8.1982 = PersV 1983, 375; aus dem Schrifttum vgl. Schmid in NZA 1985, 409, 414; Hunold in BB 1986, 2050, 2055; Falkenberg in NZA 1988, 489, 492; Berger-Delhey in PersV 1988, 430, 433; Beckerle in PersV 1989, 150 ff.; von Hoyningen-Huene in RdA 1990, 193, 202; Kraft in NZA 1989, 777, 781; Pflaum a.a.O. (= Fn. 8) S. 249 ff.; Koffka a.a.O. (= Fn. 161) S. 120 ff.

8.1.1   Baden-Württemberg

Nach § 80 Abs. 1 Nr. 8 Buchst. c des Personalvertretungsgesetzes für das Land Baden-Württemberg (Landespersonalvertretungsgesetz – LPVG) hat der Personalrat bei Erteilung schriftlicher Abmahnungen mitzuwirken, wenn der Arbeitnehmer dies beantragt. Der Arbeitnehmer ist von der beabsichtigten Abmahnung in Kenntnis zu setzen und auf sein Antragsrecht hinzuweisen. Mitwirkungsfrei sind demnach mündlich erteilte Abmahnungen. Gleichfalls werden vom Wortlaut des Gesetzes z.B. auch Aktenvermerke über mündlich erteilte Abmahnungen nicht erfasst.

299

8.1.2   Bayern

Das Bayerische Personalvertretungsgesetz (BayPVG) enthält keine irgendwie geartete Regelung der Beteiligung des Personalrats im Zusammenhang mit Abmahnungen.

300

8.1.3   Berlin

Das Personalvertretungsgesetz (PersVG) des Landes Berlin sieht lediglich bei Verhängung von Disziplinarmaßnahmen ein Mitbestimmungsrecht des Personalrats vor (§ 87 Nr. 8 PersVG). Abmahnungen sind jedoch keine „Disziplinarmaßnahmen". Darunter sind nur beamtenrechtliche Maßnahmen zu verstehen, nicht aber auf dem Arbeitsrecht beruhende individualrechtliche Rügen des Arbeitgebers. Deshalb besteht in Berlin kein Beteiligungsrecht des Personalrats bei Abmahnungen.

301

8.1.4   Brandenburg

Das Personalvertretungsgesetz für das Land Brandenburg (Landespersonalvertretungsgesetz – PersVG) sieht demgegenüber ein Mitwirkungsrecht des Personalrats bei Abmahnungen vor (§ 68 Abs. 1 Nr. 1 PersVG). Dies gilt unabhängig davon, ob die Abmahnung schriftlich oder mündlich erfolgt.

302

8.1.5   Bremen

Das Bremische Personalvertretungsgesetz enthält in § 52 Abs. 1 Satz 1 eine Generalklausel: Danach hat der Personalrat die Aufgabe, für alle in der Dienststelle weisungsgebunden tätigen Personen in allen sozialen, personellen und organisatorischen Angelegenheiten

303

gleichberechtigt mitzubestimmen. Eine Abmahnung ist jedoch keine personelle Angelegenheit in dem vorgenannten Sinne. Der Zustimmung des Personalrats unterliegen nämlich nur Regelungen mit Maßnahmecharakter (§ 58 BremPersVG). Dabei handelt es sich um solche, die eine Veränderung des bestehenden Zustandes bewirken (z.B. Einstellung, Versetzung, Höhergruppierung). Die Abmahnung hat jedoch keine unmittelbaren praktischen Auswirkungen, denn sie macht lediglich dem Arbeitnehmer eine Pflichtverletzung zum Vorwurf und droht für den Wiederholungsfall arbeitsrechtliche Konsequenzen an, ohne dass die Abmahnung selbst schon arbeitsrechtliche Konsequenzen hätte. Die Abmahnung ist daher keine Maßnahme im Sinne des § 58 BremPersVG und folglich nicht mitbestimmungspflichtig[310].

8.1.6 Hamburg

304 Der Personalrat hat nach § 87 Abs. 1 Nr. 20 des Hamburgischen Personalvertretungsgesetzes (HmbPersVG) ein Mitbestimmungsrecht „bei Erlass einer Disziplinarverfügung und Ausspruch einer schriftlichen Missbilligung".

Die einem Angestellten schriftlich erteilte Abmahnung arbeitsvertragswidrigen Verhaltens stellt nach einem Beschluss des VG Hamburg[311] keinen mitbestimmungspflichtigen „Ausspruch einer schriftlichen Missbilligung" im Sinne von § 87 Abs. 1 Nr. 20 HmbPersVG dar. Diese Auffassung hat das OVG Hamburg bestätigt[312]. Unter den genannten Mitbestimmungstatbestand fällt nur die schriftliche missbilligende Äußerung eines Dienstvorgesetzten, durch die einem Beamten ein Dienstvergehen zur Last gelegt wird, nicht aber eine arbeitsrechtliche Abmahnung.

8.1.7 Hessen

305 Das Hessische Personalvertretungsgesetz (HPVG) enthält keine Regelung, wonach der Personalrat bei einer Abmahnung zu beteiligen wäre.

---

[310] Urt. des BAG v. 23.10.1984 (= Fn. 309); Beschl. d. BVerwG v. 10.1.1983 = PersV 1983, 507

[311] Beschl. v. 16. 3.1990 = PersR 1990, 381

[312] Beschl. v. 10. 6.1991 = PersR 1992, 255

8.1.8   Mecklenburg-Vorpommern

Ein Mitwirkungsrecht des Personalrats besteht nach § 68 Abs. 2   306
Nr. 5 des Personalvertretungsgesetzes für das Land Mecklenburg-
Vorpommern (Personalvertretungsgesetz – PersVG –) bei der Einleitung eines förmlichen Disziplinarverfahrens. Auch dabei handelt
es sich um eine beamtenrechtliche Maßnahme. Abmahnungen werden hiervon nicht erfasst und unterliegen daher nicht der Beteiligung des Personalrats.

8.1.9   Niedersachsen

Nach § 75 Abs. 1 des Personalvertretungsgesetzes für das Land Nie-   307
dersachsen (NPersVG) hat die Dienststelle bei verschiedenen Maßnahmen das Benehmen mit dem Personalrat herzustellen. Hierzu
gehören auch Abmahnungen, wenn die Beteiligung beantragt wird;
die Dienststelle hat auf das Antragsrecht des Arbeitnehmers, der
abgemahnt werden soll, rechtzeitig hinzuweisen (§ 75 Abs. 1 Nr. 2
NPersVG). Das Verfahren zur Herstellung des Benehmens ist in § 76
NPersVG geregelt.

8.1.10   Nordrhein-Westfalen

Nach § 74 Satz 1 des Personalvertretungsgesetzes für das Land   308
Nordrhein-Westfalen (Landespersonalvertretungsgesetz – LPVG) ist
dem Personalrat vor Abmahnungen Gelegenheit zur Stellungnahme
zu geben. Hat der Personalrat Bedenken, so hat er sie unter Angabe
der Gründe dem Leiter der Dienststelle unverzüglich, spätestens
innerhalb von drei Arbeitstagen nach seiner Unterrichtung, schriftlich mitzuteilen.

Die Ansicht des LAG Köln[313], es spreche vieles dafür, dass unter   309
Berücksichtigung des § 74 LPVG die vorherige Anhörung des Personalrates Wirksamkeitsvoraussetzung einer Abmahnung sei, überzeugt nicht. Ob die Verletzung dieses Beteiligungsrechts durch den
Dienststellenleiter ohne weiteres die Unwirksamkeit der Abmahnung zur Folge hat, lässt sich dem Gesetz unmittelbar nicht entnehmen. Üblicherweise ist nur bei der Verletzung von Mitbestim-
mungsrechten des Personalrats von der Unwirksamkeit der Maßnahme auszugehen, es sei denn, es besteht ausdrücklich eine hiervon

---

[313] Urt. v. 28.3.1988 = LAGE § 611 BGB Abmahnung Nr. 10

abweichende Regelung (wie z.B. in § 72a Abs. 3 LPVG, wonach eine ohne Beteiligung des Personalrats ausgesprochene Kündigung unwirksam ist).

310 Ebenfalls zu § 74 LPVG hat das OVG Nordrhein-Westfalen in zwei Entscheidungen die Auffassung vertreten, eine vom Arbeitgeber vorgenommene schriftliche **Missbilligung** sei keine Abmahnung im Sinne der genannten Vorschrift[314]. Der Beschluss vom 5.8.1991 betraf die missbilligende Äußerung eines Dienstvorgesetzten gegenüber einem Beamten. Der Beschluss vom 11.3.1992 hatte eine Missbilligung zum Gegenstand, die der Arbeitgeber gegenüber einer Angestellten wegen wiederholter Verletzung ihrer Anzeige- und Nachweispflicht im Krankheitsfall ausgesprochen hatte. Das Schreiben endete mit den Worten: „Ich missbillige Ihr Verhalten ausdrücklich und ersuche Sie, sich künftig im Rahmen der Tarifregeln korrekt zu verhalten. Anderenfalls muss ich mir weitere Schritte vorbehalten." Das OVG hat den zutreffenden Standpunkt vertreten, bei diesem Schreiben handele es sich nicht um eine Abmahnung im arbeitsrechtlichen Sinne und damit auch nicht um eine Abmahnung im Sinne von § 74 Satz 1 LPVG.

311 Das Beteiligungsrecht nach § 74 LPVG eröffnet dem Personalrat keinen Anspruch auf (ergänzende) Unterrichtung über den Text beabsichtigter Abmahnungen bzw. dessen Vorlage. Der Unterrichtungsanspruch des Personalrats erschöpft sich nach dem Zweck dieses Beteiligungsrechts vielmehr auf Informationen über die Personalien des betroffenen Arbeitnehmers, den der Abmahnung zugrunde liegenden Sachverhalt und dessen Würdigung durch die Dienststelle. Dies hat das OVG Nordrhein-Westfalen[315] entschieden.

8.1.11 Rheinland-Pfalz

312 Das Personalvertretungsgesetz für das Land Rheinland-Pfalz (Personalvertretungsgesetz – LPersVG –) sieht ein Mitbestimmungsrecht des Personalrats bei Erteilung schriftlicher Abmahnungen vor, sofern der Beschäftigte die Mitbestimmung beantragt (§ 78 Abs. 2 Satz 1 Nr. 15 LPersVG). Der Arbeitnehmer ist von der beabsichtigten Maßnahme rechtzeitig vorher in Kenntnis zu setzen und auf sein

---

[314] Beschl. v. 5. 8.1991 = PersR 1992, 67; Beschl v. 11. 3.1992 = BB 1992, 2145
[315] Beschl. v. 12.6.1995 = PersR 1996, 71

Antragsrecht hinzuweisen (§ 78 Abs. 2 Satz 2 LPersVG). Damit gilt auch hier – ähnlich wie in Baden-Württemberg – der Umkehrschluss, dass mündliche Abmahnungen nicht der Mitbestimmung des Personalrats unterliegen. Da es sich bei Abmahnungen um personelle Einzelmaßnahmen handelt, hat nach der Entscheidung des Verfassungsgerichtshofs Rheinland-Pfalz[316] bei Meinungsverschiedenheiten zwischen Dienststelle und Personalrat die Einigungsstelle kein Letztentscheidungsrecht. Dies hat der Landesgesetzgeber zwischenzeitlich klargestellt (§ 75 Abs. 5 Nr. 2 LPersVG).

8.1.12 Saarland

Das Saarländische Personalvertretungsgesetz (SPersVG) räumt dem Personalrat ein Anhörungsrecht vor Abmahnungen ein (§ 80 Abs. 3 Satz 1 SPersVG). Die Rechtslage ist insoweit mit Nordrhein-Westfalen vergleichbar. § 80 Abs. 3 Satz 4 SPersVG enthält allerdings die ausdrückliche Regelung, dass eine ohne Anhörung des Personalrats ausgesprochene außerordentliche Kündigung unwirksam ist. Daraus folgt im Umkehrschluss, dass die unterbliebene oder fehlerhafte Anhörung des Personalrats vor einer Abmahnung nicht deren Unwirksamkeit zur Folge hat.

313

8.1.13 Sachsen

Das Sächsische Personalvertretungsgesetz (SächsPersVG) sieht – ähnlich wie in Mecklenburg-Vorpommern – lediglich eine Mitbestimmung bei Einleitung des förmlichen Disziplinarverfahrens gegen einen Beamten vor, und auch dies nur auf Antrag des Beschäftigten (§ 81 Abs. 1 Nr. 10, Abs. 2 SächsPersVG). Damit unterliegt auch hier die Abmahnung nicht der Beteiligung des Personalrates.

314

8.1.14 Sachsen–Anhalt

Anders ist die Rechtslage nach dem Landespersonalvertretungsgesetz Sachsen-Anhalt (PersVG LSA). Dort ist der Personalrat vor Abmahnungen anzuhören (§ 67 Abs. 2 Satz 1 PersVG LSA). Ebenso wie im Saarland ist die Unwirksamkeit der vom Arbeitgeber durchgeführten Maßnahme bei unterbliebener Anhörung des Personalrats nur für

315

---

[316] Urt. v. 18.4.1994 = PersV 1994, 307

den Fall der außerordentlichen Kündigung geregelt (§ 67 Abs. 2 Satz 4 PersVG LSA).

8.1.15 Schleswig-Holstein

316 Das Gesetz über die Mitbestimmung der Personalräte (Mitbestimmungsgesetz Schleswig-Holstein – MBG Schl.-H.) enthält – ähnlich wie Bremen – eine Generalklausel, wonach der Personalrat bei allen personellen, sozialen, organisatorischen und sonstigen innerdienstlichen Maßnahmen mitbestimmt, die die Beschäftigten der Dienststelle insgesamt, Gruppen von ihnen oder einzelne Beschäftigte betreffen oder sich auf sie auswirken (§ 51 Abs. 1 Satz 1).

Obwohl es sich bei der Abmahnung um eine personelle Maßnahme handelt, die einzelne Beschäftigte betrifft, unterliegt die Abmahnung nach der Amtlichen Begründung (Drucksache 12/996) nicht der Mitbestimmung des Personalrats. Von § 51 MBG Schl.H. werden nur Maßnahmen erfasst, die auf eine Veränderung des bestehenden Zustandes abzielen. Nach Durchführung der Maßnahme müssen das Arbeitsverhältnis oder die Arbeitsbedingungen eine Änderung erfahren haben. Dies ist bei einer Abmahnung nicht der Fall. Sie ist keine Maßnahme im Sinne von § 51 MBG Schl.-H.[317].

8.1.16 Thüringen

317 Das Thüringer Personalvertretungsgesetz (ThürPersVG) sieht – ähnlich wie Sachsen – in § 75 Abs. 2 Satz 1 Nr. 9 lediglich eine eingeschränkte Mitbestimmung bei Einleitung des förmlichen Disziplinarverfahrens gegen einen Beamten vor, sofern der Beschäftigte die Mitbestimmung beantragt (§ 75 Abs. 2 Satz 2 ThürPersVG). Der Arbeitgeber braucht daher im Geltungsbereich dieses Gesetzes den Personalrat vor Abmahnungen nicht zu beteiligen.

8.1.17 Information des Betriebsrats (Personalrats)

318 Der Arbeitgeber ist nach Auffassung des LAG Schleswig-Holstein rechtlich nicht dazu verpflichtet, dem Betriebsrat von jeder Abmahnung eine Durchschrift oder Fotokopie zu überlassen bzw. ihn vor

---

[317] ebenso Fuhrmann/Neumann/Thorenz, Personalvertretungsrecht Schleswig-Holstein, 4. Aufl., § 51 Rz. 22

einer Abmahnung zu unterrichten[318]. Wenn das LAG Niedersachsen[319] demgegenüber meint, der Betriebsrat habe zwar keinen Anspruch auf Unterrichtung **vor** jeder schriftlichen Abmahnung, jedoch Anspruch auf Information, wenn die Abmahnung ausgesprochen worden sei, so kann dies wohl nur für die Fälle gemeint sein, in denen der Arbeitgeber später die angedrohten Konsequenzen ziehen will.

Praktische Konsequenz:

Es ist allgemein anerkannt, dass der Arbeitgeber im Rahmen des Anhörungsverfahrens nach § 102 Abs. 1 BetrVG dem Betriebsrat alle wesentlichen Kündigungsgründe mitzuteilen hat und hierzu auch vorangegangene Abmahnungen gehören[320]. Das gilt auch für eine bereits vorliegende Gegendarstellung des Arbeitnehmers.

319

Nach dem Grundsatz der subjektiven Determination der Kündigungsgründe im Rahmen des § 102 BetrVG hat der Arbeitgeber dem Betriebsrat nur die Gründe mitzuteilen, auf die er die auszusprechende Kündigung stützen will. Deshalb braucht er eine vorangegangene Abmahnung sowie eine hierzu abgegebene Gegendarstellung des Arbeitnehmers dem Betriebsrat nicht mitzuteilen, wenn er seine Kündigung auf einen Sachverhalt stützt, für den er diese Vorgeschichte nicht für kündigungsrelevant hält.[320a]

319a

Es kann durchaus zweckmäßig und sinnvoll sein, den Betriebsrat oder Personalrat über Abmahnungen zu unterrichten und dem Gremium jeweils Fotokopien zu überlassen, da eine frühzeitige Information im Falle einer späteren Kündigung umfangreiche Darlegungen des Arbeitgebers zur Vorgeschichte entbehrlich machen kann[321].

---

[318] Beschl. v. 27.5.1983 = BB 1983, 1282; ebenso Schaub in NJW 1990, 872, 876
[319] Beschl. v. 24.2.1984 = ArbuR 1985, 99
[320] Urt. d. BAG v. 18.12.1980 - AP Nr. 22 zu § 102 BetrVG 1972; Urt. d. BAG v. 31. 8.1989 - AP Nr. 1 zu § 77 LPVG Schleswig-Holstein; vgl. auch KR-Etzel, 6. Aufl. 2002, § 102 BetrVG Rz. 64; ebenso Schaub a.a.O. (= Fn. 318)
[320a] Urt. d. BAG v. 11. 3.1999 – AP Nr. 149 zu § 626 BGB
[321] vgl. hierzu auch Beckerle in PersV 1989, 150 ff.

320　Schmid[322] meint, dass im Regelfall gegen diese häufig geübte Praxis nichts einzuwenden sei, aber in Ausnahmefällen das allgemeine **Persönlichkeitsrecht** des Arbeitnehmers beachtet werden müsse. Er empfiehlt deshalb, stets die Einwilligung des Mitarbeiters zur Weitergabe der Information an den Betriebsrat einzuholen. Diese Meinung ist zu weitgehend und würde zu einem unnötigen Verwaltungsaufwand führen, wenn auch nicht zu verkennen ist, dass in Ausnahmefällen (z. B. bei Abmahnung wegen alkoholbedingten Fehlverhaltens) der Schutz des Arbeitnehmers Vorrang gegenüber dem Informationsbedürfnis des Betriebsrates haben kann. In den Standardfällen (z. B. bei Abmahnung wegen Schlechtleistungen oder Unpünktlichkeit) sind jedoch keine schutzwürdigen Rechte des Arbeitnehmers tangiert, zumal die Mitglieder des Betriebsrates bzw. Personalrates einer besonderen **Schweigepflicht** unterliegen (vgl. § 79 BetrVG und §§ 10, 101 Abs. 2 BPersVG). Im Falle der Einsichtnahme in die **Personalakten** hat das Betriebsratsmitglied über deren Inhalt Stillschweigen zu bewahren (vgl. § 83 Abs. 1 Satz 3 BetrVG). **Im öffentlichen Dienst** dürfen Personalakten nur mit Zustimmung des Bediensteten von Personalratsmitgliedern eingesehen werden (vgl. § 68 Abs. 2 Satz 3 und § 101 Abs. 3 Satz 2 BPersVG). Soweit das Beteiligungsrecht des Personalrats bei Abmahnungen nur auf Antrag des betroffenen Arbeitnehmers besteht (vgl. hierzu die Abschnitte 8.1.1, 8.1.9 und 8.1.11), dürften Bedenken wegen des Persönlichkeitsrechts ohnehin unbegründet sein. Wenn der Arbeitnehmer nämlich die Mitwirkung des Personalrats beantragt, willigt er damit zwangsläufig in die Weitergabe der entsprechenden Informationen ein, die der Abmahnung zugrunde liegen. Andernfalls kann der Personalrat seine Aufgabe nämlich nicht ordnungsgemäß wahrnehmen.

321　Das LAG Köln hat entschieden, dass die **Einigungsstelle** nach dem Betriebsverfassungsgesetz nicht im Sinne des § 98 Abs. 1 Satz 2 ArbGG „offensichtlich unzuständig" zur Behandlung der Beschwerde eines Arbeitnehmers über eine Abmahnung des Arbeitgebers sei, auch wenn der Arbeitnehmer gegenüber dem Arbeitgeber einen Anspruch auf Rücknahme der Abmahnung geltend gemacht habe.

---

[322] in NZA 1985, 409, 414 (dort Fn. 37)

Im Hinblick auf § 85 Abs. 2 Satz 3 BetrVG hat das Gericht die Ansicht vertreten, Abmahnungen seien keine Rechtsansprüche, sondern „(geschäftsähnliche) Handlungen des Arbeitgebers"[323].

Dedert[324] hat diese Entscheidung kritisch gewürdigt und auf die Gefahr hingewiesen, dass den Arbeitgebern die kostenintensive Errichtung einer Einigungsstelle in Fällen auferlegt werde, in denen § 85 Abs. 2 Satz 3 BetrVG den betroffenen Arbeitnehmern den Weg zum Arbeitsgericht vorschreibe und dem Betriebsrat das Anrufen der Einigungsstelle untersage. Er meint zu Recht, bei einem eindeutigen Begehren des Arbeitnehmers auf Rücknahme einer Abmahnung verbiete sich die Einrichtung einer Einigungsstelle.

322

Auch das LAG Rheinland-Pfalz vertritt den Standpunkt, in den entsprechenden Fällen sei die **Einigungsstelle offensichtlich unzuständig**. Bei der vom Arbeitnehmer begehrten Herausnahme einer Abmahnung aus den Personalakten handele es sich um einen Rechtsanspruch und nicht um eine Regelungsstreitigkeit[325]. Das LAG Berlin hält die Einigungsstelle ebenfalls dann für offensichtlich unzuständig, wenn die Beschwerde des Arbeitnehmers eine Abmahnung betrifft. Das gleiche gilt hiernach, wenn mit ihr eine Vorfrage aufgegriffen wird, die auch im Rahmen eines Verfahrens zur Entfernung der Abmahnung aus der Personalakte überprüft werden muss[326].

323

Diese Auffassung, die auch von Bengelsdorf[327], Schmid[328] und Berger-Delhey[329] geteilt wird, steht in Einklang mit dem allgemeinen Rechtsgrundsatz, dass der Betriebsrat/Personalrat grundsätzlich nicht Sachwalter individualrechtlicher Ansprüche einzelner Arbeitnehmer ist, sondern Interessenvertreter der gesamten Belegschaft

324

---

[323] Beschl. v. 16.11.1984 = NZA 1985, 191; ebenso Beschl. d. LAG Hamburg v. 10.7.1985 = BB 1985, 1729

[324] in BB 1986, 320

[325] Beschl. v. 17.1.1985 = NZA 1985, 190; Beschl. d. LAG Hamm v. 16. 4.1986 = BB 1986, 1359

[326] Beschl. v. 19.8.1988 = LAGE § 98 ArbGG 1979 Nr. 11

[327] in Arbeitsrechtslexikon, Abmahnung, VII 2

[328] in NZA 1985, 409, 413/414

[329] in PersV 1988, 430, 435 a. E.; ebenso von Hoyningen-Huene in RdA 1990, 193, 209; Nebendahl/Lunk in NZA 1990, 676, 680 m.w.N.

zur Durchsetzung kollektivrechtlicher Belange. Eine Doppelgleisigkeit des Verfahrens ist nach dem Wortlaut des Gesetzes erkennbar nicht gewollt.

325 Das BAG hatte sich mit dem Spruch einer Einigungsstelle über den Einsatz einer Telefonanlage zu befassen. Darin war für den Fall, dass der Arbeitgeber aufgrund der gesammelten Daten eine Abmahnung gegenüber einem Arbeitnehmer ins Auge fasst, eine Mitbestimmung des Betriebsrats in entsprechender Anwendung des § 99 BetrVG vorgesehen. Das BAG hat hierzu festgestellt, die Einigungsstelle sei nicht befugt, eine derartige Regelung zu treffen[330]. Für die Einführung eines Mitbestimmungsrechts bei Abmahnungen besteht keine Kompetenz der Einigungsstelle nach § 76 Abs. 5 BetrVG, denn es handelt sich hierbei nicht um eine Frage, in der nach dem Betriebsverfassungsgesetz der Spruch der Einigungsstelle die Einigung zwischen Arbeitgeber und Betriebsrat ersetzt.

Praktische Konsequenz:

Abmahnungen sind nach dem Betriebsverfassungsrecht und nach dem Bundespersonalvertretungsgesetz mitbestimmungsfrei. Im Geltungsbereich der Landespersonalvertretungsgesetze sind unterschiedliche Regelungen zu beachten.

Bei Kündigungen ist der Betriebsrat (Personalrat) über vorangegangene Abmahnungen zu unterrichten.

Bei Klagen gegen Abmahnungen ist regelmäßig keine Zuständigkeit des Betriebsrats (Personalrats) gegeben.

8.3 Abmahnung von Betriebsratsmitgliedern (Personalratsmitgliedern)

Literatur: Kania, Die betriebsverfassungsrechtliche Abmahnung, DB 1996, 374; Schleusener, Die betriebsverfassungsrechtliche Abmahnung, NZA 2001, 640

326

---

[330] Urt. v. 30.8.1995 - AP Nr. 29 zu § 87 BetrVG 1972 Überwachung

Auch die Abmahnung von Betriebsrats- und Personalratsmitgliedern ist grundsätzlich zulässig, wenn die Verletzung von allgemeinen Arbeitspflichten gerügt wird, da insoweit die Mitglieder des Betriebs- bzw. Personalrats wie alle anderen Arbeitnehmer ohne entsprechende Funktionen und Ämter zu behandeln sind[331]. Dies gilt selbst dann, wenn das vom Arbeitgeber beanstandete Verhalten **auch** als Verletzung der Pflichten als Betriebsratsmitglied anzusehen wäre[332]. Die Abmahnung eines Mitglieds einer Tarifkommission mit der Begründung, es habe zu Unrecht bezahlte Freistellungen in Anspruch genommen, erhält nicht deswegen einen Bezug zur kollektiven Ordnung, weil der Arbeitnehmer in Ausübung seines Amtes gehandelt hat, das im kollektiven Arbeitsrecht seine Grundlage hat. Auch eine solche Abmahnung ist daher nicht mitbestimmungspflichtig[333].

In einer späteren Entscheidung[334] hat das BAG ausgeführt, bei der beabsichtigten Kündigung eines Betriebsratsmitgliedes sei zu differenzieren, ob diesem lediglich eine Verletzung einer Pflicht aus dem Arbeitsverhältnis vorgeworfen werde oder ob die Arbeitspflichtverletzung im Zusammenhang mit seiner Tätigkeit als Betriebsratsmitglied stehe. Werde einem Betriebsratsmitglied nur die **Verletzung einer Amtspflicht** zum Vorwurf gemacht, so sei die Kündigung unzulässig, jedoch ein **Ausschlussverfahren** nach § 23 BetrVG möglich. Eine außerordentliche Kündigung komme dann in Betracht, wenn zugleich eine schwere Verletzung der Pflichten aus dem Arbeitsverhältnis vorliege, wobei an die Berechtigung der fristlosen Entlassung ein „strengerer Maßstab" anzulegen sei als bei einem Arbeitnehmer, der dem Betriebsrat nicht angehöre.

Bezogen auf den konkreten Fall hat das BAG die Ansicht vertreten, die Bereitschaft, in einem Arbeitsgerichtsverfahren gegen den Arbeitgeber bewusst falsch auszusagen, sei auch unter Zugrundelegung

327

[331] vgl. Urt. d. BAG v. 6.8.1981 - AP Nr. 39 zu § 37 BetrVG 1972

[332] vgl. Urt. d. BAG v. 6.8.1981 - AP Nr. 40 zu § 37 BetrVG 1972; insofern differenzierend Schlochauer in DB 1977, 254, 259; kritisch auch Urt. d. LAG Bremen v. 28.6.1989 = DB 1990, 742

[333] so Urt. d. BAG v. 19.7.1983 - AP Nr. 5 zu § 87 BetrVG 1972 Betriebsbuße

[334] Beschl. v. 16.10.1986 - AP Nr. 95 zu § 626 BGB; vgl. auch Urt. v. 26.1.1994 = ArbuR 1994, 273 (L)

eines strengen Prüfungsmaßstabes nicht zu rechtfertigen, sondern stelle als schwere Pflichtverletzung einen wichtigen Grund zur Kündigung dar. Dieses Verhalten sei im Rahmen der Interessenabwägung nach § 626 BGB nicht allein wegen des Betriebsratsamtes milder zu beurteilen als bei einem nicht durch § 15 KSchG geschützten Arbeitnehmer.

328   Das LAG Köln vertritt denselben Standpunkt[335]. Hiernach ist bei der Beurteilung der Abmahnung eines Personalratsmitgliedes besonders zu würdigen, ob das Personalratsmitglied gleichzeitig gegen seine Amts- und seine Arbeitsvertragspflichten verstoßen hat. Sei beides der Fall, sei ein besonders **strenger Maßstab** zu Lasten des Arbeitgebers anzulegen, während das Personalratsmitglied jedem anderen Arbeitnehmer gleichstehen müsse, wenn allein die Verletzung seiner arbeitsvertraglichen Pflichten zu beurteilen sei. Diese Wertung stelle keine Begünstigung des Personalratsmitglieds dar, sondern trage nur dem Umstand Rechnung, dass es ohne die Wahrnehmung des Personalratsamtes gar nicht zu den Vertragsverletzungen gekommen wäre.

329   Die Pflicht eines nicht freigestellten Betriebsratsmitgliedes, sich vor Beginn seiner unter § 37 Abs. 2 BetrVG fallenden Betriebsratstätigkeit beim Arbeitgeber abzumelden, beruht nach Ansicht des BAG jedenfalls auch auf dem Arbeitsvertrag. Die Verletzung dieser Pflicht kann deshalb Gegenstand einer entsprechenden Abmahnung sein[336]. Das Gericht hat damit das Urteil des LAG Berlin aufgehoben, in dem die Auffassung vertreten worden war, der Freistellungsanspruch nach § 37 Abs. 2 BetrVG sei allein kollektiv-rechtlicher Natur, so dass die Verletzung der **Abmeldepflicht** keine individualrechtliche Abmahnung rechtfertigen könne[337].

330   Das LAG Bremen[338] hat – anknüpfend an diese Rechtsprechung – den Standpunkt vertreten, lediglich die Abmeldung als solche sei eine arbeitsvertragliche, also dem Individualrecht zuzuordnende Nebenpflicht, deren Verletzung einer Abmahnung zugänglich sei.

---

[335] Urt. v. 12.3.1986 = LAGE § 611 BGB Abmahnung Nr. 3
[336] Urt. v. 15. 7.1992 - AP Nr. 9 zu § 611 BGB Abmahnung
[337] Urt. v. 6. 9.1991 = LAGE § 611 BGB Abmahnung Nr. 28
[338] Urt. v. 6.1.1995 = LAGE § 611 BGB Abmahnung Nr. 38

Etwas anderes soll danach jedoch für die Substantiierungspflicht gelten. Fehle die notwendige, in groben Zügen vorzunehmende Begründung für die begehrte Arbeitsbefreiung und erfolge die Abmeldung lediglich „wegen Betriebsratsarbeit", die auch unstreitig der Grund war, so sei die mangelnde Begründung eine im betriebsverfassungsrechtlichen Bereich angesiedelte Pflichtverletzung und könne deshalb nicht abgemahnt werden.

Das Arbeitsgericht Berlin hat entschieden, die Stempelpflicht eines Arbeitnehmers, also die Obliegenheit, die **Zeiterfassungskarte** zu benutzen, werde durch sein Betriebsratsamt nicht berührt. Eine Abmahnung wegen eines Verstoßes hiergegen sei daher möglich und zulässig[339]. 331

Die Rechtsprechung geht jetzt einhellig davon aus, dass eine individualrechtliche Abmahnung nur wegen vom Arbeitnehmer begangener Verletzungen seiner ihm nach dem Arbeitsvertrag obliegenden Pflichten erklärt werden kann und wegen Betriebsratstätigkeiten eine Abmahnung unzulässig ist. Sowohl das BAG[340] als auch das LAG Hamm[341], LAG Berlin[342] und LAG Düsseldorf[343] vertreten die Ansicht, dass mit einer Abmahnung nur Pflichtverletzungen des Arbeitnehmers aus dem Arbeitsverhältnis, nicht aber Verhaltensweisen aus dem Bereich der Betriebsrats- oder Personalratstätigkeit gerügt werden können. 332

In dieselbe Richtung geht auch ein späteres Urteil des LAG Hamm[344]. Danach ist der Arbeitgeber nicht berechtigt, einem Betriebsratsmitglied eine schriftliche Abmahnung zu erteilen, wenn das Mitglied trotz aufgezeigter notwendiger arbeitsvertraglicher Tätigkeiten an einer Betriebsratssitzung teilnimmt. Es seien zwar Fälle denkbar, in 333

---

[339] Urt. v. 9.8.1983 = DB 1983, 2476

[340] Urt. v. 16.9.1987 = PersR 1989, 14; vgl. hierzu auch Conze in DB 1989, 778, 779. Das BAG hat mit dieser Entscheidung das Urt. d. LAG Köln (= Fn. 335) bestätigt.

[341] Urt. v. 17.4.1985 = LAGE § 611 BGB Abmahnung Nr. 1; Urt. v. 3.11.1987 = LAGE § 611 BGB Abmahnung Nr. 9

[342] Urt. v. 23.2.1988 = DB 1988, 863

[343] Urt. v. 31.8.1988 = ArbuR 1989, 152; ebenso Beschl. v. 23.2.1993 = LAGE § 23 BetrVG 1972 Nr. 31

[344] Urt. v. 10.1.1996 = LAGE § 611 BGB Abmahnung Nr. 46

denen ausnahmsweise einmal die Teilnahmepflicht des Betriebsratsmitglieds an der Sitzung des Betriebsrats hinter einer betrieblichen Tätigkeit zurückstehen müsse. Dies müsse jedoch auf betriebliche Notsituationen (z.B. Feuer, Überschwemmung) beschränkt bleiben. Betriebliche Notwendigkeiten reichen nicht aus, um die Teilnahmepflicht des Betriebsratsmitglieds zu suspendieren. Das BAG hat die Revision des Arbeitgebers gegen diese Entscheidung des LAG Hamm zurückgewiesen[344a]. Es hat ebenso wie die Vorinstanz die vom Arbeitgeber erteilte Abmahnung für unberechtigt gehalten.

334 Da dem Arbeitgeber in solchen Fällen praktisch keine erfolgversprechenden rechtlichen Möglichkeiten eingeräumt sind, um auf Pflichtverletzungen mit betriebsverfassungsrechtlichem Hintergrund reagieren zu können, spricht sich Kania[344b] für die Anerkennung der Möglichkeit einer sog. betriebsverfassungsrechtlichen Abmahnung als Vorstufe eines Verfahrens nach § 23 Abs. 1 BetrVG aus.

335 Vom Arbeitgeber ist daher stets zu prüfen, ob das von ihm beanstandete Verhalten eines Arbeitnehmers wegen dessen Funktion als Betriebsrats- oder Personalratsmitglied überhaupt erst möglich wurde. Ist das Fehlverhalten nur eine mittelbare Folge des Amtes und könnte es auch bei Arbeitnehmern gegeben sein, die keine entsprechende Funktion innehaben, so kann der Arbeitgeber grundsätzlich mit einer Abmahnung reagieren, sollte sich hierbei aber auf die arbeitsvertragliche Pflichtverletzung beschränken. Dementsprechend kommt eine Pflichtverletzung durch ein Betriebsratsmitglied als Gegenstand einer Abmahnung in Betracht, wenn es zumindest **auch** seine arbeitsvertraglichen Pflichten verletzt hat. Umgekehrt ist eine Abmahnung nicht ausgeschlossen, wenn das Verhalten des Arbeitnehmers zugleich auch eine Verletzung seiner Pflichten als Betriebsratsmitglied darstellt[(336)].

336 Diese Grundsätze hat das BAG in späteren Entscheidungen bestätigt. Danach ist die Abmahnung eines Betriebsratsmitgliedes wegen Arbeitsverweigerung aufgrund einer nicht nach § 37 Abs. 6 BetrVG erforderlichen Schulungsteilnahme jedenfalls dann berechtigt, wenn bei sorgfältiger objektiver Prüfung für jeden Dritten ohne weiteres

---

[344a] Urt. v. 11.6.1997 = ArbuR 1997, 288
[344b] DB 1996, 374

erkennbar war, dass die Teilnahme an der Schulungsmaßnahme für dieses Betriebsratsmitglied nicht erforderlich war[345].

Ist ein Betriebsratsmitglied der objektiv fehlerhaften Ansicht, eine Betriebsratsaufgabe wahrzunehmen, kommt eine Abmahnung des Arbeitgebers wegen einer dadurch bedingten Versäumnis der Arbeitszeit nach Auffassung des BAG nicht in Betracht, wenn es sich um die Verkennung schwieriger oder ungeklärter Rechtsfragen handelt[346]. In dem entschiedenen Fall war ein Betriebsratsmitglied wegen der Teilnahme an einer arbeitsgerichtlichen Verhandlung in einem Kündigungsschutzverfahren abgemahnt worden. Das BAG hat die Frage, unter welchen Voraussetzungen die Teilnahme als Zuhörer einer Gerichtsverhandlung eine Betriebsratsaufgabe ist, im Hinblick auf seine Entscheidungen vom 19.5.1983[347] und 31.5.1989[348] als geklärt angesehen. Deshalb sei die Abmahnung des Arbeitgebers wegen unentschuldigten Fernbleibens von der Arbeit gerechtfertigt.

337

Nach § 74 Abs. 2 Satz 3 BetrVG haben Arbeitgeber und Betriebsrat jede parteipolitische Betätigung im Betrieb zu unterlassen. Das BAG hat hierzu entschieden, eine Abmahnung gegenüber einem Betriebsratsmitglied wegen Verletzung **arbeitsvertraglicher** Pflichten infolge parteipolitischer Betätigung im Betrieb sei nicht berechtigt, wenn das Betriebsratsmitglied nur in seiner Eigenschaft als Arbeitnehmer und Vertrauensmann seiner Gewerkschaft, nicht aber in seiner Eigenschaft als Betriebsratsmitglied tätig geworden sei und durch sein Verhalten Arbeitsablauf und Betriebsfrieden weder gestört noch gefährdet wurden[349].

338

---

[345] Urt. v. 10.11.1993 - AP Nr. 4 zu § 78 BetrVG 1972. Das BAG hat mit dieser Entscheidung das Urteil des LAG Düsseldorf vom 15.10.1992 = LAGE § 611 BGB Abmahnung Nr. 33 aufgehoben und im gegenteiligen Sinne entschieden; zust. Schiefer in NZA 1995, 454, 456

[346] Urt. v. 31.8.1994 – AP Nr. 98 zu § 37 BetrVG 1972

[347] AP Nr. 44 zu § 37 BetrVG 1972

[348] AP Nr. 9 zu § 38 BetrVG 1972

[349] Urt. v. 12.6.1986 = NZA 1987, 153; vgl. hierzu auch die zutreffende Wertung von Conze in DB 1989, 778, 779; ferner Urt. d. LAG Köln v. 11.4.1995 = LAGE § 611 BGB Abmahnung Nr. 40

| Praktische Konsequenz:

Abmahnungen von Betriebsratsmitgliedern (Personalratsmitgliedern) sind zulässig, wenn zumindest auch die Verletzung arbeitsvertraglicher Pflichten vorliegt.

8.4 Abgrenzung zur Betriebsbuße

Literatur: Heinze, Zur Abgrenzung von Betriebsbuße und Abmahnung, NZA 1990, 169; Leßmann, Betriebsbuße statt Kündigung, DB 1989, 1769; Schlochauer. Mitbestimmungsfreie Abmahnung und mitbestimmungspflichtige Betriebsbuße, DB 1977, 254

339   Wenn die Abmahnung einen über die Warnfunktion hinausgehenden Sanktionscharakter (**Strafcharakter**) hat, also das beanstandete Verhalten nicht nur gerügt, sondern **geahndet** wird, liegt eine Betriebsbuße vor, die der Mitbestimmung des Betriebsrates (§ 87 Abs. 1 Nr. 1 BetrVG) bzw. des Personalrates (§ 75 Abs. 3 Nr. 15 BPersVG) unterliegt[350]. Abmahnung und Betriebsbuße schließen sich also grundsätzlich nicht aus, sondern können auch nebeneinander in Betracht kommen. Die nicht immer einfache[351] Abgrenzung zwischen beiden Rechtsinstituten ist nicht nur theoretischer Natur, sondern hat erhebliche praktische Auswirkungen.

340   Das BAG hat zunächst die Ansicht vertreten, eine Betriebsbuße könne nur zur Durchsetzung der generellen betrieblichen Ordnung verhängt werden[352]. Hierfür sei Voraussetzung, dass eine solche Maßnahme in einer mit dem Betriebsrat vereinbarten **Bußordnung** vorgesehen ist. Bestehe keine Bußordnung, sei der Arbeitgeber nicht berechtigt, aufgrund seines Direktionsrechts im Einzelfall Bußen zu verhängen, selbst wenn die Zustimmung des Betriebsrates vorläge. Schriftliche Abmahnungen wegen Schlechterfüllung des Arbeitsver-

---

[350] vgl. hierzu Schlochauer in DB 1977, 254; siehe ferner Hunold in BB 1986, 2050, 2055; Germelmann in RdA 1977, 75; Schmid in NZA 1985, 409, 414; KR-Fischermeier, 6. Aufl. 2002, § 626 BGB Rz. 264 m.w.N.; allg. zur Betriebsbuße Bähringer in Arbeitsrechtslexikon, Betriebsbuße; Kraft in NZA 1989, 777, 783

[351] vgl. hierzu Heinze in NZA 1990, 169 ff.

[352] Urt. v. 5.12.1975 – AP Nr. 1 zu § 87 BetrVG 1972 Betriebsbuße

trags oder sonstiger Verletzungen der arbeitsvertraglichen Pflichten seien keine Betriebsbußen. Etwas anderes gelte bei der Verletzung betriebsverfassungsrechtlicher Pflichten; in diesem Fall sei die Abmahnung nicht mitbestimmungsfrei.

Da diese Entscheidung zum Teil missverstanden wurde und im Schrifttum auf Kritik gestoßen ist, hat sich das BAG später zu der Klarstellung veranlasst gesehen, dass eine mitbestimmungsfreie Abmahnung der Vertragspflichtverletzung des Arbeitnehmers durch den Arbeitgeber auch dann möglich sei, wenn das Verhalten zugleich einen Verstoß gegen die kollektive betriebliche Ordnung darstelle[353]. Ob eine Rüge des Arbeitgebers im Einzelfall als bloße Abmahnung vertragswidrigen Verhaltens oder als Betriebsbuße anzusehen ist, bedarf im Zweifel der Auslegung der Erklärung unter Berücksichtigung ihres Wortlauts, ihres Gesamtzusammenhangs und ihrer Begleitumstände.

341

Definition:

Eine mitbestimmungspflichtige Betriebsbuße liegt vor, wenn die Erklärung des Arbeitgebers über die Geltendmachung seines Gläubigerrechts auf vertragsgemäßes Verhalten des Arbeitnehmers einschließlich der Androhung individualrechtlicher Konsequenzen für den Wiederholungsfall hinausgeht und Strafcharakter annimmt, wenn also das beanstandete Verhalten geahndet werden soll[353].

342

In einer weiteren Entscheidung aus dem Jahre 1979 hat das BAG erneut zu der Abgrenzung Stellung genommen. Eine Betriebsbuße kommt danach nur für Verstöße in Betracht, die sich gegen die betriebliche Ordnung richten, die also ein **gemeinschaftswidriges Verhalten** darstellen. Es muss ein kollektiver Bezug vorhanden sein[354]. Betriebsbußen dienen der Durchsetzung der zur Ordnung des Betriebes und des Verhaltens der Arbeitnehmer im Betrieb (vgl. § 87 Abs. 1 Nr. 1 BetrVG) aufgestellten Regeln und haben Strafcharakter. Sie sollen nicht nur pflichtgemäßes Verhalten der Arbeitnehmer bewirken, sondern auch begangenes Unrecht sanktionieren.

343

---

[353] vgl. Urt. v. 30.1.1979 - AP Nr. 2 zu § 87 BetrVG 1972 Betriebsbuße
[354] Urt. v. 7.11.1979 - AP Nr. 3 zu § 87 BetrVG 1972 Betriebsbuße

344   Die nach der Feststellung eines Fehlbestandes gegenüber einem Fahrbediensteten angekündigte Verstärkung von Kontrollen der Fahrschein- und Geldbestände hat das BAG nicht als Strafmaßnahme gewertet. Das beim Arbeitnehmer festgestellte Manko berühre die betriebliche Ordnung kaum. Der Arbeitgeber habe ihm lediglich eine Verletzung der sich aus dem Arbeitsvertrag ergebenden und durch die Dienstanweisung für Schaffner konkretisierten Vertragspflicht vorgehalten[355].

345   Der **Entzug der Vergünstigung,** ermäßigte Flugscheine erwerben zu können, ist nach einer Entscheidung des BAG nur dann als Betriebsbuße zu werten, wenn der Arbeitgeber damit auf Verstöße des Arbeitnehmers gegen die betriebliche Ordnung oder gegen die nach § 87 Abs. 1 Nr. 1 BetrVG begründeten Verhaltenspflichten reagiert, nicht aber dann, wenn damit die Verletzung anderer arbeitsvertraglicher Pflichten geahndet werden soll[356]. Das BAG hat hervorgehoben, nicht jede über eine Abmahnung hinausgehende Maßnahme des Arbeitgebers sei allein schon aus diesem Grund eine Betriebsbuße, und dazu ausgeführt:

„Der Arbeitgeber kann auf Vertragsverletzungen nicht nur mit Abmahnungen oder Betriebsbußen reagieren. Er kann kündigen oder die Vertragsverletzungen zum Anlass nehmen, von vertraglich vereinbarten Widerrufsrechten bei der Gewährung freiwilliger sozialer Leistungen Gebrauch zu machen, er kann mit allen ihm von der Rechtsordnung zur Verfügung gestellten Mitteln versuchen, die Arbeitsbedingungen des Arbeitnehmers zu ändern. Bei diesen zuletzt genannten Reaktionen auf Vertragsverletzungen des Arbeitnehmers handelt es sich weder um Abmahnungen noch um Betriebsbußen".

346   Nach einer Entscheidung des BAG hat der Personalrat nach § 75 Abs. 1 Nr. 12 NPersVG a.F. beim Erlass einer **Disziplinarmaßnahme** mitzubestimmen[357]. Diese Vorschrift (heute: § 66 Abs. 1 Nr. 10 NPersVG) räumte dem Personalrat ein Mitbestimmungsrecht bei der Regelung der Ordnung in der Dienststelle

---

[355] Urt. v. 7.11.1979 (= Fn. 354)

[356] Beschl. v. 22.10.1985 - AP Nr. 18 zu § 87 BetrVG 1972 Lohngestaltung mit Anm. v. Glaubitz; vgl. hierzu auch Koffka a.a.O. (= Fn. 161) S. 82 ff.

[357] Urt. v. 7.4.1992 - AP Nr. 4 zu § 75 LPVG Niedersachsen

und des Verhaltens der Bediensteten ein. Für die inhaltsgleiche Vorschrift des § 87 Abs. 1 Nr. 1 BetrVG hat das BAG in ständiger Rechtsprechung entschieden, dass das Mitbestimmungsrecht des Betriebsrats bei den Fragen der Ordnung des Betriebs und des Verhaltens der Arbeitnehmer im Betrieb das Recht beinhalte, sowohl bei der Aufstellung einer Bußordnung als auch bei der Verhängung einer Betriebsbuße im Einzelfall mitzubestimmen.

Spricht ein Arbeitgeber Abmahnungen in Form von Rügen usw. aus und tritt hierdurch eine faktische **Beförderungssperre** ein, indem ohne Prüfung des Einzelfalles schematisch ein Bewerber, der eine Rüge erhielt, für ein Jahr als ungeeignet gilt und so aus dem tarifvertraglichen Senioritätssystem herausfällt, stellt die Ablehnung einer Bewerbung aus diesem Grund eine über den individualrechtlichen Warnzweck hinausgehende Sanktion des beanstandeten Verhaltens dar. Diese Sanktion unterliegt nach der Meinung des LAG Frankfurt als Betriebsbuße der Mitbestimmung der Personalvertretung[358]. 347

Die von der Gruppenvertretung gegen diese Entscheidung des LAG Frankfurt[358] eingelegte Rechtsbeschwerde hatte teilweise Erfolg. Das BAG hat seinem grundlegenden Beschluss vom 17.10.1989[359] folgende Leitsätze vorangestellt: 348

„Auf Verstöße des Arbeitnehmers gegen seine arbeitsvertraglichen Pflichten kann der Arbeitgeber mit individualrechtlichen Mitteln, einer Abmahnung, einer Versetzung, einer Kündigung oder einer vereinbarten Vertragsstrafe reagieren. Hinsichtlich solcher Maßnahmen ist der Betriebsrat nur nach § 99 bzw. § 102 BetrVG zu beteiligen. Dabei ist es unerheblich, ob die gerügten Verstöße solche gegen die kollektive betriebliche Ordnung oder solche gegen Anordnungen hinsichtlich des Arbeitsverhaltens sind.

Sanktionen für Verstöße des Arbeitnehmers gegen seine vertraglichen Verpflichtungen, die über die individualrechtlichen Möglichkeiten des Arbeitgebers hinausgehen, sind nur als Betriebsbußen möglich.

---

[358] Beschl. v. 18.10.1988 = DB 1989, 1931

[359] AP Nr. 12 zu § 87 BetrVG 1972 Betriebsbuße mit Anm. v. Brox

Betriebsbußen können nur aufgrund einer zwischen den Betriebspartnern vereinbarten Betriebsbußenordnung und nur für Verstöße gegen die Regeln über das Ordnungsverhalten verhängt werden.

Aus dem Mitbestimmungsrecht des Betriebsrats hinsichtlich der Aufstellung einer Betriebsbußenordnung und der Verhängung von Betriebsbußen im Einzelfall folgt – solange eine Betriebsbußenordnung nicht besteht – nicht, dass bei einer vom Arbeitgeber gleichwohl verhängten Betriebsbuße der Betriebsrat mitzubestimmen hat. Die einseitig vom Arbeitgeber verhängte Betriebsbuße ist vielmehr unwirksam."

349   In einem weiteren Urteil hat das BAG klargestellt, der Grundsatz der Verhältnismäßigkeit gebiete es nicht, dass in einer Arbeitsordnung geregelte Maßnahmen (Betriebsbußen) neben einer Abmahnung der Kündigung als „milderes Mittel" vorausgehen müssen[360] (vgl. hierzu auch Rz. 207a).

350   Als Betriebsbußen, die im Rahmen einer zwischen Arbeitgeber und Betriebsrat vereinbarten Bußordnung geregelt sein müssen, können formelle Rügen unterschiedlicher Intensität wie z. B. Missbilligung, Verwarnung und Verweis sowie insbesondere Geldbußen in Betracht kommen[361].

Praktische Konsequenz:

Betriebsbußen sind mitbestimmungspflichtig.

Abmahnungen dürfen keinen Strafcharakter haben; andernfalls unterliegen sie der Mitbestimmung.

8.5   Beteiligung der Schwerbehindertenvertretung

351   Nach § 95 Abs. 2 SGB IX ist die Schwerbehindertenvertretung vom Arbeitgeber in allen Angelegenheiten, die einen einzelnen Schwerbehinderten oder die Schwerbehinderten als Gruppe berühren, un-

---

[360] Urt. v. 17. 1.1991 - AP Nr. 25 zu § 1 KSchG 1969 Verhaltensbedingte Kündigung; einen anderen Fall behandelt das BAG im Urt. v. 16. 9.1999 – AP Nr. 1 zu Art. 4 GrO kath. Kirche mit Anm. v. Thüsing; vgl. auch Leßmann in DB 1989, 1769 ff.

[361] vgl. hierzu Becker-Schaffner in DB 1985, 650, 652; Schmid in NZA 1985, 409, 414; Schlochauer in DB 1977, 254; Meyer a.a.O. (= Fn. 8) S. 59 ff.

verzüglich und umfassend zu unterrichten und vor einer Entscheidung zu hören; die getroffene Entscheidung ist der Schwerbehindertenvertretung unverzüglich mitzuteilen. In der Kommentarliteratur zum früheren Schwerbehindertengesetz wird überwiegend die Ansicht vertreten, unter Angelegenheiten im Sinne des § 25 Abs. 2 Satz 1 SchwbG seien alle personellen und sozialen Angelegenheiten zu verstehen, selbst wenn sie mit der Schwerbehinderung des Arbeitnehmers nicht in unmittelbarem Zusammenhang stehen[362].

Andererseits handelt es sich bei den in der Literatur genannten Beispielen wie Umsetzungen, Abordnungen, Versetzungen, Beförderungen, Eingruppierungen, Umgruppierungen, Kündigungen usw. ausnahmslos um solche Maßnahmen, die unmittelbare rechtliche Auswirkungen für den Schwerbehinderten haben. Dies ist bei einer Abmahnung nicht der Fall. Eine Abmahnung kann erst dann rechtliche Bedeutung erlangen, wenn der „Wiederholungsfall" eintritt. Die Abmahnung ist daher nicht als Angelegenheit im Sinne der genannten Vorschrift anzusehen. Hierfür spricht auch die Aufgabenstellung der Schwerbehindertenvertretung (§ 95 Abs. 1 SGB IX) sowie die in § 95 Abs. 2 Satz 2 SGB IX enthaltene Regelung. Dieser Vorschrift liegt der Gedanke zugrunde, dass die vom Arbeitgeber getroffene Entscheidung unmittelbare praktische Auswirkungen hat, da andernfalls nicht von „Durchführung oder Vollziehung" gesprochen werden könnte.

352

Für diese Auffassung spricht auch eine Entscheidung des LAG München, wonach die Schwerbehindertenvertretung nur in den Angelegenheiten vom Arbeitgeber unterrichtet und vor seiner Entscheidung gehört werden muss, die sich auf Schwerbehinderte als solche beziehen oder durch die Schwerbehinderte anders als die sonstigen Arbeitnehmer berührt werden[363].

353

Selbst wenn die Abmahnung als eine Angelegenheit im Sinne des § 95 Abs. 2 Satz 1 SGB IX anzusehen wäre, hätte die Verletzung des

354

---

[362] vgl. Neumann/Pahlen, SchwbG, 9. Aufl. 1999, § 25 Rz. 10; Cramer, SchwbG, 5. Aufl. 1998, § 25 Rz. 6

[363] Urt. v. 30. 8.1989 = ZTR 1990, 84 (L)

Anhörungsrechts der Schwerbehindertenvertretung durch den Arbeitgeber nicht die Unwirksamkeit der Abmahnung zur Folge[364].

Praktische Konsequenz:

Die Anhörung der Schwerbehindertenvertretung vor dem Ausspruch einer Abmahnung ist nicht erforderlich, jedenfalls keine Wirksamkeitsvoraussetzung.

---

[364] so für die Kündigung Urt. d. BAG v. 28. 7.1983 - AP Nr. 1 zu § 22 SchwbG mit Anm. v. Herschel; vgl. auch Neumann/Pahlen a.a.O. (= Fn. 362) Rz. 9; Cramer a.a.O. (= Fn. 362) Rz. 7

9 Rechte des Arbeitnehmers

9.1 Entfernung unberechtigter Abmahnungen

Literatur: Bader, Die arbeitsrechtliche Abmahnung und ihre Entfernung aus der Personalakte – Versuch einer Rückbesinnung auf die Grundlagen, ZTR 1999, 200; Bahntje, Behält eine unwirksame Abmahnung für eine spätere Kündigung ihre Warnfunktion?, ArbuR 1996, 250; Conze, Die aktuelle Rechtsprechung des BAG zur Entfernung von Vorgängen aus Personalakten, DB 1989, 778; Germelmann, Die gerichtliche Überprüfbarkeit von Verwarnungen, RdA 1977, 75; Schnupp, Anspruch von Arbeitnehmern auf Entfernung von unrichtigen/unzutreffenden Vorgängen aus der Personalakte, PersV 1987, 276; Schunck, Gescheiterte Abmahnung: Kündigungsrechtliche Konsequenzen, NZA 1993, 828

Es ist allgemein anerkannt, dass die Abmahnung Gegenstand einer gerichtlichen Überprüfung sein kann[365]. Der Arbeitnehmer kann allerdings nicht jede Rüge des Arbeitgebers mit einer Klage angreifen. Hat die missbilligende Äußerung lediglich den Sinn, den Arbeitnehmer an die gewissenhafte Erfüllung seiner Vertragspflichten zu erinnern, und erschöpft sich darin ihre Wirkung, dann hat der Arbeitnehmer im Regelfall kein schutzwürdiges Interesse daran, die Äußerung des Arbeitgebers gerichtlich auf ihre Berechtigung überprüfen zu lassen.

355

Etwas anderes gilt nach der ständigen Rechtsprechung des BAG jedoch dann, wenn die missbilligende Äußerung des Arbeitgebers nach Form und Inhalt den Arbeitnehmer in seiner Rechtsstellung beeinträchtigen kann[366]. Hierzu gehören **formelle**, zu den Personal-

356

---

[365] vgl. Hauer a.a.O. (= Fn. 8) S. 158 ff.; von Hoyningen-Huene in RdA 1990, 193, 209 ff.; differenzierend Jurkat in DB 1990, 2218 ff.; vgl. auch Schaub in NJW 1990, 872, 877

[366] vgl. Urt. v. 22.2.1978 - AP Nr. 84 zu § 611 BGB Fürsorgepflicht; Urt. v. 30.1.1979 (= Fn. 353); Urt. v. 7.11.1979 (= Fn. 354); Urt. v. 6.8.1981 (=

akten genommene schriftliche **Rügen** und **Verwarnungen**. Es ist nämlich nicht auszuschließen, dass derartige formelle Rügen, wenn sie unberechtigt sind, später die Grundlage für eine falsche Beurteilung des Arbeitnehmers abgeben und dadurch sein berufliches Fortkommen behindern, oder dass sie andere seine Rechtsstellung beeinträchtigende Maßnahmen zur Folge haben.

357 Selbst wenn man Bedenken gegen diese Rechtsprechung hat, ist sie zumindest für die Fälle zutreffend, in denen der Vorgang abwertende Äußerungen über den Arbeitnehmer enthält, die ehrverletzenden, beleidigenden oder diskriminierenden Charakter haben (z. B. Bezeichnung des Arbeitnehmers als „Faulenzer, Trunkenbold, Versager").

Beachte:

358 Aus dieser Rechtsprechung ist zu folgern, dass schriftliche Abmahnungen in jedem Fall gerichtlich überprüfbar sind, da sie aufgrund der Androhung arbeitsrechtlicher Konsequenzen die Rechtsstellung des Arbeitnehmers beeinträchtigen, indem der Arbeitgeber eine Voraussetzung für die Kündigung des Arbeitsverhältnisses schafft.

359 Die von Germelmann[367] und Kammerer[368] vertretene Auffassung, auch **mündliche Abmahnungen** müssten grundsätzlich der gerichtlichen Nachprüfung unterliegen, ist zutreffend[369]. Im übrigen Schrifttum wird mit unterschiedlicher Begründung die Überprüfbarkeit mündlicher Abmahnungen verneint. Schmid[370] interpretiert die Rechtsprechung des BAG sogar dahin, dass selbst schriftliche Abmahnungen dann nicht überprüft werden könnten, wenn sie nicht zu den Personalakten genommen worden sind. Diese sowie

---

Fn. 331); Urt. v. 16.3.1982 – AP Nr. 3 zu § 108 BetrVG 1972; Urt. v. 19.7.1983 (= Fn. 333)

[367] RdA 1977, 75

[368] BB 1980, 1587

[369] vgl. hierzu auch Fromm in DB 1989, 1409, 1411, 1417; Jurkat in DB 1990, 2218, 2219; Tschöpe in NZA Beil. 2/1990, S. 17; Hauer, a.a.O. (= Fn. 8) S. 167 f.; differenzierend Schunck in NZA 1993, 828, 830 f.; Koffka a.a.O. (= Fn. 161) S. 181 ff.

[370] NZA 1985, 409, 413

mündliche Abmahnungen seien mehr „flüchtiger Natur"; sie wirkten nur kurze Zeit und beeinträchtigten damit die Rechtsstellung des Arbeitnehmers nicht nachhaltig. Da mündliche Abmahnungen grundsätzlich dieselbe Rechtswirkung haben wie schriftliche (vgl. Rz. 209), ist dieser Auffassung nicht zu folgen.

Becker-Schaffner[371] und Hunold[372] weisen darauf hin, dass es sich bei der Abmahnung im Grunde genommen (nur) um eine wertende Meinungsäußerung des Arbeitgebers in bezug auf ein bestimmtes Verhalten des Arbeitnehmers handelt. Hunold zieht sogar auch für Abmahnungen, die zu den Personalakten genommen worden sind, die Rechtsprechung des BAG in Zweifel, da die Abmahnung als solche keine Rechtstatsachen schaffe und sich der Arbeitnehmer mit einer **Gegendarstellung** hierzu angemessen wehren könne.

360

Das BAG hat in einer grundlegenden Entscheidung[373] ausgeführt, der Arbeitnehmer könne die Entfernung einer missbilligenden Äußerung aus den Personalakten vom Arbeitgeber verlangen, wenn diese unrichtige Tatsachenbehauptungen enthalte, die ihn in seiner Rechtsstellung und seinem beruflichen Fortkommen beeinträchtigen könnten. Dies folge aus der allgemeinen **Fürsorgepflicht** des Arbeitgebers, die auf dem Grundsatz von Treu und Glauben beruhe. Hiernach hat der Arbeitgeber das allgemeine **Persönlichkeitsrecht** des Arbeitnehmers in bezug auf Ansehen, soziale Geltung und berufliches Fortkommen zu beachten. Bei einem objektiv rechtswidrigen Eingriff in sein Persönlichkeitsrecht habe der Arbeitnehmer in entsprechender Anwendung der §§ 242, 1004 BGB Anspruch auf Widerruf bzw. Beseitigung der Beeinträchtigung[374].

361

---

[371] DB 1985, 650, 652

[372] BB 1986, 2050, 2054

[373] Urt. v. 27.11.1985 - AP Nr. 93 zu § 611 BGB Fürsorgepflicht mit Anm. v. Echterhölter; vgl. hierzu auch Conze in DB 1989, 778; so auch schon Schlochauer in DB 1977, 254, 259

[374] zur Anspruchsgrundlage vgl. Bock in ArbuR 1987, 217, 220 f.; Falkenberg in NZA 1988, 489, 491; Misera in SAE 1986, 199 f.; Tschöpe in NZA Beil. 2/1990, S. 15 f.; Fromm in DB 1989, 1409 ff.; von Hoyningen-Huene in RdA 1990, 193, 209 ff.; Hauer a.a.O. (= Fn. 8) S. 167 ff.; Pflaum a.a.O. (= Fn. 8) S. 303 ff.; vgl. hierzu auch Urt. d. LAG Köln v. 7.1.1998 = PersV 1999, 37 (L); Urt. d.

362 Daran anknüpfend hat das LAG Köln[375] die Ansicht vertreten, der Anspruch auf Entfernung von Abmahnungen sei nicht auf solche mit unzutreffenden Tatsachenbehauptungen beschränkt, sondern erfasse auch Abmahnungen mit bloß unzutreffenden Bewertungen.

363 Das BAG hat mit seinem Urteil vom 27.11.1985 die im Schrifttum verschiedentlich zitierte Entscheidung des LAG Köln vom 2.11.1983[376] aufgehoben. Das LAG hatte ausgeführt, ein Anspruch auf Rücknahme einer arbeitsrechtlichen Abmahnung wäre praktisch ein „Anspruch auf Inanspruchnahme der Gerichte" zur Feststellung von Tatsachen und zur Überprüfung von Wertungen des Arbeitgebers. Der Arbeitnehmer sei insoweit durch § 83 BetrVG hinreichend geschützt, wonach er ein Recht zur Einsichtnahme in seine Personalakten habe und eine Beifügung seiner Gegendarstellung zu einem darin befindlichen Vorgang verlangen könne.

364 Das BAG hat demgegenüber ausdrücklich klargestellt, der Entfernungsanspruch des Arbeitnehmers werde nicht dadurch ausgeschlossen, dass ihm zugestanden werde, eine Gegendarstellung zu den Personalakten zu reichen[377]. Dies hat auch das LAG München angenommen. Enthalte eine Personalakte unrichtige oder abwertende Angaben über die Person des Arbeitnehmers, so würden diese durch dessen Gegenerklärung nicht neutralisiert. Im übrigen hat das LAG festgestellt, das Widerrufs- bzw. Beseitigungsrecht des Arbeitnehmers komme nicht nur bei unrichtigen Tatsachenbehauptungen in Betracht, sondern auch dann, wenn der Arbeitgeber eine unstreitige Tatsache zu Unrecht als Vertragsverletzung rüge[378].

365 Das LAG Hamm hat in zwei Entscheidungen einen Anspruch des Arbeitnehmers auf Entfernung einer von ihm für unberechtigt oder unzutreffend gehaltenen Abmahnung aus seinen Personalakten verneint. Zur Begründung hat es ausgeführt, die Abmahnung werde erst im Kündigungsschutzprozess relevant, so dass der Arbeitnehmer durch sein Recht zur Gegendarstellung hinreichend geschützt

---

ArbG München v. 2. 5.2000 = NZA-RR 2000, 524, das den Antrag auf Widerruf einer Abmahnung mangels Rechtsschutzbedürfnisses für unzulässig hält

[375] Urt. v. 24.1.1996 = NZA 1997, 1290 (L)

[376] DB 1984, 1630

[377] Urt. v. 27.11.1985 (= Fn. 373)

[378] Urt. v. 23.3.1988 = LAGE § 611 BGB Abmahnung Nr. 13

sei und deshalb einer Klage auf Entfernung der Abmahnung aus den Personalakten das Rechtsschutzbedürfnis fehle[379].

Das BAG hat ausdrücklich gegen diese Rechtsprechung des LAG Hamm Stellung bezogen und seinen Standpunkt bekräftigt, dass der Arbeitnehmer die Entfernung einer zu Unrecht erteilten Abmahnung aus seinen Personalakten beanspruchen könne[380].

366

Die Entfernung der Abmahnung kann auch dann verlangt werden, wenn die angegebenen Tatsachen im Abmahnungsschreiben für sich zwar zutreffen, jedoch aus dem Verhalten herausgegriffen sind und so das Verhalten oder die Äußerungen des Arbeitnehmers schief oder nur unvollständig wiedergeben[381].

367

Die Rechtsprechung des BAG ist dahingehend interpretiert worden, ein **Rechtsschutzbedürfnis** des Arbeitnehmers für eine Klage sei nur dann zu bejahen, wenn es sich bei dem zu den Personalakten genommenen Vorgang um eine Abmahnung im kündigungsrechtlichen Sinne handele[382].

368

Die Klage auf Entfernung einer Abmahnung aus den Personalakten ist nach einem Urteil des LAG Frankfurt unzulässig, wenn das Arbeitsverhältnis des klagenden Arbeitnehmers zur Zeit der letzten mündlichen Verhandlung nicht mehr besteht[383]. In einer späteren Entscheidung hat das LAG Frankfurt eine Einschränkung vorgenommen: Hiernach besteht für eine Klage auf Rücknahme und Entfernung einer Abmahnung aus den Personalakten nur dann ein Rechtsschutzbedürfnis des Arbeitnehmers, wenn er eine konkret drohende Beeinträchtigung darlegt[384].

369

370

---

[379] Urt. v. 13.6.1991 = LAGE § 611 BGB Abmahnung Nr. 30; Teilurt. v. 16.4.1992 = LAGE § 611 BGB Abmahnung Nr. 32

[380] Urt. v. 5. 8.1992 - AP Nr. 8 zu § 611 BGB Abmahnung

[381] Urt. d. ArbG Regensburg v. 1.4.1987 = BB 1988, 138

[382] Urt. d. ArbG Freiburg v. 27.1.1987 = DB 1987, 748; ebenso Urt. d. ArbG Passau v. 14.1.1988 = BB 1988, 630

[383] Urt. v. 28.8.1987 = LAGE § 611 BGB Abmahnung Nr. 15; ebenso Urt. d. ArbG Wetzlar v. 16.5.1989 = BB 1989, 1979 (L); a. A. Urt. d. ArbG Münster v. 14.12.1989 = BB 1990, 492 (L); von Hoyningen-Huene in RdA 1990, 193, 211

[384] Urt. v. 23.9.1988 = NZA 1989, 513 (L); ebenso Urt. d. LAG Niedersachsen v. 6.4.1993 = LAGE § 611 BGB Abmahnung Nr. 34; ähnlich auch Urt. d. LAG Köln v. 25.8.1993 = LAGE § 611 BGB Abmahnung Nr. 36

Die Frage, ob der Arbeitnehmer **nach Beendigung seines Arbeitsverhältnisses** einen Anspruch auf Entfernung einer zu Unrecht erteilten Abmahnung aus seinen Personalakten hat, hat das BAG entschieden. Danach besteht ein solcher Anspruch regelmäßig nicht. Er kann aber dann gegeben sein, wenn objektive Anhaltspunkte dafür bestehen, dass die Abmahnung dem Arbeitnehmer auch noch nach Beendigung des Arbeitsverhältnisses schaden kann. Dafür ist der Arbeitnehmer darlegungs- und beweispflichtig[385].

Das BAG hat seine Auffassung damit begründet, die Abmahnung habe nach Beendigung des Arbeitsverhältnisses in aller Regel erheblich an Bedeutung verloren. Allerdings könne auch nicht von vornherein ausgeschlossen werden, dass die Abmahnung dem Arbeitnehmer noch schaden kann. So könne sich der Arbeitgeber bei der Erteilung eines Zeugnisses vom Inhalt der Abmahnung leiten lassen. Der Arbeitnehmer könne aber nach der Beendigung des Arbeitsverhältnisses sein Interesse daran, insgesamt nicht falsch beurteilt zu werden, in einem Zeugnisrechtsstreit durchsetzen.

371 Das BAG hat ausdrücklich auf Besonderheiten im **Bereich des öffentlichen Dienstes** hingewiesen, in dem Personalakten einen wesentlich höheren Stellenwert haben. Es ist anzunehmen, dass das Gericht zugunsten des Klägers entschieden hätte, wenn er sich um eine Stelle im öffentlichen Dienst beworben hätte und ihm nahegelegt worden wäre, sich mit der Vorlage der Personalakten seines bisherigen Arbeitgebers einverstanden zu erklären.

371a Auch nach der Entfernung einer Abmahnung aus der Personalakte ist der Arbeitnehmer nach Auffassung des BAG[385a] nicht gehindert, einen Anspruch auf Widerruf der in der Abmahnung abgegebenen Erklärungen gerichtlich geltend zu machen. Die Klägerin, Mitglied des Betriebsrats, war wegen unentschuldigten Fernbleibens abgemahnt worden. Nachdem sie ihren Arbeitgeber auf Widerruf und Entfernung der Abmahnung aus der Personalakte in Anspruch genommen hatte, entfernte der Arbeitgeber wegen Zeitablaufs die Abmahnung aus der Personalakte. Daraufhin erklärten beide Parteien den Rechtsstreit insoweit übereinstimmend für erledigt. Die Klä-

---

[385] Urt. v. 14.9.1994 – AP Nr. 13 zu § 611 BGB Abmahnung
[385a] Urt. v. 15.4.1999 – AP Nr. 22 zu § 611 BGB Abmahnung

gerin hat jedoch weiterhin den Widerruf der Abmahnung mit der Begründung begehrt, die darin enthaltenen Vorwürfe seien unberechtigt. Das BAG hat - im Gegensatz zu den Vorinstanzen - diesen Antrag für zulässig erachtet, allerdings eine fortdauernde Rechtsbeeinträchtigung der Klägerin verneint und deshalb die Widerrufsklage als unbegründet abgewiesen.

Nach Meinung von Becker-Schaffner[386] dürfte grundsätzlich nach der Beendigung des Arbeitsverhältnisses kein Anspruch auf Entfernung von Abmahnungen aus den Personalakten bestehen. Falkenberg[387] ist anderer Auffassung und verweist auf die insbesondere im öffentlichen Dienst besondere Bedeutung des Personalakteninhalts im Falle späterer Bewerbungen des ausgeschiedenen Arbeitnehmers. Das LAG Frankfurt[(383)] hat diesen Gesichtspunkt in seinen Entscheidungsgründen berücksichtigt und kommt zu dem Ergebnis, allein für die Zukunft denkbare Pflichtverletzungen des Arbeitgebers (z. B. Verletzung der Wahrheits- und Fürsorgepflicht bei Auskünften) begründeten kein Rechtsschutzbedürfnis für eine Klage auf Entfernung von Abmahnungen des bisherigen Arbeitgebers.

372

Für die Praxis bleibt festzuhalten, dass der Arbeitnehmer nach der ständigen Rechtsprechung des BAG[388] die Entfernung einer Abmahnung aus seiner Personalakte jedenfalls dann verlangen kann, wenn der erhobene Vorwurf objektiv nicht gerechtfertigt ist. Ob diese Voraussetzungen vorliegen, ist nicht eine Frage der Zulässigkeit, sondern der Begründetheit der Klage[389]. Für die Frage, ob eine Abmahnung zu Recht erfolgt ist, kommt es also allein darauf an, ob der erhobene Vorwurf **objektiv** gerechtfertigt ist, nicht aber, ob das beanstandete Verhalten dem Arbeitnehmer auch **subjektiv** vorgeworfen werden kann[390].

373

---

[386] in DB 1985, 650, 654

[387] in NZA 1988, 489, 491; ebenso Bader in ZTR 1999, 200, 206; vgl. hierzu auch Urt. d. LAG Köln v. 16.9.1994 = ZTR 1995, 377

[388] vgl. Urt. v. 23.9.1986 - AP Nr. 20 zu § 75 BPersVG unter Hinweis auf die Urt. v. 15.1.1986 (= Fn. 221) und 19.7.1983 (= Fn. 334); vgl. hierzu auch Conze in DB 1989, 778, 779; siehe ferner Urt. v. 12.6.1986 (= Fn. 349)

[389] vgl. Urt. d. BAG v. 23.9.1986 - AP Nr. 45 zu Art. 9 GG

[390] so Urt. d. BAG v. 12. 1.1988 - AP Nr. 90 zu Art. 9 GG Arbeitskampf; Urt. d. BAG v. 7. 9.1988 - AP Nr. 2 zu § 611 BGB Abmahnung mit Anm. v. Conze;

374   Das ArbG Paderborn[391] hat hierzu entschieden, soweit das in einer Abmahnung beanstandete Verhalten auf einer wertenden Entscheidung des Arbeitnehmers beruhe, sei diesem ein Beurteilungsspielraum zuzugestehen. Dieser sei überschritten, wenn der Arbeitnehmer bei eigener gewissenhafter Überprüfung und bei ruhiger und vernünftiger Würdigung der Umstände das beanstandete Verhalten selbst auch nicht für ordnungsgemäß halten durfte.

Zur Tilgung von berechtigten Abmahnungen infolge Zeitablaufs vgl. Abschnitt 6.3.

Praktische Konsequenz:

374a   Abmahnungen sind gerichtlich nachprüfbar.

Ein Anspruch auf Entfernung der Abmahnung aus den Personalakten besteht vor allem dann,

- wenn die Abmahnung keine arbeitsvertragliche Pflichtverletzung zum Inhalt hat,

- wenn der in der Abmahnung dargestellte Sachverhalt objektiv unzutreffend ist,

- wenn der in der Abmahnung dargestellte Sachverhalt zu pauschal beschrieben ist,

- wenn die Abmahnung eine unverhältnismäßige Reaktion auf das Fehlverhalten des Arbeitnehmers darstellt (vgl. dazu Abschnitt 10.3),

- wenn der in der Abmahnung dargestellte Sachverhalt nur teilweise zutrifft (vgl. dazu Abschnitt 10.4),

- wenn der in der Abmahnung dargestellte Sachverhalt vom Arbeitgeber im Bestreitensfall nicht nachgewiesen werden kann,

---

Urt. d. BAG v. 21.4.1993 = ArbuR 1993, 252; Urt. d. BAG v. 27.4.1994 = ZTR 1995, 41 (L); Urt. d. BAG v. 31.8.1994 – AP Nr. 98 zu § 37 BetrVG 1972; Fromm in DB 1989, 1409, 1415; Schmid in NZA 1985, 409, 410; Kammerer in BB 1980, 1587, 1589; Wolf a.a.O. (= Fn. 161) S. 139 f.; Hauer a.a.O. (= Fn. 8) S. 96 ff.; a. A. Hunold in BB 1986, 2050, 2053; Urt. d. LAG Köln v. 2. 11.1988 = DB 1989, 1294; differenzierend von Hoyningen-Huene in RdA 1990, 193, 200 f.

[391] Urt. v. 19.3.1998 – 3 Ca 1537/97 - n.v.

- wenn die Abmahnung Wertungen enthält, die das Persönlichkeitsrecht des Arbeitnehmers verletzen.

Nach Beendigung des Arbeitsverhältnisses sind Abmahnungen nur ausnahmsweise überprüfbar.

Auch Äußerungen, die das Persönlichkeitsrecht des Arbeitnehmers erheblich beeinträchtigen können, unterliegen im Regelfall der gerichtlichen Kontrolle.

9.2 Anhörungsrecht im öffentlichen Dienst

Literatur: Bruse, Anhörungspflicht vor Erteilung einer Abmahnung, PersR 1990, 175; Nebendahl, Anspruch auf Entfernung eines Vorgangs aus der Personalakte nach einem Verstoß gegen § 13 Abs. 2 BAT, ZTR 1990, 418

Das Tarifrecht des öffentlichen Dienstes sieht ein besonderes Anhörungsrecht des Arbeitnehmers vor der Aufnahme belastender Schriftstücke in die Personalakten vor (vgl. z.B. § 13 Abs. 2 BAT; § 13a Abs. 2 MTArb; § 11 a Abs. 2 BMT-G II)[392]. Hiernach muss der Angestellte/Arbeiter über Beschwerden und Behauptungen tatsächlicher Art, die für ihn ungünstig sind oder ihm nachteilig werden können, vor Aufnahme in die Personalakten gehört werden.

375

Die Verletzung dieses Anhörungsrechts hat nach herrschender Auffassung zur Folge, dass der Arbeitnehmer einen Anspruch auf Entfernung der Abmahnung aus seinen Personalakten hat. Dies gilt selbst dann, wenn die Abmahnung in der Sache gerechtfertigt ist, also auf zutreffenden Tatsachen beruht[393].

376

---

[392] vgl. hierzu auch Schnupp in PersV 1987, 276

[393] Urt. d. BAG v. 16. 11.1989 - AP Nr. 2 zu § 13 BAT mit Anm. v. Conze = EzBAT § 13 BAT Nr. 17 mit Anm. v. Beckerle; Urt. d. LAG Frankfurt v. 7.8.1986 = EzBAT § 13 BAT Nr. 8 mit Anm. v. Beckerle; Urt. d. ArbG Augsburg v. 6. 7.1989 = EzBAT § 13 BAT Nr. 15 mit Anm. v. Beckerle; vgl. ferner Berger-Delhey in PersV 1988, 430, 434; Bruse in PersR 1990, 175 f.; Becker-Schaffner in DB 1985, 650, 654 m.w.N.; Fromm in DB 1989, 1409, 1415; Nebendahl in ZTR 1990, 418 ff.; Schaub in NJW 1990, 872, 876; kritisch Pflaum a.a.O. (= Fn. 8) S. 334 ff.

Das BAG[394] hat einschränkend darauf hingewiesen, die wegen unterbliebener Anhörung zu entfernende Abmahnung könne ggf. nach entsprechender Würdigung des Vorbringens des Angestellten wieder zu den Personalakten genommen werden. Die Abmahnung wird also im Falle der Verletzung des Anhörungsrechts nicht unwirksam, sondern unterliegt in personalaktenrechtlicher Hinsicht vorübergehend einem **Verwertungsverbot**[395].

377 Diese Rechtsprechung des Sechsten Senats des BAG ist durch eine spätere Entscheidung des für Kündigungssachen zuständigen Zweiten Senats des BAG erheblich relativiert worden. Der Senat unterscheidet bei der Abmahnung zwischen der formellen Unwirksamkeit einerseits sowie der materiell-rechtlichen Bedeutung in Form der Warnfunktion andererseits. Die Verletzung des Anhörungsrechts nach § 13 Abs. 2 Satz 1 BAT habe nur die formelle Unwirksamkeit der Abmahnung zur Folge; gleichwohl behalte die Abmahnung die regelmäßig vor einer verhaltensbedingten Kündigung erforderliche Warnfunktion[396]. In dem konkreten Fall hat das BAG die Wirksamkeit einer verhaltensbedingten Kündigung bestätigt, obwohl sich der Arbeitgeber auf zwei Abmahnungen gestützt hatte, die er ohne die nach § 13 BAT erforderliche Anhörung des Klägers zu dessen Personalakten genommen hatte.

378 Diese Entscheidung, die der Zweite Senat in einem weiteren Urteil[397] bestätigt hat, stellt die eingeschränkte Bedeutung des tarifrechtlich vorgeschriebenen Anhörungsrechts heraus. Die Verletzung dieses Rechts begründet zwar (zunächst) einen Entfernungsanspruch des abgemahnten Arbeitnehmers, hindert den Arbeitgeber aber nicht daran, bei einer weiteren gleichartigen Pflichtverletzung eine Kündigung in Erwägung zu ziehen und hierbei unterstützend auf die (formell unwirksame) Abmahnung zurückzugreifen.

Die Rechtsprechung des Zweiten Senats des BAG ist zu begrüßen. Sie stellt klar, dass die Verletzung des Anhörungsrechts nach § 13

---

[394] Urt. v. 16. 11.1989 (= Fn. 393)

[395] ebenso Urt. d. LAG Rheinland-Pfalz v. 24.1.1992 = ARSt. 1993, 75

[396] Urt. v. 21. 5.1992 - AP Nr. 28 zu § 1 KSchG 1969 Verhaltensbedingte Kündigung; ebenso Urt. d. LAG Hamm v. 9. 1.1992 = ZTR 1992, 202; vgl. hierzu auch Schunck in NZA 1993, 828, 829 f.

[397] Urt. v. 15.12.1994 = ZTR 1995, 265 (L)

Abs. 2 BAT bzw. den entsprechenden Vorschriften für die Arbeiter des öffentlichen Dienstes hauptsächlich personalaktenrechtliche Konsequenzen hat. Die kündigungsrechtliche Wirkung der Abmahnung, nämlich deren Warnfunktion, wird hierdurch nicht beseitigt.

Zu der Frage, ob die Anhörung des Angestellten vor der Erteilung der Abmahnung die nochmalige Anhörung vor Aufnahme derselben in die Personalakten überflüssig macht, hat das BAG noch nicht Stellung genommen. Die Frage ist zu verneinen. Das Anhörungsrecht des Angestellten bezieht sich nämlich nicht darauf, welche arbeitsrechtliche Konsequenz der Arbeitgeber möglicherweise zu ergreifen beabsichtigt, sondern will den Schutz des Arbeitnehmers vor der Aufnahme ihn belastender Schriftstücke in seine Personalakten gewährleisten.

379

Der Tarifvorschrift ist vielmehr dann Rechnung getragen, wenn der Arbeitgeber dem Angestellten die Abmahnung aushändigt und ihn erst dann (vor Aufnahme der Abmahnung in die Personalakten) zur Stellungnahme auffordert. Nach dem eindeutigen Wortlaut der fraglichen Tarifbestimmungen bezieht sich das Anhörungsrecht des Arbeitnehmers auf die **Führung der Personalakten** und kommt folglich erst dann in Betracht, wenn der belastende Vorgang zu den Personalakten genommen werden soll. Aus diesen Gründen kann der Auffassung von Fromm[398], das Anhörungsrecht sei auch bei mündlichen sowie nicht zu den Personalakten genommenen Abmahnungen zu beachten, nicht gefolgt werden.

380

Schaub[399] meint unter Hinweis auf § 82 Abs. 1 BetrVG, die Anhörungspflicht müsse auch für die Privatwirtschaft gelten. Diese Ansicht überzeugt aus zwei Gründen nicht: Zum einen bezieht sich diese Vorschrift nach ihrem eindeutigen Wortlaut auf „betriebliche Angelegenheiten", während es sich bei der Abmahnung um eine personelle Einzelmaßnahme handelt. Zum anderen ist das Anhörungsrecht in den Tarifverträgen des öffentlichen Dienstes ausdrücklich geregelt. Deshalb weist Fromm[398] zutreffend darauf hin,

381

---

[398] in DB 1989, 1409, 1415

[399] in NJW 1990, 872, 876; ebenso Kohte in Anm. zu LAGE § 611 BGB Abmahnung Nr. 27; Urt. d. ArbG Frankfurt/Oder v. 7. 4.1999 = DB 2000, 146; differenzierend Pflaum a.a.O. (= Fn. 8) S. 221 ff.

dass die Erforderlichkeit der Anhörung nur dann zu begründen ist, wenn tariflich oder arbeitsvertraglich eine dem § 13 Abs. 2 BAT entsprechende Regelung vereinbart ist. Ungenau ist allerdings die von Fromm[398] verwendete Formulierung „Anhörung vor Ausspruch einer Abmahnung", da die genannte Tarifvorschrift gerade nicht die Anhörung vor Erteilung der Abmahnung, sondern lediglich die Anhörung vor Aufnahme der Abmahnung in die Personalakten zur Pflicht macht.

382 Im Ergebnis lehnen auch Bernstein[400], Fischermeier[401], Hauer[402], Koffka[403] und Kranz[404] eine allgemeine Anhörungspflicht des Arbeitgebers vor Erteilung einer Abmahnung ab. Gleichwohl kann es durchaus zweckmäßig sein, dem Arbeitnehmer bereits vorher Gelegenheit zur Stellungnahme zu geben. Ein Rechtsanspruch auf eine Anhörung vor Erteilung einer Abmahnung besteht jedoch nicht, und zwar auch nicht im öffentlichen Dienst. Die Anhörung vor dem Zugang der Abmahnung ist keine Wirksamkeitsvoraussetzung für die Abmahnung. Im öffentlichen Dienst ist lediglich das Anhörungsrecht des Arbeitnehmers vor Aufnahme der Abmahnung in seine Personalakten zu beachten.

383 Das BAG hat in einem anderen Zusammenhang ausdrücklich klargestellt, dass es sich bei § 13 Abs. 2 BAT um eine Sondervorschrift für die Führung der Personalakten während eines bestehenden Arbeitsverhältnisses handelt[405]. Eine generelle Anhörungspflicht des Arbeitgebers lässt sich daraus nicht ableiten.

384 Eine andere Rechtslage dürfte gegeben sein, wenn mündlich abgemahnt wird und der Vermerk darüber ohne Anhörung des Arbeitnehmers zu den Personalakten gegeben wird. Will der Arbeitgeber später auf eine derartige (formfehlerhafte) Abmahnung zurückgreifen, ist ihm das verwehrt. In solchen Fällen wird in der Regel Rechtsunwirksamkeit der Abmahnung anzunehmen sein.

385

---

[400] a.a.O. (= Fn. 168) S. 126
[401] KR-Fischermeier, 6. Aufl. 2002, § 626 BGB Rz. 272
[402] a.a.O. (= Fn. 8) S. 104/105
[403] a.a.O. (= Fn. 161) S. 118/119
[404] DB 1998, 1464, 1466
[405] Urt. v. 4. 10.1990 - AP Nr. 12 zu § 626 BGB Druckkündigung

Dem öffentlichen Arbeitgeber ist daher zu empfehlen, den Arbeitnehmer in der schriftlichen Abmahnung darauf hinzuweisen, dass beabsichtigt ist, das Schreiben zu seinen Personalakten zu nehmen (vgl. das nachstehende Muster). Hierbei sollte ihm anheim gestellt werden, eine **Gegendarstellung** abzugeben, die gleichzeitig mit der Abmahnung zu den Personalakten zu nehmen ist. Im Interesse einer möglichst baldigen Klarheit empfiehlt es sich für den Arbeitgeber, dem Arbeitnehmer eine (angemessene) Frist zu setzen.

Praktische Konsequenz:

Der öffentliche Arbeitgeber muss den Arbeitnehmer anhören, bevor er Abmahnungen zu den Personalakten nimmt. Die Verletzung dieser Pflicht macht die Abmahnung nicht endgültig unwirksam. Sie beseitigt insbesondere nicht deren Warnfunktion.

Abmahnung im öffentlichen Dienst   Muster:

Vorbemerkung:

Das tarifliche Anhörungsrecht des Arbeitnehmers ist unbedingt zu beachten. Im Übrigen gibt es keine bestimmte Frist, nach deren Ablauf die Abmahnung aus den Personalakten zu entfernen ist (vgl. Abschnitt 9.4).[*]

Abmahnung   **Datum**

Sehr geehrte Frau

In der Zeit vom 26.10. .... bis 30.10. .... waren Sie nach der uns vorgelegten ärztlichen Bescheinigung infolge Krankheit arbeitsunfähig. Am Abend des 28.10. .... wurden Sie ca. zwei Stunden dabei beobachtet, wie Sie in der Gaststätte Ihres Lebensgefährten, nämlich in der Gaststätte „Zum goldenen Adler", eine Tätigkeit als Bedienung ausgeübt haben. Sie werden verstehen, dass wir aufgrund Ihres Verhaltens begründete Zweifel daran bekommen haben, ob Sie während des in der ärztlichen Bescheinigung angegebenen Zeitraums tatsächlich arbeitsunfähig gewesen sind. Auf jeden Fall stellt Ihr Verhalten eine schwerwiegende Vertragsverletzung und einen Missbrauch des von uns in Sie ge-

---

[*]   Satz 2 gilt auch für Privatbetriebe.

setzten Vertrauens dar. Ihr Verhalten wird von uns ausdrücklich gerügt. Wir raten Ihnen dringend, derartige Pflichtverletzungen zukünftig zu unterlassen. Sollten Sie erneut Anlass zu Beanstandungen geben, müssen Sie mit einer Kündigung Ihres Arbeitsverhältnisses rechnen.

Wir beabsichtigen, diese Abmahnung zu Ihren Personalakten zu nehmen. Gem. § 13 Abs. 2 BAT** erhalten Sie hiermit Gelegenheit, sich zu den Vorwürfen zu äußern. Sollten wir bis zum ....*** nichts von Ihnen hören, gehen wir davon aus, dass Sie von Ihrem Anhörungsrecht keinen Gebrauch machen wollen

Mit freundlichen Grüßen

9.3　Klagefrist bei Abmahnung

386　Der Arbeitnehmer ist grundsätzlich nicht gehalten, innerhalb einer bestimmten Frist die Unwirksamkeit einer erfolgten Abmahnung klageweise geltend zu machen bzw. deren Entfernung aus den Personalakten zu verlangen. Da die Abmahnung gesetzlich nicht geregelt ist, fehlt es an einer entsprechenden Rechtsgrundlage. Die dreiwöchige Klagefrist des § 4 Satz 1 KSchG ist bei der Abmahnung nicht entsprechend anwendbar, da Kündigung und Abmahnung nicht miteinander vergleichbar sind und völlig unterschiedliche Rechtsfolgen haben[406].

387　Die Auffassung von Hunold[407], vom Arbeitnehmer sei die Einhaltung einer Frist von vier Wochen für die Klage auf Entfernung der Abmahnung aus der Personalakte zu verlangen, ist abzulehnen. Eine rechtlich überzeugende Begründung hierfür gibt es nicht[408].

Zur Verwirkung des Entfernungsanspruchs vgl. Abschnitt 9.5.

** bzw. jeweilige Tarifvorschrift

*** Als Anhörungsfrist sollten im Regelfall zwei Wochen eingeräumt werden.

[406] ebenso Koffka a.a.O. (= Fn. 161) S. 188; vgl. auch Bernstein a.a.O. (= Fn. 168) S. 127 ff.

[407] in BB 1986, 2050, 2054

[408] ebenso Pflaum a.a.O. (= Fn. 8) S. 342 f.

9.4 Tarifliche Ausschlussfrist bei Abmahnung

Bislang war umstritten, ob der Arbeitnehmer tarifliche Ausschluss-   388
fristen beachten muss, wenn er sich gegen eine Abmahnung zur
Wehr setzen will. Tarifliche Verfallklauseln beziehen sich üblicherweise auf „Ansprüche aus dem Arbeitsverhältnis".

Das BAG hatte sich zunächst in seinen Urteilen vom 12.1.1988[409]   389
und 8.2.1989[410] für die Anwendbarkeit tariflicher Ausschlussfristen
ausgesprochen. Beiden Entscheidungen lag die für das Angestellten-
recht des öffentlichen Dienstes maßgebende Regelung des § 70 BAT
zugrunde, wonach Ansprüche aus dem Arbeitsverhältnis innerhalb
einer Ausschlussfrist von sechs Monaten verfallen.

Auch das LAG Hamm[411] , das LAG Düsseldorf[412] und das LAG Berlin[413] haben in diesem Sinne entschieden.

Später hat das BAG seine bisherige Rechtsprechung aufgegeben und   390
im gegenteiligen Sinne entschieden. Es vertritt jetzt die Auffassung,
das Recht des Arbeitgebers, den Arbeitnehmer schriftlich abzumahnen und die Abmahnung zur Personalakte zu nehmen, sei kein Anspruch im Sinne des § 70 BAT. Der Anspruch des Arbeitnehmers auf
Entfernung einer Abmahnung aus der Personalakte verfalle daher
nicht sechs Monate nach Kenntnis von der Abmahnung[414].

Das BAG hat seine Auffassung damit begründet, das Recht, vom
Vertragspartner eines Dauerschuldverhältnisses für die Zukunft ein
vertragsgetreues Verhalten (Tun oder Unterlassen) zu verlangen, sei
eine – selbstverständliche – dauernde Befugnis des Gläubigers und
kein Anspruch im Sinne des § 194 Abs. 1 BGB. Das Gericht hat
damit den insbesondere von Mayer-Maly[415], von Hoyningen-
Huene[416] und Schaub[417] vorgebrachten Bedenken gegen die frühere
Rechtsprechung Rechnung getragen.

---

[409] AP Nr. 90 zu Art. 9 GG Arbeitskampf

[410] EzBAT § 70 BAT Nr. 28

[411] Urt. v. 21.10.1980 = EzBAT § 13 BAT Nr. 4

[412] Urt. v. 23.11.1987 = LAGE § 4 TVG Ausschlussfristen Nr. 7

[413] Urt. v. 16.11.1990 = ARSt. 1991, 78 (L); Urt. v. 4.7.1994 = ZTR 1994, 469 (L)

[414] Urt. v. 14.12.1994 – AP Nr. 15 zu § 611 BGB Abmahnung

[415] Anm. in SAE 1988, 310

[416] RdA 1990, 193, 211 ff.

Das BAG hat in der Entscheidung, mit der es seine frühere Rechtsprechung aufgegeben hat, allerdings ausdrücklich festgestellt, das Recht des Arbeitgebers, dem Arbeitnehmer eine schriftliche Abmahnung zu erteilen und diese zur Personalakte zu nehmen, könne ebenso wie der Anspruch des Arbeitnehmers auf Entfernung einer Abmahnung aus der Personalakte **verwirken** (vgl. hierzu Abschnitt 9.5).

391 Conze[418] hat die frühere Rechtsprechung des BAG für „nicht ganz unproblematisch" gehalten, da sich der Entfernungsanspruch gleichermaßen auf die §§ 12, 862, 1004 BGB analog stützen lasse. Der Anspruch wegen Verletzung des allgemeinen Persönlichkeitsrechts unterliege aber nicht der tariflichen Ausschlussfrist. Conze verweist in diesem Zusammenhang u. a. auf ein Urteil des BAG aus dem Jahre 1987[419] . Danach fallen Ansprüche aus Persönlichkeitsverletzungen als absolute Rechte nicht unter Ausschlussklauseln, die ihren Wirkungsbereich auf Ansprüche aus dem Arbeitsvertrag oder dem Arbeitsverhältnis erstrecken.

392 Auch Falkenberg[420], Kammerer[421] und Koffka[422] haben die frühere Rechtsprechung des BAG abgelehnt und sich gegen die Anwendbarkeit tariflicher Ausschlussfristen für Ansprüche ausgesprochen, die auf die Entfernung von Abmahnungen gerichtet sind.

393 Gegen diese Ansicht spricht, dass nach Sinn und Zweck tariflicher Ausschlussfristen deren Reichweite möglichst groß sein muss, was das BAG immer wieder bestätigt hat. In seinem Urteil vom 15.7.1987[419)], das im übrigen insoweit keine eigenständige Begründung enthält, verweist das BAG u. a. auf ein Urteil vom 25.4.1972[423]. Dort hatte das BAG aber ausdrücklich Folgendes festgestellt:

„Dass es sich bei den von dem Kl. geltend gemachten Ansprüchen um Ansprüche aus dem Arbeitsvertrag handelt, braucht nicht ausführlich

---

[417] NJW 1990, 872, 877

[418] Anm. in ZTR 1988, 393, 394 sowie in AP Nr. 2 zu § 13 BAT (dort Bl. 1038)

[419] Urt. v. 15.7.1987 - AP Nr. 14 zu § 611 BGB Persönlichkeitsrecht; vgl. hierzu auch Conze in DB 1989, 778, 780

[420] NZA 1988, 489, 492

[421] a.a.O. (= Fn. 166) S. 102

[422] a.a.O. (= Fn. 161) S. 185/186

[423] AP Nr. 9 zu § 611 BGB Öffentlicher Dienst

dargetan zu werden; nähere Anspruchsgrundlage ist, um es in diesem Zusammenhang noch einmal zu sagen, die der Bekl. gegenüber dem Kl. obliegende Fürsorgepflicht (BAG AP Nr. 1 und 6 zu § 611 BGB Fürsorgepflicht; BGH AP Nr. 6 zu § 839 BGB). Danach ist die Bekl. gehalten, von dem Kl. nach Möglichkeit alle Nachteile fernzuhalten, die diesen in seinem weiteren Fortkommen hindern können. Dazu gehören auch solche Nachteile, die dem Kl. etwa entstehen können, weil die in seine Personalakte aufgenommenen Berichte und Schriftstücke Dritter, anderen Dienstvorgesetzten, Angehörigen seiner Behörde oder anderen ArbGeb. des öffentl. Dienstes, die den Angestellten nicht kennen, ein unrichtiges ungünstiges Bild über die Person des Angestellten zu vermitteln vermögen."

Nach dieser Rechtsprechung wäre also zumindest danach zu differenzieren, ob der Anspruch des Arbeitnehmers auf Entfernung der Abmahnung in der Fürsorgepflicht des Arbeitgebers seine Grundlage hat oder aufgrund einer Verletzung des Persönlichkeitsrechts des Arbeitnehmers durch den Arbeitgeber gegeben ist, z. B. wenn die Abmahnung unsachliche oder ehrverletzende Wertungen enthält.

Mayer-Maly[424] ist entgegenzuhalten, dass es auch einen einleuchtenden Grund dafür gibt, die Erteilung der Abmahnung nicht an eine Ausschlussfrist zu binden, den Widerrufs- bzw. Entfernungsanspruch hingegen doch. Die Ausübung des Rügerechts soll – ähnlich wie das ordentliche Kündigungsrecht – nicht von einer Frist abhängig sein, um den Arbeitgeber nicht zu möglicherweise voreiligen und unüberlegten Entschlüssen zu verleiten. Ist die Abmahnung jedoch ausgesprochen, so dient es der Rechtssicherheit, wenn alsbald feststeht, ob die Abmahnung unangefochten bleibt oder angegriffen wird. Gerade wegen der arbeitsrechtlichen Folgen der Abmahnung liegt es im Interesse beider Vertragsparteien, möglichst bald zu erfahren, ob die erklärte Abmahnung Bestand hat und zu einer Gefährdung von Inhalt oder Bestand des Arbeitsverhältnisses führen kann. Ein besonderes Interesse des Arbeitnehmers daran, möglichst bald zu erfahren, ob der Arbeitgeber ein Fehlverhalten zum Anlass arbeitsrechtlicher Konsequenzen nimmt, hat der Gesetzgeber lediglich für den Fall der außerordentlichen Kündigung anerkannt. In

394

---

[424] siehe oben Fn. 415

allen anderen Fällen soll der Arbeitgeber sein Ermessen ohne Zeitdruck ausüben dürfen.

395 Tarifliche Ausschlussfristen müssen nach Meyer[425] unbedingt beachtet werden, da sie einen brauchbaren Hinweis darauf geben, wann das Recht des Arbeitnehmers **verwirkt** ist, sich auf die fehlende Berechtigung der Abmahnung zu berufen und deren Beseitigung zu verlangen.

Praktische Konsequenz:

Ansprüche auf Berichtigung oder Entfernung von Abmahnungen unterliegen nicht tariflichen Ausschlussfristen. Dies gilt insbesondere bei Verletzung des Persönlichkeitsrechts.

Zur Beachtung von Ausschlussfristen durch den Arbeitgeber bei der Erteilung von Abmahnungen vgl. Abschnitt 6.1.

9.5 Verwirkung des Entfernungsanspruchs

396 Es ist heute allgemein anerkannt, dass der Anspruch des Arbeitnehmers auf Entfernung einer Abmahnung aus seiner Personalakte – ebenso wie das Recht des Arbeitgebers, dem Arbeitnehmer eine Abmahnung zu erteilen (vgl. hierzu Abschnitt 6.1) – **verwirken** kann. Dies hat das BAG im Jahre 1994 bestätigt[426].

Nach einer Entscheidung des LAG Frankfurt muss sich der Arbeitnehmer gegen eine ihm erteilte Abmahnung „alsbald" wenden, wenn er vermeiden will, dass ihr im Zusammenhang mit einer später erklärten Kündigung Bedeutung zukommen kann, sofern der Arbeitgeber seine gegen die Abmahnung gerichteten Gegenvorstellungen nach erneuter Sachverhaltsüberprüfung mit näherer Begründung zurückgewiesen hat[427]. Wenn ein Arbeitnehmer eine Abmahnung ohne Widerspruch hinnimmt und erst in einem unter Umständen erhebliche Zeit später nachfolgenden Kündigungsschutzverfahren versucht, die Wirksamkeit der vorangegangenen Abmah-

---

[425] a.a.O. (= Fn. 8) S. 38

[426] Urt. v. 14.12.1994 – AP Nr. 15 zu § 611 BGB Abmahnung

[427] Urt. v. 22.12.1983 = DB 1984, 1355; vgl. hierzu auch Wolf a.a.O. (= Fn. 161) S. 199 ff.

nung in Frage zu stellen, so kann der Arbeitgeber im Regelfall mit Erfolg den Einwand der Prozessverwirkung geltend machen[428].

Das Arbeitsgericht Berlin[429] hat in diesem Zusammenhang die Auffassung vertreten, der Anspruch des Arbeitnehmers auf Entfernung einer Abmahnung aus seinen Personalakten sei regelmäßig verwirkt, wenn er diesen Anspruch nicht innerhalb eines halben Jahres geltend mache. Die Entscheidung ist in dieser Allgemeinheit bedenklich und kann nicht verallgemeinert werden.

    397

> **Definition:**
>
> Eine Verwirkung setzt – abgesehen von einem entsprechenden Zeitablauf – ein Verhalten des Arbeitnehmers voraus, aus dem der Arbeitgeber berechtigterweise schließen darf, der Arbeitnehmer habe seine Vertragsverletzungen eingesehen und wolle sich nicht gegen die Abmahnung wehren (sog. „Umstandsmoment")[430].

    398

Diese Rechtsprechung ist im Schrifttum sowohl auf Zustimmung[431] als auch auf Ablehnung[432] gestoßen. Hunold[433] will sogar schon nach einer Frist von vier Wochen den Einwand der Verwirkung gelten lassen.

    399

Von der Geltendmachung des Entfernungsanspruchs im allgemeinen ist die **klageweise Geltendmachung** des Entfernungsanspruchs zu unterscheiden. Hierzu hat das BAG im Jahre 1987 eine für die Praxis grundlegende Entscheidung getroffen. Es hat entschieden, für den Arbeitnehmer bestehe weder eine arbeitsvertragliche Nebenpflicht noch eine entsprechende Obliegenheit, gegen die Richtigkeit einer Abmahnung gerichtlich vorzugehen. Habe er davon abgese-

    400

---

[428] vgl. auch Urt. d. LAG Frankfurt v. 31.10.1986 = LAGE § 611 BGB Abmahnung Nr. 5

[429] Urt. v. 8.10.1984 = DB 1985, 1140; ebenso Urt. d. ArbG Augsburg v. 6.7.1989 = EzBAT § 13 BAT Nr. 15 mit Anm. v. Beckerle

[430] vgl. Urt. d. BAG v. 17.2.1988 - AP Nr. 17 zu § 630 BGB; Urt. v. 20.5.1988 - AP Nr. 5 zu § 242 BGB Prozessverwirkung mit Anm. v. Kreitner; vgl. zur Verwirkung auch Rz. 238

[431] Becker-Schaffner in DB 1985, 650, 654; Meyer a.a.O. (= Fn. 8) S. 36

[432] Bock in ArbuR 1987, 217, 222

[433] in BB 1986, 2050, 2054

hen, die Berechtigung einer Abmahnung gerichtlich überprüfen zu lassen, so sei er deshalb grundsätzlich nicht gehindert, die Richtigkeit der abgemahnten Pflichtwidrigkeiten in einem späteren Kündigungsschutzprozess zu bestreiten[434].

401 Um den im Kündigungsschutzprozess darlegungs- und beweispflichtigen Arbeitgeber vor einem unredlichen Verhalten des Arbeitnehmers zu schützen, bedarf es nach Ansicht des BAG im Regelfall keines Zurückgreifens auf das Rechtsinstitut der Verwirkung. Bei **arglistigem Verhalten** des Prozessgegners böten die §§ 427, 444 ZPO der beweisbelasteten Partei die Möglichkeit **erleichterter Beweisführung**. Aus diesen gesetzlichen Bestimmungen hätten Rechtsprechung und Lehre den das gesamte Beweisverfahren beherrschenden Grundsatz abgeleitet, dass die Beweisführung dem Gegner nicht in arglistiger Weise erschwert oder gar vereitelt werden dürfe. Mit diesem zivilprozessualen Instrumentarium könne einer Verschlechterung der Darlegungs- und Beweissituation des Arbeitgebers jedenfalls dann entgegengewirkt werden, wenn sie vom abgemahnten Arbeitnehmer in unredlicher Weise „(mit-)verursacht" worden sei. Dies sei z.B. dann der Fall, wenn der Arbeitnehmer mündlich oder schriftlich erklärt habe, gegen die Richtigkeit der abgemahnten Pflichtwidrigkeiten in tatsächlicher Hinsicht keine Einwendungen erheben zu wollen, und der Arbeitgeber deshalb davon abgesehen habe, entsprechende Beweismittel zu sichern.

> **Beachte:**
> Das bloße Untätigbleiben des Arbeitnehmers gegenüber einer Abmahnung stellt nach Auffassung des BAG noch kein unredliches vorprozessuales Verhalten dar.

Dies gelte ebenso, wenn der Arbeitnehmer lediglich durch seine Unterschrift auf dem Abmahnungsschreiben zum Ausdruck gebracht habe, von den abgemahnten Pflichtwidrigkeiten Kenntnis genommen zu haben.

402

---

[434] Urteil vom 13.3.1987 - AP Nr. 18 zu § 1 KSchG 1969 Verhaltensbedingte Kündigung

Eine andere Betrachtungsweise entspreche auch nicht der Interessenlage der Arbeitsvertragsparteien. Abgesehen davon, dass es ungewiss sei, ob eine Abmahnung jemals kündigungsschutzrechtliche Bedeutung erlange, würden bestehende Arbeitsverhältnisse durch gerichtliche Auseinandersetzungen über die Berechtigung von Abmahnungen belastet. Für Arbeitnehmer könnten derartige Prozesse dazu führen, dass der Bestand ihrer Arbeitsverhältnisse zumindest faktisch gefährdet werde. Auch der Arbeitgeber habe in der Regel kein Interesse daran, dass die Berechtigung von Abmahnungen bereits vor Durchführung eines Kündigungsschutzprozesses gerichtlich geprüft werde. Das BAG folgert daraus:

Beachte:

Aus dem bloßen Untätigbleiben des Arbeitnehmers kann noch kein rechtlich schutzwürdiges Vertrauen des Arbeitgebers erwachsen, dass die für die Kündigung relevanten Umstände in einem späteren Kündigungsschutzprozess tatsächlich unstreitig bleiben.

Auch das LAG Frankfurt hat einen vergleichbaren Rechtsstandpunkt eingenommen und festgestellt, die Abmahnung habe nicht die Aufgabe, dem Arbeitgeber den Beweis für eine vom Arbeitnehmer angeblich begangene Verfehlung in einem späteren Kündigungsschutzprozess zu erleichtern. Der Arbeitnehmer brauche deshalb nicht innerhalb einer bestimmten Frist eine Gegendarstellung zu den Personalakten zu reichen oder die Entfernung aus seinen Personalakten zu verlangen, um seine Rechtsstellung im Kündigungsschutzprozess zu sichern[435].   403

Diese Rechtsprechung ist im Grundsatz zu billigen[436]. Richtig ist vor allem, dass sich eine Pflicht des Arbeitnehmers, gegen eine Abmahnung klageweise vorzugehen, rechtlich nicht begründen lässt. Es ist bereits darauf hingewiesen worden, dass die dreiwöchige Klagefrist   404

---

[435] Urt. v. 23.12.1986 = BB 1987, 1463

[436] ebenso Falkenberg in NZA 1988, 489, 492, 493; von Hoyningen-Huene in RdA 1990, 193, 211; Jurkat in DB 1990, 2218, 2221; Reinecke in NZA 1989, 577, 585 f.; Koffka a.a.O. (= Fn. 161) S. 188; Pflaum a.a.O. (= Fn. 8) S. 349 f.; differenzierend Tschöpe in NZA Beil. 2/1990, S. 17, 18; Wolf a.a.O. (= Fn. 161) S. 201 ff.

des § 4 Satz 1 KSchG nach Zugang der Abmahnung nicht entsprechend anwendbar und auch keine sonstige Rechtsgrundlage für ein fristgebundenes Vorgehen des Arbeitnehmers ersichtlich ist (vgl. Abschnitt 9.3).

405 Andererseits könnte es der Rechtsklarheit dienen und zur Entlastung des Kündigungsschutzprozesses von der Prüfung zeitraubender Vorfragen beitragen, die Verwirkung in Betracht zu ziehen[437]. Es kann auch ein Interesse des Arbeitgebers bestehen, möglichst bald nach der Abmahnung zu erfahren, ob der Arbeitnehmer diese akzeptiert oder nicht.

Praktische Konsequenz:

Auch bei Untätigkeit des Arbeitnehmers muss der Arbeitgeber mit einer späteren gerichtlichen Überprüfung von Abmahnungen rechnen.

---

[437] vgl. hierzu auch Tschöpe in NZA Beil. 2/1990, S. 18

10 Abmahnungsprozess

Literatur: Jurkat, Gerichtliche Feststellung der Rechtswirksamkeit einer Abmahnung auf Antrag des Arbeitgebers?, DB 1990, 2218

Arbeitsgerichtliche Auseinandersetzungen um die Wirksamkeit von Abmahnungen werfen eine ganze Reihe von Rechtsfragen auf. Die praktisch häufigsten und deshalb wichtigsten werden nachfolgend erörtert.

10.1 Darlegungs- und Beweislast

Im Rahmen der arbeitsgerichtlichen Auseinandersetzung trägt der Arbeitgeber unabhängig davon, ob es in dem Prozess nur um die Wirksamkeit einer Abmahnung geht oder dies als Vorfrage im Rahmen des Kündigungsschutzverfahrens geprüft wird, die Darlegungs- und Beweislast[438]. Im **Abmahnungsprozess** hat der Arbeitgeber darzulegen und ggf. zu beweisen, dass die Abmahnung auf zutreffenden Tatsachen beruht. Im **Kündigungsschutzprozess** muss der Arbeitgeber darüber hinaus vortragen, dass er abgemahnt hat, und dies ggf. beweisen.

406

Das LAG Bremen hat die vom BAG für das Kündigungsschutzverfahren aufgestellten Grundsätze der Darlegungs- und Beweislast auf den Abmahnungsprozess übertragen: Danach hat der Arbeitgeber die Darlegungs- und Beweislast für die Behauptung, es liege ein Pflichtverstoß vor. Macht der Arbeitnehmer **Rechtfertigungsgründe** geltend, muss er substantiiert die Tatsachen vortragen, aus denen sich z. B. eine „Genehmigung" des vom Arbeitgeber gerügten Verhaltens ergeben soll. Der Arbeitgeber wiederum muss dann beweisen, dass dieser Rechtfertigungsgrund nicht bestanden hat[439].

407

408

---

[438] vgl. Urt. d. BAG v. 24.11.1983 - AP Nr. 76 zu § 626 BGB mit Anm. v. Baumgärtel; KR-Etzel, 6. Aufl. 2002, § 1 KSchG Rz. 403

[439] Urt. v. 6. 3.1992 = LAGE § 611 BGB Abmahnung Nr. 31

Die den Arbeitgeber treffende Darlegungs- und Beweislast im Abmahnungsprozess bezieht sich auf alle entscheidungsrelevanten Umstände. Dies gilt insbesondere für sämtliche vom Arbeitgeber in das Abmahnungsschreiben aufgenommenen Tatsachenbehauptungen. Wenn der Arbeitgeber z.B. in der Abmahnung eine „ungeheure Beeinträchtigung der kollegialen Zusammenarbeit" behauptet, diese aber nicht schlüssig darlegen und im Streitfall beweisen kann, muss er die Abmahnung aus der Personalakte entfernen[440]. Gleiches gilt, wenn der Arbeitgeber zwar die Pflichtverletzung des Arbeitnehmers in der Abmahnung korrekt beschreibt, nicht aber deren Folgen. Behauptet der Arbeitgeber z.B., ihm sei durch das Fehlverhalten des Arbeitnehmers ein schwerer Image-Schaden entstanden, dann muss er diesen Schaden auch beweisen können, wenn die Abmahnung Bestand haben soll[441].

409 Hält der Arbeitgeber eine Abmahnung für entbehrlich und hat er deshalb ohne vorherige Abmahnung gekündigt, so muss er die **Entbehrlichkeit** der Abmahnung darlegen und erforderlichenfalls beweisen[442]. Dies ergibt sich daraus, dass vor verhaltensbedingten Kündigungen, zu denen auch Kündigungen wegen Leistungsmängeln gehören, im Regelfall mindestens eine vergebliche Abmahnung erforderlich ist, so dass der Arbeitgeber den **Ausnahmetatbestand**, der für ihn günstig ist, nach den allgemeinen Beweisregeln des Prozessrechts darzulegen und zu beweisen hat.

410 Dies gilt auch dann, wenn der Arbeitgeber den Einwand geltend machen will, der Arbeitnehmer habe sein Recht verwirkt, die Unrichtigkeit der Abmahnung geltend zu machen[443]. Auch in diesem Fall hat der Arbeitgeber die Tatsachen darzulegen und ggf. zu beweisen, aus denen sich sowohl das für die Verwirkung erforderliche Zeitmoment als auch das Umstandsmoment ergibt (vgl. Abschnitt 9.5).

Praktische Konsequenz:

---

[440] Urt. d. LAG Düsseldorf v. 23.2.1996 = LAGE § 611 BGB Abmahnung Nr. 45
[441] Urt. d. ArbG Hamburg v. 14.8.1995 = DB 1995, 2616
[442] KR-Etzel a.a.O. (= Fn. 438)
[443] Urt. d. LAG Frankfurt v. 31.10.1986 = LAGE § 611 BGB Abmahnung Nr. 5

Abmahnungen und deren Berechtigung hat der Arbeitgeber darzulegen und zu beweisen.

10.2   Nachschieben von Abmahnungsgründen

Literatur: Leisten, Das Nachschieben von Abmahnungsgründen, ArbuR 1991, 206

Durch eine Entscheidung des LAG Berlin[444] ist eine lebhafte Diskussion darüber ausgelöst worden, ob der Arbeitgeber im Abmahnungsprozess Abmahnungsgründe nachschieben kann[445]. Das Gericht hat die Ansicht vertreten, der Arbeitgeber könne unter denselben Voraussetzungen wie beim Nachschieben von Kündigungsgründen weitere Abmahnungsgründe nachschieben.

411

Diese Rechtsprechung überzeugt nicht. Abmahnungs- und Kündigungsschutzprozess unterscheiden sich so grundlegend, dass die vom LAG Berlin gezogene Parallele verfehlt ist. Im Kündigungsschutzverfahren geht es darum, ob die vom Arbeitgeber erklärte Kündigung wirksam ist und die Beendigung des Arbeitsverhältnisses zur Folge hat. **Streitgegenstand** des Abmahnungsprozesses ist demgegenüber die Frage, ob die in einem bestimmten Schreiben enthaltenen konkreten Vorwürfe und Formulierungen (!) objektiv gerechtfertigt sind und den abgemahnten Arbeitnehmer in seinem Persönlichkeitsrecht verletzen. Könnte der Arbeitgeber Abmahnungsgründe nachschieben, würde dies einem Auswechseln des Streitgegenstandes gleichkommen, da die Abmahnung vom Arbeitgeber nicht mehr in unveränderter Form aufrechterhalten wird.

412

Von Hoyningen-Huene[446] spricht deshalb zu Recht von einem „Scheinproblem", da es dem Arbeitgeber völlig unbenommen ist, die streitgegenständliche Abmahnung für gegenstandslos zu erklären

413

---

[444] Urt. v. 21. 8.1989 = LAGE § 611 BGB Abmahnung Nr. 19
[445] Diese Rechtsprechung wird abgelehnt von Schaub in NJW 1990, 872, 874; Kammerer a.a.O. (= Fn. 166) S. 132; von Hoyningen-Huene in RdA 1990, 193, 210; Leisten in ArbuR 1991, 206 ff.; Koffka a.a.O. (= Fn. 161) S. 170 ff.; Kohte in Anm. zu LAGE § 611 BGB Abmahnung Nr. 27; ebenso schon Urt. d. ArbG München v. 6.11.1984 = DB 1985, 818
[446] in RdA 1990, 193, 210

und an deren Stelle eine neue Abmahnung zu formulieren und dem Arbeitnehmer auszuhändigen, falls er das Gefühl haben muss, die abgemahnten Gründe seien nicht konkret genug, nicht beweisbar oder in der Formulierung ehrverletzend usw.

> **Praktische Konsequenz:**
>
> Das Nachschieben von Abmahnungsgründen ist unzulässig. Neue oder andere Gründe können nur zum Gegenstand einer neuen Abmahnung gemacht werden.

10.3 Prüfungsumfang der Gerichte

414 Die Gerichte haben zu prüfen, ob eine Abmahnung rechtswidrig ist und deshalb aus den Personalakten entfernt werden muss.

> **Beachte:**
>
> Die Prüfungspflicht erstreckt sich in erster Linie darauf, ob die Abmahnung auf zutreffenden Tatsachen beruht[447].

415 Das LAG Hamm[448] hält einen Klageantrag, der auf die „Rücknahme" einer Abmahnung gerichtet ist, für unzulässig. Das zutreffende und prozessual zulässige Ziel ist die Entfernung der Abmahnung aus der Personalakte.

416 Darüber hinaus prüfen die Arbeitsgerichte vielfach die Frage, ob der zum Anlass für die Abmahnung genommene Sachverhalt eine entsprechende Reaktion des Arbeitgebers rechtfertigt. Diese Überlegungen entspringen offensichtlich dem **Grundsatz der Verhältnismäßigkeit**, der nach allgemeiner Auffassung[449] zur Begründung der Erforderlichkeit der Abmahnung herangezogen wird.

417

---

[447] vgl. hierzu grundlegend Urt. d. BAG v. 27.11.1985 - AP Nr. 93 zu § 611 BGB Fürsorgepflicht mit Anm. v. Echterhölter; vgl. hierzu auch Conze in DB 1989, 778; ebenso schon Germelmann in RdA 1977, 75, 78/79

[448] Urt. v. 25.5.1993 = ARSt. 1995, 70

[449] vgl. oben Rz. 10 (dort Fn. 8)

Schon 1979 hat das BAG ausgeführt, der schriftlich erteilte Verweis sei „nicht unverhältnismäßig" im Vergleich zum Fehlverhalten des Klägers, und zwar schon deshalb nicht, weil der Arbeitgeber auf Sanktionen verzichtet und sich mit einer Abmahnung begnügt habe. Sein Schreiben enthalte weder unwahre Behauptungen noch verletze es durch seine Form die Ehre des Klägers[450].

In einer weiteren Entscheidung hat das BAG[451] Folgendes bemerkt: 418
„Schließlich kommt es entgegen der Auffassung des LAG nicht darauf an, ob sein Verhalten dem Kläger subjektiv vorwerfbar ist . . . Für die vertragliche Abmahnung ist vielmehr nur maßgeblich, dass der Arbeitnehmer seine Pflichten aus dem Arbeitsverhältnis nicht oder nicht richtig erfüllt hat. Ob dem Kläger sein Verhalten zum Vorwurf gemacht werden kann, ist nicht Gegenstand dieses Rechtsstreits, sondern nur, ob die Abmahnung auf zutreffende Tatsachen gestützt wird, nämlich, ob eine Arbeitspflichtverletzung gegeben ist, sowie weiter, ob die Abmahnung nicht unverhältnismäßig im Vergleich zum Fehlverhalten des Klägers ist . . .
Die dem Kläger erteilte Abmahnung ist schließlich auch nicht unverhältnismäßig im Vergleich zum Fehlverhalten des Klägers. Die Beklagte hat sich darauf beschränkt, den Kläger darauf hinzuweisen, dass er seinen Arbeitsplatz unbefugt verlassen habe. Dass die Beklagte die Abmahnung zur Personalakte des Klägers genommen hat, ist sachgerecht. Ihr Schreiben enthielt weder unwahre Behauptungen noch verletzt es durch seine Form das Persönlichkeitsrecht des Klägers."

1986 hatte sich das BAG[452] mit der Wirksamkeit einer Abmahnung   419
zu befassen, die dem Kläger wegen des Verteilens von Flugblättern im Betrieb und in der Betriebskantine erteilt worden war. Die Flugblätter, die von einer Gewerkschaft herausgegeben worden waren, riefen zu einer „Volksversammlung für den Frieden!" auf. Der Kläger war Mitglied des Betriebsrates.

Das BAG hat am Ende seiner Entscheidungsgründe ausgeführt, eine konkrete Störung oder Beeinträchtigung des Arbeitsverhältnisses, die es rechtfertigen würde, die schriftliche Abmahnung zu den Per-

---

[450] Urt. v. 7.11.1979 - AP Nr. 3 zu § 87 BetrVG 1972 Betriebsbuße
[451] Urt. v. 6.8.1981 – AP Nr. 39 zu § 37 BetrVG 1972
[452] Urt. v. 12.6.1986 (= Fn. 349); vgl. hierzu auch Conze in DB 1989, 778, 779

sonalakten des Klägers zu nehmen bzw. dort zu belassen, sei nicht ersichtlich. Die möglichen Nachteile, die der Kläger durch ein Belassen der Abmahnung in den Personalakten bezüglich seines beruflichen Fortkommens erleiden könne, stünden bei Abwägung der beiderseitigen Interessen auch in „keinem vertretbaren Verhältnis zu dem die Abmahnung auslösenden Anlass".

420 Das LAG Hamm[453] hat sich zur Frage der Verhältnismäßigkeit der Abmahnung zunächst in ähnlicher Form geäußert wie das BAG (vgl. Fn. 451). Der Arbeitgeber habe sich darauf beschränkt, das Fehlverhalten aufzuzeigen und auf eventuelle arbeitsrechtliche Konsequenzen für den Wiederholungsfall hinzuweisen. Er habe in der Abmahnung keine unwahren oder ehrverletzenden Behauptungen aufgestellt. Es sei auch für **Beweiszwecke** sachgerecht, dass der Arbeitgeber die Abmahnung zu den **Personalakten** genommen habe.

421 In einer weiteren Entscheidung hat das LAG Hamm allerdings ausgeführt, eine Abmahnung sei auch dann aus der Personalakte zu entfernen, wenn der Grundsatz der Verhältnismäßigkeit verletzt werde. Ein Berufskraftfahrer könne deshalb nicht abgemahnt werden, wenn er sich im Straßenverkehr in einer Weise verkehrswidrig verhält, wie es bei Berufskraftfahrern vorkommen könne (verkehrswidriges Wechseln der Fahrspur), weil niemand stets fehlerfrei fahre[454].

421a In einer neueren Entscheidung hat das LAG Hamm ausgeführt, der Arbeitgeber habe zwar nicht nur bei einer Kündigung, sondern auch bei einer Abmahnung den Grundsatz der Verhältnismäßigkeit zu berücksichtigen. Es sei aber nicht als geringfügige Bagatelle einzustufen, wenn ein Arbeitnehmer die Persönlichkeitsrechte eines Arbeitskollegen missachte und dadurch eine Störung des Betriebsfriedens herbeigeführt werde. Deshalb könne nicht vom Vorliegen einer so bedeutungslosen Pflichtverletzung ausgegangen werden, dass der Arbeitgeber das Fehlverhalten nicht einmal zum Anlass für eine Abmahnung nehmen durfte.[454a]

---

[453] Urt. v. 17.4.1985 = LAGE § 611 BGB Abmahnung Nr. 1
[454] Urt. v. 9.12.1986 = ArbuR 1988, 256
[454a] Urt. v. 10. 5.2000 = NZA-RR 2001, 238

Das LAG Bremen[455] vertritt ebenfalls den Standpunkt, Abmahnungen wegen vertragswidrigen Verhaltens stünden unter dem Vorbehalt der Verhältnismäßigkeit. Dies bedeute, dass vom Arbeitgeber stets zu prüfen sei, ob die jeweils mildere Maßnahme ausreiche, um den beabsichtigten Zweck der zukünftigen störungsfreien Abwicklung des Arbeitsverhältnisses zu erreichen. Das LAG hat in diesem Zusammenhang ausdrücklich auf das Urteil des BAG vom 6.8.1981[(451)] Bezug genommen.

422

Die Erteilung einer schriftlichen und deshalb wegen ihrer Aufnahme in die Personalakte den Arbeitnehmer besonders belastenden Abmahnung muss nach einer Entscheidung des LAG Frankfurt[456] in einem vertretbaren Verhältnis zu dem die Abmahnung auslösenden Fehlverhalten stehen. Der Kläger war wegen einer Äußerung über Alkoholgenuss bestimmter Mitarbeiter während Überstunden an Samstagen abgemahnt worden. Das Gericht hat diese Abmahnung für unverhältnismäßig gehalten und dies u. a. damit begründet, es habe kein gewichtiges und nicht mit einem erheblichen Schuldvorwurf zu belegendes Fehlverhalten des Klägers vorgelegen.

423

Hierbei wird übersehen, dass nach herrschender Auffassung eine Abmahnung dann gerechtfertigt ist, wenn der erhobene Vorwurf objektiv zutrifft; auf die subjektive Vorwerfbarkeit, also den Grad des Verschuldens des Arbeitnehmers, kommt es gerade nicht an[457].

Das LAG Düsseldorf[458] hatte über folgenden Sachverhalt zu entscheiden: Ein Arbeitnehmer – zugleich Betriebsratsmitglied – war abgemahnt worden, weil er unstreitig während der Arbeitszeit einem anderen Mitarbeiter den Leistungsausweis einer Gewerkschaft übergeben hatte. Das Gericht hat zwar die Verletzung einer vertraglichen Nebenpflicht bejaht, aber die von dem Arbeitgeber in Aussicht gestellte Warnfunktion der Abmahnung als „übersetzt" bezeichnet, weil er im Falle einer Wiederholung eines derartigen Vorgangs nicht ernsthaft an eine Kündigung des Arbeitsverhältnisses denken konnte.

424

425

---

[455] Urt. v. 28. 6.1989 = DB 1990, 742
[456] Urt. v. 19. 9.1989 = LAGE § 611 BGB Abmahnung Nr. 21
[457] vgl. Rz. 373
[458] Urt. v. 2. 11.1990 = LAGE § 611 BGB Abmahnung Nr. 26

Das BAG hat diese Entscheidung des LAG Düsseldorf aufgehoben und die Klage auf Entfernung der Abmahnung aus den Personalakten abgewiesen. Es hat zutreffend darauf hingewiesen, die Frage, ob die dem Arbeitnehmer zum Vorwurf gemachte Pflichtverletzung den Arbeitgeber später zur Kündigung berechtige, könne erst im Rechtsstreit über die Kündigung selbst und nicht schon vorher abschließend beurteilt werden[459].

Das BAG hat damit den Grundsatz der Verhältnismäßigkeit, der – wie in diesem Urteil nochmals hervorgehoben – bei Abmahnungen zu berücksichtigen ist, erheblich relativiert. Dieser Grundsatz – so das BAG – setzt voraus, dass der Arbeitgeber zwischen verschiedenen Reaktionsmöglichkeiten wählen kann (**Ausweichprinzip**). Weiter heißt es in den Entscheidungsgründen wörtlich:

„Es ginge zu weit, der Beklagten die Abmahnung und die Aufnahme eines Vermerks hierüber in die Personalakte zu untersagen, weil man über den erhobenen Vorwurf auch hinwegsehen könnte. Damit würde die Beklagte zwangsläufig zu erkennen geben, sie nehme an der Verletzung der Arbeitsleistungspflicht keinen Anstoß. Es ist sogar ihre Obliegenheit, darauf hinzuweisen, wenn sie später aus einer gleichartigen Verletzung weitere Konsequenzen herleiten will. Der Beklagten ist ferner zuzubilligen, gegenüber anderen Mitarbeitern durch diese Abmahnung deutlich zu machen, dass sie es nicht hinnimmt, wenn die Arbeitnehmer während der Arbeitszeit beschäftigungsfremden Tätigkeiten nachgehen . . . "

426   Diese Entscheidung des BAG vom 13.11.1991 hat das Bundesverfassungsgericht[460] mit der Begründung aufgehoben, sie verletze das abgemahnte Betriebsratsmitglied in seinem Grundrecht aus Art. 9 Abs. 3 GG. Das als Vertragsverletzung angesehene Verhalten, das der Arbeitgeber zum Anlass für die Abmahnung genommen habe, falle in den Schutzbereich dieses Grundrechts. Der Arbeitnehmer – damals freigestellter Betriebsratsvorsitzender – hatte einem Arbeits-

---

[459] Urt. v. 13. 11.1991- AP Nr. 7 zu § 611 BGB Abmahnung; bestätigt durch Urt. v. 10.11.1993 - AP Nr. 4 zu § 78 BetrVG 1972; vgl. auch Urt. d. ArbG Frankfurt v. 2. 11.1999 = NZA-RR 2000, 464; Urt. d. ArbG Frankfurt v. 11. 4.2001 = NZA-RR 2002, 77, das bei der Frage der Verhältnismäßigkeit vor allem auf die lange Betriebszugehörigkeit der Klägerin abgestellt hat

[460] Urt. v. 14.11.1995 – AP Nr. 80 zu Art. 9 GG

kollegen während dessen Arbeitszeit eine Druckschrift der Gewerkschaft Nahrung-Genuss-Gaststätten ausgehändigt. Sie enthielt einen Überblick über die gewerkschaftlichen Leistungen und ein Beitrittsformular. Der Arbeitgeber hatte ihm daraufhin eine Abmahnung erteilt.

Unklar ist in diesem Zusammenhang – jedenfalls nach den veröffentlichten Entscheidungsgründen – ein Urteil des LAG Köln[461]. Einerseits wird unterstellt, die Entfernung einer Abmahnung aus der Personalakte könne auch verlangt werden, wenn sie unverhältnismäßig sei. Andererseits heißt es dort, die Behauptung, eine Abmahnung sei nur verhältnismäßig, wenn ein verständiger Arbeitgeber eine Beendigung des Beschäftigungsverhältnisses im Wiederholungsfall ins Auge fassen würde, sei eine willkürliche Rechtsschöpfung. Den Zweck einer Abmahnung dürfe derjenige bestimmen, der sie ausspreche.

427

In einer weiteren Entscheidung hat dieselbe Kammer des LAG Köln den Standpunkt vertreten, ein Anspruch auf Entfernung einer Abmahnung aus der Personalakte könne nicht allein mit der Begründung zuerkannt werden, das Verhalten des Arbeitnehmers sei nicht „abmahnungswürdig" gewesen[462].

428

Beachte:

Im Schrifttum wird ganz überwiegend die Ansicht vertreten, dass auch bei der Erteilung einer Abmahnung der Grundsatz der Verhältnismäßigkeit zu beachten sei[463].

429

Fromm[464] weist zutreffend darauf hin, dass die Frage, ob sich eine Abmahnung auf eine nur geringfügige Pflichtverletzung bezieht,

430

---

[461] Urt. v. 14. 3.1990 = LAGE § 611 BGB Abmahnung Nr. 22

[462] Urt. v. 6. 3.1991 = ARSt. 1991, 216

[463] Becker-Schaffner in DB 1985, 650, 653; ders. in ZTR 1999, 105, 111; von Hoyningen-Huene in RdA 1990, 193, 198; Kammerer in BB 1980, 1587, 1591 sowie a.a.O. (= Fn. 166) S. 135 ff.; Hauer a.a.O. (= Fn. 8) S. 98 ff.; Schaub in NJW 1990, 872, 874; Wolf a.a.O. (= Fn. 161) S. 135 ff.; Koffka a.a.O. (= Fn. 161) S. 95 ff.; KR-Fischermeier, 6. Aufl. 2002, § 626 BGB Rz. 274; Adam in ArbuR 2001, 41, 42

[464] in DB 1989, 1409, 1415

sehr strittig und „Quelle großer Unsicherheit" sein kann. Es sei zu berücksichtigen, dass der Arbeitgeber auch ein Leistungsbeurteilungsrecht habe. Dieses wirke sich so aus, dass nur „offensichtlich unverhältnismäßige" Abmahnungen unberechtigt seien.

431 Die herrschende Auffassung ist bedenklich. **Eine Abmahnung ist (noch) keine Kündigung.** Eine andere Frage ist, in welchem Maße eine Abmahnung im Rahmen eines Kündigungsschutzverfahrens zur Rechtfertigung der verhaltensbedingten Kündigung beitragen kann, wenn der Abmahnung lediglich ein geringfügiger Pflichtverstoß zugrunde liegt. Für den Ausgang dieses Verfahrens ist in erster Linie der zum Anlass für die Kündigung genommene Sachverhalt entscheidend.

| **Beachte:**
432 | Es erscheint nicht gerechtfertigt, bei einem Prozess wegen Entfernung einer Abmahnung aus der Personalakte einen Prüfungsmaßstab anzulegen, der demjenigen im Rahmen des Kündigungsschutzgesetzes nahe kommt.

In diesen Fällen geht es nicht um die Beendigung des Arbeitsverhältnisses, sondern um eine im Ermessen des Arbeitgebers liegende arbeitsrechtliche Sanktionsmaßnahme, die eine möglicherweise notwendig werdende Kündigung lediglich vorbereiten soll.

433 Mehrere Instanzgerichte haben zu Recht die Auffassung vertreten, dass es für die Frage der Berechtigung der Abmahnung nicht auf die Schwere der Pflichtverletzung ankommt.

Das LAG Düsseldorf hat ausgeführt, wenn ein Pflichtverstoß des Arbeitnehmers vorliege, müsse der Arbeitgeber als Gläubiger der Arbeitsleistung in jedem Falle die Möglichkeit haben, den Arbeitnehmer auf eine ordnungsgemäße Erfüllung der versprochenen Arbeitsleistung abzumahnen[465]. In dem entschiedenen Fall ging es um die Verletzung des Bankgeheimnisses durch einen Bankangestellten.

---

[465] Urt. v. 15.10.1981 = DB 1982, 1730

In einer späteren Entscheidung hat das LAG Düsseldorf[466] den Standpunkt vertreten, es sei grundsätzlich unmaßgebend, ob sich die der Abmahnung zugrundeliegende Pflichtverletzung als geringfügig darstelle. Erst für die Beurteilung der Rechtswirksamkeit einer Kündigung komme es auf die Qualität und Quantität der Pflichtverletzungen an. Der in der Abmahnung erhobene Vorwurf der unrechtmäßigen Benutzung von Dienstfahrzeugen zum Zwecke der Teilnahme an einem Warnstreik sei im übrigen auch kein belangloses Fehlverhalten. Es könne deshalb offen bleiben, ob in Ausnahmefällen bei minimalen Vertragspflichtverletzungen eine schriftliche Abmahnung als unverhältnismäßige und unangemessene Reaktion erscheine und aus diesem Grund rechtlich unzulässig sein könne.

434

Das LAG Berlin hat es mit Recht als bedenklich bezeichnet, die Abmahnung als solche oder ihre konkrete Formulierung an Grad oder Schwere des Pflichtverstoßes zu messen. Dies müsse nämlich zwangsläufig zur Entwicklung eines abgestuften und differenzierten Systems über das **Verhältnis zwischen Pflichtverstoß und Abmahnung** führen[467]. Weiter hat das LAG wörtlich Folgendes ausgeführt:

435

„Es erscheint aber nicht geboten, betriebliches Geschehen bzw. Erklärungen des Arbeitgebers in so hohem Maße für justitiabel zu erklären. Vielmehr muss dem Arbeitgeber insoweit für missbilligende Äußerungen auf vom Arbeitnehmer zu verantwortende Pflichtverstöße ein Beurteilungsspielraum verbleiben. Dies gilt insbesondere deshalb, weil die Abmahnung als solche über die notwendige Warnfunktion hinaus keinerlei Auswirkungen darauf hat, ob die abgemahnte Pflichtverletzung als solche eine Kündigung rechtfertigt. Denn eine verhaltensbedingte Kündigung ist nicht allein im Hinblick auf die Abmahnung, sondern allenfalls wegen der jeweils zugrundeliegenden Pflichtverletzung gerechtfertigt. Das Gewicht dieser Pflichtverletzungen wiederum ist im Kündigungsschutzprozess jeweils unabhängig von dem Inhalt der ausgesprochenen Abmahnungen zu überprüfen.

---

[466] Urt. v. 24. 1.1990 = LAGE § 611 BGB Abmahnung Nr. 27 mit Anm. von Kohte; ebenso Urt. d. ArbG Kaiserslautern – Auswärtige Kammern Pirmasens – v. 10. 10.1990 = ARSt. 1991, 41

[467] Urt. v. 22.10.1984 = BB 1985, 271; zust. Pflaum a.a.O. (= Fn. 8) S. 327

Es erscheint deshalb allenfalls gerechtfertigt, das Missverhältnis von Abmahnungen zum Pflichtverstoß einer äußersten Missbrauchskontrolle des Inhalts zu unterwerfen, dass der Arbeitgeber nicht einen vollkommen lächerlichen Pflichtverstoß mit einer Abmahnung belegen kann."

436 Das LAG Schleswig-Holstein hat zutreffend darauf hingewiesen, dass der Grundsatz der Verhältnismäßigkeit zwar auch bei der Abmahnung zu beachten sei, aber aus deren Sinn und Zweck eine Modifizierung zu erfahren habe[468]. Wenn der Arbeitnehmer seine Pflichten aus dem Arbeitsverhältnis verletzt habe, dann sei der Arbeitgeber auch rügebefugt. Auf die Qualität oder Quantität der Verletzung der arbeitsvertraglichen Pflicht komme es dabei nicht an[469]. Die Abmahnung sei nur die **Vorstufe einer Sanktion** des Arbeitgebers. Die Notwendigkeit des Ausspruchs der Abmahnung vor der Kündigung sei selbst schon Ausfluss des sog. ultima-ratio-Prinzips, also des Grundsatzes der Verhältnismäßigkeit. Eine weitere Abstufung dergestalt, dass die Abmahnung als Hinweis und Vorwarnung nochmals dem Grundsatz der Verhältnismäßigkeit in der Form unterliege, dass das Ausmaß des Fehlverhaltens über die Berechtigung der Abmahnung entscheide, sei auch dem Prinzip der Verhältnismäßigkeit nicht zu entnehmen. Dies folge weiter daraus, dass eine Abmahnung selbst kein unmittelbares arbeitsrechtliches Ergebnis zeitige. Das Gericht kommt zu folgendem Ergebnis:

437 *„Eine Abmahnung ist lediglich dann unverhältnismäßig, wenn sie durch ihre Form oder ihren Inhalt das Persönlichkeitsrecht des Arbeitnehmers verletzt. Sie ist es aber nicht, wenn sie sich auf den Vertragsverstoß, dessen sachliche Beanstandung und die Ankündigung von arbeitsrechtlichen Sanktionen für den Wiederholungsfall beschränkt."*

438 Dieser rechtlichen Würdigung durch das LAG Schleswig-Holstein ist uneingeschränkt zuzustimmen. Es wäre unvertretbar, über den Grundsatz der Verhältnismäßigkeit Meinungsverschiedenheiten zwischen Arbeitgeber und Arbeitnehmer zu einem „vorweggenom-

---

[468] Beschl. v. 31.7.1986 = LAGE § 611 BGB Abmahnung Nr. 6; zust. Pflaum a.a.O. (= Fn. 8) S. 325

[469] ebenso Berger-Delhey in PersV 1988, 430; vgl. hierzu auch Bader in ZTR 1999, 200, 204, wonach die Abmahnung nicht ihrerseits auf ihre Verhältnismäßigkeit hin zu überprüfen ist

menen Kündigungsschutzprozess" zu machen. Auch der bisherigen Rechtsprechung des BAG lässt sich lediglich entnehmen, dass der Bestand einer Abmahnung dann nicht in Frage gestellt ist, wenn sie auf zutreffenden Tatsachen beruht und sachlich formuliert ist, also kein ehrverletzendes Unwerturteil über die Person des Arbeitnehmers enthält.

Das LAG Hamm hat später (zur früheren Rechtsprechung vgl. Fn. 453, 454) die Ansicht vertreten, der Arbeitgeber habe ein berechtigtes Interesse daran, auch eine an sich geringfügige Pflichtverletzung abzumahnen, da diese ein erstes Glied einer nicht voraussehbaren Kette von Pflichtverletzungen sein könne. Auf eine irgendwie geartete „Abmahnungsreife", nämlich ob das Fehlverhalten des Arbeitnehmers abmahnungswürdig sei oder ob Umstände vorlägen, die an sich die Bedeutung einer Abmahnung nicht verdienen, komme es daher nicht an[470].

439

Das LAG Köln hat entschieden, eine Abmahnung könne auch durch ein geringfügiges Fehlverhalten – es ging um Unpünktlichkeit – gerechtfertigt sein. Die Eignung eines Verhaltens für eine Abmahnung werde auch nicht dadurch gemindert, dass der Arbeitgeber nach einem Grund zur Abmahnung zwecks Kündigung bereits „gesucht" habe[471].

440

> **Praktische Konsequenz:**
>
> Der Arbeitgeber sollte sich auf die objektive Feststellung des Fehlverhaltens bzw. der Leistungsmängel beschränken und jegliche abwertende Äußerung über die Person des gerügten Arbeitnehmers unterlassen. Wertungen wie „Versager", „Nichtsnutz", „Trunkenbold", „Taugenichts", „Faulenzer" usw. sind in einer Abmahnung fehl am Platz und können zur Folge haben, dass trotz sachlicher Berechtigung die Abmahnung aus den Personalakten entfernt werden muss.

441

Dasselbe gilt, wenn in einer Abmahnung **strafrechtliche Begriffe** verwendet werden, obwohl dem Arbeitnehmer die Erfüllung des entsprechenden Straftatbestandes nicht zur Last gelegt oder nachge-

442

---

[470] Teilurt. v. 16.4.1992 = LAGE § 611 BGB Abmahnung Nr. 32
[471] Urt. v. 30.9.1993 = ARSt. 1994, 93 (L)

wiesen werden kann. So ist z. B. mit der Wertung „Betrug" in einer Abmahnung die Tatsachenbehauptung verbunden, der Arbeitnehmer habe den Arbeitgeber mit dem beanstandeten Verhalten in dessen Vermögen geschädigt. Kann der Arbeitgeber eine derartige Schädigung jedoch nicht dartun, darf die Wertung **„Betrug"** in der Abmahnung nicht verwandt werden. Dies hat das LAG Rheinland-Pfalz[472] entschieden. Es hat zutreffend darauf hingewiesen, ein solcher Vorwurf sei dermaßen gravierend, dass davon nur sehr zurückhaltend Gebrauch gemacht werden dürfe.

443 In einer früheren Entscheidung hatte sich das BAG mit einer Abmahnung zu befassen, in der der Arbeitgeber das beanstandete Verhalten ausdrücklich als **„Verleumdung"** gewertet hatte. Das BAG hat diesen Umstand zwar für „bedenklich" gehalten, da dem Arbeitgeber eine strafrechtliche Beurteilung nicht zugestanden habe. Gleichwohl hat das BAG die Abmahnung mit der Begründung bestätigt, der Arbeitgeber habe mit dieser Formulierung nur zum Ausdruck bringen wollen, dass der Kläger wider besseres Wissen eine falsche Darstellung verbreitet habe. Das Wort „Verleumdung" habe diesen Sachverhalt nur abkürzend wiedergeben sollen. So habe es ersichtlich auch der Kläger verstanden[473].

Trotz dieser höchstrichterlichen Rechtsprechung sollte der Arbeitgeber mit Begriffen, die einen strafrechtlichen Aussagewert besitzen, im Rahmen einer Abmahnung nur mit Vorsicht umgehen.

444 Der Grundsatz der Verhältnismäßigkeit kann im übrigen nur insoweit zum Tragen kommen, als eine **offensichtliche Diskrepanz** zwischen dem Fehlverhalten des Arbeitnehmers und der mit der Abmahnung verbundenen Kündigungsandrohung durch den Arbeitgeber festzustellen ist[474]. Ein verständiger Arbeitgeber wird völlig unerhebliche Pflichtverstöße nicht zum Anlass für eine Abmahnung nehmen. Er sollte von seinem Rügerecht nur nach sorgfältiger Abwägung aller Umstände des Einzelfalles Gebrauch machen. Wer einen Arbeitnehmer abmahnt, der nach zehnjähriger beanstan-

---

[472] Urt. v. 13. 4.1989 = LAGE § 611 BGB Abmahnung Nr. 18; vgl. auch Teilurt. d. LAG Hamm v. 16.4.1992 (= Fn. 470); a.A. Kraft in NZA 1989, 777, 781
[473] Urt. v. 11. 8.1982 - AP Nr. 9 zu Art. 5 Abs. 1 GG Meinungsfreiheit
[474] ebenso Pflaum a.a.O. (= Fn. 8) S. 327

dungsfreier Beschäftigungsdauer einmal morgens fünf Minuten zu spät zur Arbeit gekommen ist, ohne dass dies betriebliche Auswirkungen gehabt hat, macht sich als Arbeitgeber unglaubwürdig oder setzt sich unnötigerweise in Zugzwang, indem er bei gleich gelagerten Fällen entsprechend reagieren muss. Eine solche Abmahnung hätte nicht die Wirkung, die sie haben soll.

Andererseits kann es nicht Aufgabe des Arbeitgebers sein, im Vorfeld einer Abmahnung eingehend zu prüfen, ob diese gewissermaßen „sozial gerechtfertigt" ist. Die Abmahnung führt nämlich nicht zur Beendigung des Arbeitsverhältnisses. Es liegt allein am Arbeitnehmer, sein Verhalten nach erfolgter Abmahnung entsprechend einzurichten, um den „Wiederholungsfall" und damit die Gefährdung seines Arbeitsverhältnisses auszuschließen.

445

Dem Arbeitgeber steht also ein **Beurteilungsspielraum** zu, ob ein ausreichender Grund für eine Abmahnung vorliegt[475]. Er sollte allerdings keine Belanglosigkeit abmahnen und nicht in jedem Fall die fristlose Kündigung in Aussicht stellen. Die ausdrückliche Androhung einer außerordentlichen Kündigung kann unter Umständen dann sinnvoll sein, wenn der Arbeitnehmer aufgrund tarifvertraglicher Vorschriften ordentlich nicht mehr kündbar ist.

Praktische Konsequenz:

Alle Pflichtverstöße berechtigen grundsätzlich zur Abmahnung.

Herabsetzende Werturteile sind zu unterlassen.

Bagatellen eignen sich nicht für Abmahnungen.

10.4   Teilbarkeit der Abmahnung?

Im Rahmen eines Abmahnungsprozesses kann ein weiteres Problem dann auftreten, wenn die Abmahnung **mehrere Pflichtverletzungen** zum Gegenstand hat und sich im Laufe des Verfahrens herausstellt, dass der Arbeitgeber nicht alle Pflichtverstöße nachweisen kann. In einem solchen Fall stellt sich die Frage, wie das Gericht über die

446

---

[475] ebenso KR-Wolf, 3. Aufl., Grunds. Rz. 219 d a. E.; a.A. KR-Fischermeier, 6. Aufl. 2002, § 626 Rz. 274

Abmahnung zu entscheiden hat. Ist sie insgesamt unwirksam, teilweise wirksam oder uneingeschränkt deshalb bestandskräftig, weil dem Arbeitnehmer jedenfalls ein gerügter Pflichtverstoß vorzuwerfen ist?

447 Sowohl in der Rechtsprechung[476] als auch im Schrifttum[477] ist die Meinung vorherrschend, eine Abmahnung, in der mehrere Pflichtverletzungen des Arbeitnehmers gerügt werden, sei schon dann aus der Personalakte zu entfernen, wenn einer der Vorwürfe zu Unrecht erhoben worden sei. Dieser Ansicht ist im Grundsatz zuzustimmen.

448 Das ArbG München[478] hat die Auffassung vertreten, dem Arbeitgeber sei es verwehrt, in einem arbeitsgerichtlichen Verfahren, das die Überprüfung der Rechtmäßigkeit einer Abmahnung zum Gegenstand hat, den Abmahnungssachverhalt auszuwechseln oder einen eigenständigen neuen Abmahnungssachverhalt nachzuschieben.

449 Die Gerichte begründen ihre Rechtsprechung u. a. damit, es sei – im Gegensatz etwa zum Zeugnis – nicht Sache des Gerichts, die Abmahnung gegebenenfalls unter Neuformulierung in Teilen aufrechtzuerhalten, weil damit in unzulässiger Weise in das Rügerecht des Gläubigers, also des Arbeitgebers, eingegriffen werde[479].

450 Beantragt der Arbeitnehmer, ein Abmahnungsschreiben aus der Personalakte zu entfernen, so ist nach der Auffassung des LAG Düsseldorf ein **Teilurteil**, das lediglich einen von mehreren in dem

---

[476] Urt. d. BAG v. 13. 3.1991 - AP Nr. 5 zu § 611 BGB Abmahnung; LAG Baden-Württemberg: Urt. v. 17. 10.1990 = LAGE § 611 BGB Abmahnung Nr. 25; LAG Düsseldorf: Urt. v. 18.11.1986 = LAGE § 611 BGB Abmahnung Nr. 7; LAG Hamm: Urt. v. 21. 12.1990 = LAGE § 611 BGB Abmahnung Nr. 23; LAG Köln: Urt. v. 12. 3.1986 = LAGE § 611 BGB Abmahnung Nr. 3; LAG Rheinland-Pfalz: Urt. v. 13. 4.1989 = LAGE § 611 BGB Abmahnung Nr. 18

[477] Falkenberg in NZA 1988, 489, 493 a. E.; KR-Fischermeier, 6. Aufl. 2002, § 626 BGB Rz. 262; Molkenbur/Krasshöfer-Pidde in RdA 1989, 337, 346; Tschöpe in NZA Beil. 2/1990, S. 20; Wolf/Claes in PersR 1988, 62, 64; Koffka a.a.O. (= Fn. 161) S. 177 ff.; a.A. Kammerer a.a.O. (= Fn. 166) S. 131 f.; Schaub in NJW 1990, 892, 874; vgl. auch Wolf a.a.O. (= Fn. 161) S. 172 f.; Hauer a.a.O. (= Fn. 8) S. 175

[478] Urt. v. 6.11.1984 = DB 1985, 818

[479] vgl. Fn. 476

Abmahnungsschreiben enthaltenen Vorwürfen betrifft, **unzulässig**[480].

In diesem Zusammenhang wird ein grundlegender Unterschied   451
zwischen Abmahnung und Kündigung deutlich: Während eine
Kündigung, die auf mehrere Gründe gestützt ist, was sehr häufig der
Fall ist, schon dann rechtswirksam sein kann und damit zur Beendigung des Arbeitsverhältnisses führt, wenn sich **ein** Grund als zutreffend erweist und geeignet ist, die Kündigung als sozial gerechtfertigt
erscheinen zu lassen, handelt es sich bei der Abmahnung um ein
ganz konkretes Schriftstück mit bestimmtem Inhalt, das den Streitgegenstand bildet. Da die Klage des Arbeitnehmers im Regelfall
darauf gerichtet ist, den beklagten Arbeitgeber zur Entfernung der
Abmahnung aus den Personalakten zu verurteilen, kommt auf den
ersten Blick ein teilweises Stattgeben und Abweisen der Klage nicht
in Betracht: Entweder ist die Abmahnung so, wie sie vorliegt, zu
entfernen, oder sie hat in der Personalakte zu verbleiben.

> **Beachte:**
>
> Dem Abmahnungsschreiben kommt – im Gegensatz zum Kündi-   452
> gungsschreiben – praktisch eine **Beweisfunktion**[481] oder auch
> **Dokumentationsfunktion**[482] zu, die im Rahmen eines Kündigungs-
> schutzprozesses Bedeutung erlangen kann. Eine Abmahnung darf also
> nicht in der Personalakte enthalten sein, wenn sie teilweise auf Grün-
> de gestützt ist, die der Arbeitgeber nicht darlegen oder beweisen
> kann.

Andererseits ist nicht zu verkennen, dass es aus prozessökonomi-   453
schen Gründen durchaus sinnvoll erscheint, dem Arbeitgeber das
Recht zuzugestehen, seine Abmahnung während des laufenden
Verfahrens „auszuwechseln", um sie auf die unstreitigen oder nach
Beweiserhebung bestätigten Punkte beschränken zu können.

Zur Vermeidung eines weiteren Abmahnungsprozesses bietet sich –   454
wenn man der herrschenden Meinung (vgl. Fn. 476, 477) nicht folgt,

---

[480] Urt. v. 13.8.1987 = LAGE § 611 BGB Abmahnung Nr. 8

[481] so Kammerer in BB 1980, 1587, 1588; Bengelsdorf, Arbeitsrechtslexikon,
Abmahnung, II 4

[482] so Leisten in ArbuR 1991, 206, 207 m.w.N.

– auch die Verfahrensweise an, die sowohl das LAG Baden-Württemberg[483] als auch das Arbeitsgericht Trier[484] in einem Urteil praktiziert haben: Der Arbeitgeber wurde jeweils zur **teilweisen** Rücknahme des Abmahnungsinhalts, aber zur Entfernung des Abmahnungsschreibens **insgesamt** verurteilt, wobei die Gerichte die Kosten dementsprechend zwischen Arbeitgeber und Arbeitnehmer verhältnismäßig geteilt haben. Gleichzeitig wurde in den Entscheidungsgründen darauf hingewiesen, dass der Arbeitgeber berechtigt sei, eine entsprechend geänderte Abmahnung erneut auszusprechen[485].

455   Diese gerichtliche Praxis ist uneingeschränkt zu begrüßen. Sie verhindert unnötige Nachfolgeprozesse und verteilt die Kostenlast zwischen den Parteien gerechter. Die vom Arbeitgeber neu vorzunehmende Abmahnung darf allerdings nicht in der Weise erfolgen, dass die teilweise beanstandete Abmahnung lediglich hinsichtlich der fraglichen Passagen durch Schwärzen oder Überkleben unkenntlich gemacht wird[486]. Es ist vielmehr ein neues Schreiben zu verfassen, das keine Anhaltspunkte dafür erkennen lassen darf, dass wegen dieser Abmahnung ein Rechtsstreit geführt worden ist.

456   Die Gerichte müssen allerdings den in § 308 Abs. 1 Satz 1 ZPO enthaltenen Grundsatz beachten. Danach ist das Gericht nicht befugt, einer Partei etwas zuzusprechen, was nicht beantragt ist. Es ist deshalb nach zutreffender Ansicht des BAG nicht zulässig, dass das Gericht in einem Rechtsstreit über die Entfernung einer Abmahnung den beklagten Arbeitgeber ohne entsprechenden Antrag für berechtigt erklärt, erneut schriftlich abzumahnen[487].

457   Solange eine Praxis besteht, Abmahnungen insgesamt für unwirksam zu erklären und den Arbeitgeber zur vollen Kostentragung zu verurteilen, kommen folgende **prozessuale Lösungen** in Betracht:

---

[483] Urt. v. 18.6.1986 – 3 Sa 19/86 - n.v.

[484] Urt. v. 5.4.1989 – 3 Ca 946/88 - n.v.

[485] vgl. auch Kammerer a.a.O. (= Fn. 166) S. 131, 132; Schaub in NJW 1990, 872, 874

[486] vgl. Urt. d. LAG Köln v. 4.7.1988 = DB 1989, 636

[487] Urt. v. 14.12.1994 – AP Nr. 14 zu § 611 BGB Abmahnung; das BAG hat damit d. Urt. d. LAG Hamm v. 17.6.1993 = LAGE § 611 BGB Abmahnung Nr. 35 aufgehoben

Der Arbeitgeber kann – im Gegensatz zu einer Kündigung – die dem Arbeitnehmer erteilte Abmahnung, die den Streitgegenstand bildet, ohne dessen Einwilligung zurücknehmen, um ihm eine erneute „reduzierte" Abmahnung zu erteilen. Das bisherige Klagebegehren findet dadurch seine Erledigung, da der Arbeitgeber nicht zu einer Leistung verurteilt werden kann, die er schon erbracht hat. Der Arbeitnehmer müsste folglich seine Klage unter Verwahrung gegen die Kosten zurücknehmen.

Allerdings ist es durchaus denkbar, dass er auch die neue, eingeschränkte Abmahnung nicht zu akzeptieren gewillt ist. In diesem Fall hätte er die Möglichkeit, seine Klage entsprechend umzustellen. Eine solche **Klageänderung** wäre in der Regel sachdienlich.

458

Sollte der Arbeitnehmer – aus welchen Gründen auch immer – mit einer solchen Verfahrensweise nicht einverstanden sein und das Gericht keine Sachdienlichkeit annehmen, bliebe dem Arbeitgeber die Möglichkeit, hilfsweise eine **Feststellungswiderklage** des Inhalts zu erheben, dass er berechtigt ist, dem Kläger eine geänderte Abmahnung zu erteilen[488]. Hierbei sollte der Arbeitgeber vorsorglich – ähnlich wie der Arbeitnehmer bei Klage auf Erteilung eines bestimmten Zeugnisses – den vollen Wortlaut der beabsichtigten Abmahnung in den Hilfsantrag aufnehmen, um Auslegungsprobleme zu vermeiden und einer Abweisung wegen mangelnder Bestimmtheit des Antrags vorzubeugen.

459

Auf diese Weise wäre sichergestellt, dass kein neuer Rechtsstreit geführt werden muss. Das Gericht könnte sich sogleich mit der weiteren Abmahnung befassen und hierbei die möglicherweise bereits aufgrund einer Beweisaufnahme gewonnenen Erkenntnisse verwerten[489]. Außerdem wäre damit dem auf § 308 ZPO beruhenden Einwand des BAG (vgl. Fn. 487) Rechnung getragen. Um Zweifel hinsichtlich der Zulässigkeit der Feststellungswiderklage auszuräumen, ist unbedingt zu empfehlen, die „reduzierte" Abmahnung, deren Berechtigung der Arbeitgeber durch gerichtliche Feststellung bestätigt haben will, tatsächlich dem Arbeitnehmer gegen-

459a

---

[488] vgl. hierzu auch Tschöpe in NZA Beil. 2/1990, S. 19; Jurkat in DB 1990, 2218 ff.

[489] vgl. hierzu auch Pflaum a.a.O. (= Fn. 8) S. 333

über schon zu erklären. Andernfalls würde das Verfahren auf die Beurteilung einer abstrakten Rechtsfrage hinauslaufen. Das Feststellungsinteresse des Arbeitgebers setzt voraus, dass die Abmahnung tatsächlich erklärt ist und arbeitsrechtliche Wirkung haben kann.

> **Praktische Konsequenz:**
>
> Bei teilweiser Unwirksamkeit der Abmahnung empfiehlt sich für den Arbeitgeber der Ausspruch einer geänderten Abmahnung oder die Erhebung einer entsprechenden Feststellungswiderklage.

10.5 Unwirksame Kündigung = Abmahnung?

460 Arbeitgeber, die im Rahmen eines Kündigungsschutzverfahrens unterlegen sind, stellen nicht selten die Frage, ob die für unwirksam erklärte verhaltensbedingte Kündigung wenigstens die Funktion einer Abmahnung hat. Hierbei ist wie folgt zu differenzieren:

461 Ist die Kündigung allein aus **formellen** Gründen für unwirksam erklärt worden, z.B. wegen unterbliebener oder fehlerhafter Beteiligung des Betriebsrates, sollte der Arbeitgeber zunächst prüfen, ob er unter Beachtung der entsprechenden Formvorschriften die Kündigung in formgültiger Weise wiederholen kann. Andernfalls kann die Kündigung durchaus Abmahnungsfunktion haben. Aus diesem Grund sollte der Arbeitgeber möglichst frühzeitig klarstellen, dass er sie als Abmahnung aufrecht erhält. Selbstverständlich kann der Arbeitnehmer dagegen erneut Klage erheben.

462 Nach einem Urteil des BAG vom 7.9.1988[490] hat der Arbeitgeber sein Recht zur Abmahnung nicht durch eine zuvor ausgesprochene und vom Arbeitsgericht für unwirksam erklärte Kündigung verloren. Der Entscheidung lag folgender Sachverhalt zugrunde: Einer Kassiererin in einem Lebensmittelmarkt war ordentlich gekündigt worden, weil

---

[490] AP Nr. 2 zu § 611 BGB Abmahnung mit Anm. v. Conze; zust. Hauer a.a.O. (= Fn. 8) S. 133; von Hoyningen-Huene in RdA 1990, 193, 208; Schaub in NJW 1990, 872, 876; vgl. auch Wolf a.a.O. (= Fn. 161) S. 169 ff.; Conze in DB 1989, 778, 779; Koffka a.a.O. (= Fn. 161) S. 138/139; Pflaum a.a.O. (= Fn. 8) S. 350 ff.

sie bei einem sog. Testkauf Waren im Einkaufswagen des „Testkunden" übersehen hatte. Die Kündigungsschutzklage hatte Erfolg; das erstinstanzliche Urteil wurde rechtskräftig. Daraufhin mahnte der Arbeitgeber die Kassiererin wegen der Vorfälle ab, die er vorher zur Begründung der Kündigung herangezogen hatte. Hiergegen klagte die Kassiererin erneut. Das BAG bestätigte die Entscheidung der Vorinstanz[491], wonach das Rügerecht des Arbeitgebers durch eine Kündigung des Arbeitsverhältnisses nicht verbraucht wird.

Das BAG hat zutreffend ausgeführt, die Unwirksamkeit der vorangegangenen Kündigung sei nicht gleichbedeutend mit der Unwirksamkeit der Abmahnung. Dem Arbeitgeber könne die Abmahnung nicht untersagt werden, weil die Arbeitnehmerin den Ausgang des Kündigungsschutzprozesses missverstehen könnte. Die Abmahnung habe sich auch nicht durch Zeitablauf erledigt, da sie nach der Rechtsauffassung des Arbeitgebers, der von der Beendigung des Arbeitsverhältnisses aufgrund der vorangegangenen Kündigung ausgegangen sei, zunächst entbehrlich gewesen sei.

Die vorstehenden Ausführungen gelten insbesondere dann sinngemäß, wenn das Arbeitsgericht die Kündigung mit der Begründung für unwirksam erklärt hat, wegen des zugrundeliegenden Fehlverhaltens habe zunächst eine Abmahnung des Arbeitnehmers erfolgen müssen. In diesem Fall hat der Arbeitgeber nämlich nicht nur arbeitsrechtliche Konsequenzen angedroht, was für die Abmahnung typisch und kennzeichnend ist, sondern er hat die arbeitsrechtliche Konsequenz bereits realisiert. Der Arbeitgeber hat damit in einer Form, wie sie deutlicher nicht sein kann, zum Ausdruck gebracht, dass er das Fehlverhalten des Arbeitnehmers nicht hinzunehmen gewillt ist[492].

463

Anders ist die Rechtslage hingegen dann zu beurteilen, wenn der Kündigungsschutzklage mit der Begründung stattgegeben worden ist, der Arbeitgeber habe den der Kündigung zugrundeliegenden Sachverhalt nicht ordnungsgemäß dargelegt oder die kündigungsrelevanten Tatsachen nicht beweisen können. In diesem Fall kann

464

---

[491] Urt. d. LAG Baden-Württemberg v. 25.6.1987 = LAGE § 611 BGB Abmahnung Nr. 17

[492] vgl. hierzu Meyer a.a.O. (= Fn. 8) S. 40; Pflaum a.a.O. (= Fn. 8) S. 352

die unwirksame Kündigung in der Regel keine Abmahnungsfunktion haben. Der Arbeitgeber, dem der Nachweis der Kündigungsgründe nicht gelingt, wird – von Ausnahmefällen abgesehen – auch die Berechtigung der Abmahnung nicht darlegen und beweisen können.

465 Das BAG hat in einer weiteren Entscheidung[493] bestätigt, dass eine frühere Kündigung die Funktion einer Abmahnung jedenfalls dann erfüllt, wenn der Kündigungssachverhalt feststeht und die Kündigung aus anderen Gründen, z. B. wegen fehlender Abmahnung, für sozialwidrig erachtet worden ist.

466 Koffka[494] folgert hieraus, eine unwirksame Kündigung könne bei feststehendem Sachverhalt in eine Abmahnung umgedeutet werden (§ 140 BGB), ohne dass es einer neuen ausdrücklichen Abmahnungserklärung des Arbeitgebers bedürfe.

467 Zur Vermeidung von Missverständnissen und im Interesse beiderseitiger Klarheit sollte der Arbeitgeber nach einem für den Arbeitnehmer erfolgreichen Kündigungsschutzverfahren in geeigneten Fällen schriftlich gegenüber dem Arbeitnehmer zum Ausdruck bringen, wie er die für unwirksam erklärte Kündigung rechtlich bewertet (vgl. das nachstehende Muster).

> **Praktische Konsequenz:**
> Unwirksame Kündigungen können Abmahnungsfunktion haben. Dies ist in geeigneten Fällen klarzustellen.

Muster: *Abmahnung nach klagestattgebendem Urteil im Kündigungsschutzprozess*

Vorbemerkung:

Der Arbeitgeber sollte nur dann in dieser Weise vorgehen, wenn er kein Rechtsmittel gegen die klagestattgebende Entscheidung einzulegen beabsichtigt.

---

[493] Urt. v. 31. 8.1989 - AP Nr. 23 zu § 1 KSchG 1969 Verhaltensbedingte Kündigung; ebenso Urt. d. LAG Hessen v. 11.6.1993 = LAGE § 626 BGB Nr. 74; Urt. d. LAG Köln v. 1.6.1995 = LAGE § 611 BGB Abmahnung Nr. 42

[494] a.a.O. (= Fn. 161) S. 139

> **Abmahnung**   Datum
>
> Sehr geehrte/r Frau/Herr,
>
> wie Sie wissen, hat das Arbeitsgericht / Landesarbeits-gericht / Bundesarbeitsgericht mit Urteil vom .... Ihrer Kündigungsschutzklage stattgegeben und die mit Schreiben vom .... zum .... erklärte ordentliche Kündigung für unwirksam erachtet.
>
> Wenn auch der in diesem Schreiben geschilderte Sachverhalt hiernach nicht ausreicht, um eine Kündigung Ihres Arbeitsver-hältnisses zu rechtfertigen, so stellt Ihr Verhalten[*] gleichwohl eine Verletzung Ihrer arbeitsvertraglichen Pflichten dar, die wir nicht billigen können.
>
> Wir weisen Sie daher ausdrücklich darauf hin, dass durch die Entscheidung des Gerichts die Angelegenheit für Sie keineswegs erledigt ist, sondern dass Sie bei weiterem Fehlverhalten erneut mit einer Kündigung Ihres Arbeitsverhältnisses rechnen müssen.
>
> Mit freundlichen Grüßen

10.6 Vergleich

Nach § 57 Abs. 2 ArbGG, der gemäß § 64 Abs. 7 ArbGG im Berufungsverfahren entsprechend gilt, soll während des ganzen Verfahrens die **gütliche Erledigung** des Rechtsstreits angestrebt werden. Dies führt in Abmahnungsprozessen nicht selten zu dem Vorschlag des Gerichts, die Parteien sollten sich dahingehend gütlich einigen, dass die vom Kläger angegriffene Abmahnung nach Ablauf einer bestimmten Frist aus seinen Personalakten entfernt werde. 468

Hierbei sollte darauf geachtet werden, dass ein solcher Vergleich sinngemäß etwa wie folgt formuliert wird:

„Die Abmahnung vom . . . wird am . . . ersatzlos aus den Personalakten des Klägers entfernt. Diese Verpflichtung des Beklagten entfällt, falls bis zu dem genannten Zeitpunkt weitere abmahnungs- oder kündigungsrelevante Umstände auftreten."

469

---

[*] Hier sind konkret die Punkte anzugeben, die die Abmahnung rechtfertigen, insbesondere die im Prozess bestätigten Punkte.

Fraglich ist, welche rechtlichen Auswirkungen ein derartiger Vergleich hat. Hierzu ist bislang – soweit ersichtlich – erst eine zweitinstanzliche Entscheidung bekannt geworden:

Klagt ein Arbeitnehmer auf Rücknahme einer Abmahnung und deren Entfernung aus der Personalakte und schließt er dann mit dem Arbeitgeber einen **Prozessvergleich** des Inhalts, dass die Abmahnung nach Ablauf eines Jahres seit ihrer Erteilung aus der Personalakte zu entfernen ist, so liegt darin nach Auffassung des LAG Hamm[495] mangels einer entsprechenden ausdrücklichen Erklärung des Klägers keine Anerkennung der Begründetheit der Abmahnung, weshalb das ihr zugrundeliegende Fehlverhalten in einem nachfolgenden Kündigungsprozess noch bestritten werden kann.

470 Diese Rechtsprechung lässt sich nicht ohne weiteres verallgemeinern. Es ist vielmehr auf die konkreten Umstände des Zustandekommens der einvernehmlichen Regelung abzustellen. Normalerweise wird ein solcher Vergleich zu einem Zeitpunkt vereinbart, in dem noch nicht streitig über die Abmahnung verhandelt worden ist oder gar eine **Beweisaufnahme** stattgefunden hat. In diesem Fall wird man nicht annehmen können, dass der Kläger, der sich auf einen Vergleich einlässt, damit die Abmahnung inhaltlich anerkennt, so dass im Falle einer späteren Kündigung ohne weiteres von der Wirksamkeit der Abmahnung ausgegangen werden könnte.

471 Es sind jedoch durchaus auch andere Fallgestaltungen denkbar. Sind z. B. schon tatsächliche oder rechtliche Feststellungen getroffen, die Rückschlüsse auf die Wirksamkeit der Abmahnung zulassen, muss das Interesse der Parteien darauf gerichtet sein, im Falle eines Vergleichsabschlusses für entsprechende Klarstellungen im Text zu sorgen, um die Reichweite des Vergleichs möglichst zweifelsfrei zu bestimmen.

472 Der Arbeitgeber sollte in jedem Fall bedenken, dass eine einvernehmliche Regelung später im Bedarfsfall die **Beweisführung** unter Umständen erheblich erschweren kann, wenn der Abmahnungssachverhalt nicht im Rahmen des Abmahnungsprozesses, sondern erst geraume Zeit später während eines Kündigungsschutzverfahrens

---

[495] Urt. v. 5. 2.1990 = LAGE § 611 BGB Abmahnung Nr. 20

(als Vorfrage) geklärt wird und ggf. hierüber Beweis erhoben werden muss.

Praktische Konsequenz:

Ein Vergleich im Abmahnungsprozess bedarf einer sorgfältigen Überlegung und Formulierung, um Auslegungsschwierigkeiten und spätere Auseinandersetzungen zu vermeiden.

10.7 Streitwert

Verfahren, in denen es um die Berechtigung einer Abmahnung geht, waren **vermögensrechtliche Streitigkeiten** im Sinne des § 64 Abs. 2 ArbGG in der bis zum 30. April 2000 geltenden Fassung[496]. Aufgrund der Änderung des Arbeitsgerichtsgesetzes[497] ist die Unterscheidung zwischen vermögensrechtlichen und nichtvermögensrechtlichen Streitigkeiten bedeutungslos geworden. In Rechtsstreitigkeiten über die Wirksamkeit einer Abmahnung kann heute nur dann **Berufung** eingelegt werden, wenn sie in dem Urteil des Arbeitsgerichts zugelassen worden ist oder der Wert des Beschwerdegegenstandes 600 EUR übersteigt (§ 64 Abs. 2 Buchst. a und b ArbGG).   473

Zum Streitwert in einem Abmahnungsverfahren hat das BAG entschieden, die Streitwertfestsetzung durch das Arbeitsgericht auf **2.000 DM** sei nicht offensichtlich unrichtig[498]. In der Rechtsprechung der Instanzgerichte sind bislang folgende Meinungen vertreten worden: 474

Das LAG Rheinland-Pfalz[499] hält ein **halbes Monatsverdienst** für angemessen, jedenfalls aber nicht für offensichtlich unrichtig. Nach   474a

---

[496] so Urt. d. BAG v. 24.2.1982 - AP Nr. 3 zu § 64 ArbGG 1979; ebenso Schaub in NJW 1990, 872, 877; Berger-Delhey in PersV 1988, 430, 435

[497] durch das Gesetz zur Vereinfachung und Beschleunigung des arbeitsgerichtlichen Verfahrens (Arbeitsgerichtsbeschleunigungsgesetz) vom 30. März 2000 (BGBl. I S. 333)

[498] Urt. v. 13.1.1988 – AP Nr. 11 zu § 64 ArbGG 1979

[499] Urt. v. 2.7.1982 = BB 1982, 1799; Beschl. v. 15.7.1986 = LAGE § 12 ArbGG 1979 Streitwert Nr. 60; Beschl. v. 7. 7.1989 = ARSt. 1990, 76 (L)

einem Urteil des LAG Köln[500] ist der vom Arbeitsgericht für eine Klage auf Entfernung einer Abmahnung aus den Personalakten festgesetzte Streitwert in Höhe von **400 DM** nicht offenkundig falsch. In einer weiteren Entscheidung hat das LAG Köln[501] die Streitwertfestsetzung der Vorinstanz auf **600 DM** als offensichtlich unrichtig angesehen und als zutreffenden Gegenstandswert **mindestens ein halbes Monatseinkommen** angenommen, ohne sich näher festlegen zu müssen, da hierdurch die Berufungssumme von 800 DM nach § 64 Abs. 2 ArbGG a.F. erreicht war. Nach der Ansicht des LAG Hamm[502], des LAG Bremen[503], des LAG Frankfurt[504], des LAG Hamburg[505] und des LAG Nürnberg[506] richtet sich der Streitwert im allgemeinen nach **einem Monatsgehalt** des abgemahnten Arbeitnehmers. Das ArbG Wetzlar[507] ging früher davon aus, der Streitwert einer Klage auf Entfernung einer Abmahnung aus der Personalakte sei regelmäßig mit einem **Drittel** des Bruttomonatseinkommens zu bewerten. Neuerdings nimmt es ebenfalls als Regelstreitwert ein Bruttomonatseinkommen an[508].

474b Wenn Gegenstand des Rechtsstreits mehrere aufeinander folgende Abmahnungen sind, gilt nach Ansicht des Hessischen LAG[508a] Folgendes: Die erste und zweite Abmahnung werden jeweils mit dem Betrag eines Bruttomonatsverdienstes bewertet. Weitere Abmahnungen innerhalb eines Zeitraums von sechs Monaten ab dem Zugang der ersten Abmahnung werden jeweils mit einem Drittel des Betrags eines Bruttomonatsverdienstes angesetzt.

---

[500] Urt. v. 30.5.1985 = LAGE § 64 ArbGG 1979 Nr. 9

[501] Urt. v. 19.12.1985 = BB 1986, 600

[502] Beschl. v. 5.7.1984 = LAGE § 12 ArbGG 1979 Streitwert Nr. 29; Beschl. v. 16.8.1989 = NZA 1990, 328

[503] Beschl. v. 3.5.1983 = ARSt. 1983, 141 (L)

[504] Beschl. v. 1.3.1988 = RzK Abmahnung Nr. 27

[505] Beschl. v. 12.8.1991 = LAGE § 12 ArbGG 1979 Streitwert Nr. 94

[506] Beschl. v. 11.11.1992 = NZA 1993, 430 (L)

[507] Urt. v. 12. 4.1990 = BB 1990, 2340 (L)

[508] Urt. v. 17.8.1993 = ARSt. 1994, 37 (L)

[508a] Beschl. v. 24. 5.2000 = NZA-RR 2000, 438

> **Beachte:**
>
> Bei allem Verständnis dafür, die Verfahrenskosten insbesondere im   475
> Interesse des klagenden Arbeitnehmers möglichst niedrig zu halten
> (vgl. § 12 Abs. 7 Satz 1 ArbGG), würde es der durch die Abmahnung
> eintretenden Gefährdung des Arbeitsverhältnisses nicht gerecht,
> wenn der Streitwert auf einen geringeren Betrag als ein Monatsver-
> dienst festgesetzt würde.

Hierbei ist zu berücksichtigen, dass Abmahnungen in der Praxis und damit auch bei den Arbeitsgerichten hauptsächlich dann eine Rolle spielen, wenn das Arbeitsverhältnis bereits länger als sechs Monate bestanden hat (vgl. Abschnitt 3.4). Bei Arbeitsverhältnissen, die länger als ein Jahr bestehen, nimmt das BAG[509] grundsätzlich als Gegenstandswert schon den Höchstwert von drei Monatsgehältern an. Im Verhältnis dazu erscheint es gerechtfertigt, als **Regelstreitwert** für Abmahnungen **ein Bruttomonatsgehalt** anzusetzen[510].

10.8 Einstweilige Verfügung

Für einen Antrag auf Erlass einer einstweiligen Verfügung, mit der   476
dem Arbeitgeber untersagt werden soll, dem Arbeitnehmer eine Abmahnung zu erteilen, gibt es im Zweifel keinen Verfügungsanspruch. Jedenfalls fehlt es regelmäßig am Verfügungsgrund[511]. Die engen Anspruchsvoraussetzungen der §§ 935 bzw. 940 ZPO, die nach § 62 Abs. 2 Satz 1 ArbGG auch im arbeitsgerichtlichen Verfahren Anwendung finden, liegen im Zweifel nicht vor, wenn der Arbeitnehmer meint, durch eine Abmahnung in seinen Rechten verletzt worden zu sein.

10.9 Zwangsvollstreckung

Die Vollstreckung eines titulierten Anspruchs auf Entfernung von   477
Abmahnungsunterlagen richtet sich bei allein vom Schuldner (= Arbeitgeber) befugt zu führenden Personalakten ausschließlich nach den Grundsätzen über die Vollstreckung bei unvertretbaren Hand-

---

[509] Beschl. v. 30.11.1984 – AP Nr. 9 zu § 12 ArbGG 1979
[510] ebenso Pflaum a.a.O. (= Fn. 8) S. 354; Koffka a.a.O. (= Fn. 161) S. 192
[511] Urt. d. LAG Köln v. 19.6.1996 = ARSt. 1996, 259 (L)

lungen (§ 888 ZPO)[512]. § 894 ZPO, wonach die Willenserklärung, zu deren Abgabe der Schuldner verurteilt worden ist, als abgegeben gilt, sobald das Urteil Rechtskraft erlangt hat, ist im Rechtsstreit um die Wirksamkeit einer Abmahnung nicht anwendbar. Der Arbeitgeber wird nämlich im Falle seines Unterliegens nicht zur Abgabe einer Willenserklärung verurteilt, sondern zur Entfernung der Abmahnung aus der Personalakte des Arbeitnehmers.

477a Ob sich der arbeitsrechtliche Anspruch des Arbeitnehmers auf Entfernung eines Abmahnungsschreibens aus der Personalakte auch auf andere Akten des Arbeitgebers erstreckt (z.B. Prozessakte), ist nach Auffassung des LAG Köln[512a] im Prozess über den Entfernungsanspruch zu entscheiden; diese Entscheidung kann nicht im Zwangsvollstreckungsverfahren nachgeholt werden.

---

[512] Beschl. d. LAG Hessen v. 9.6.1993 = NZA 1994, 288 (L); vgl. auch Germelmann in RdA 1977, 75, 78

[512a] Beschl. v. 20. 3.2000 = NZA 2000, 960 (L)

11 Abmahnung durch Arbeitnehmer

Nicht nur der Arbeitgeber ist berechtigt oder verpflichtet, Abmahnungen auszusprechen. Auch für den Arbeitnehmer kann im Einzelfall Veranlassung bestehen, seinem Arbeitgeber eine Abmahnung zu erteilen[513]. Diese Fälle haben aber nur eine geringe praktische Bedeutung.

478

Das BAG hat die Notwendigkeit der Abmahnung aus § 326 BGB abgeleitet (vgl. Fn. 513). Diese Vorschrift besagt, dass bei Verzug des einen Vertragspartners der andere eine Frist setzen und erklären kann, dass er nach dem Ablauf der Frist die Annahme der Leistung verweigert. Da der Arbeitnehmer nicht nur Schuldner, sondern auch Gläubiger des Arbeitsvertrages ist, nämlich z.B. hinsichtlich des ihm zu zahlenden Arbeitsentgelts, steht auch ihm dieses Recht zu[514].

479

Das Erfordernis der Abmahnung ist aus der **Treuepflicht** des Arbeitnehmers abzuleiten. Ebenso wie der Arbeitnehmer nicht von einer Kündigung überrascht werden soll, mit der er nicht rechnen konnte (vgl. Abschnitt 1.3), soll der Arbeitgeber nicht mit der plötzlichen Beendigung des Arbeitsverhältnisses durch den Arbeitnehmer konfrontiert werden[515].

480

Da der Arbeitgeber – im Unterschied zum Arbeitnehmer – jederzeit mit einer **fristgerechten** Beendigung des Arbeitsverhältnisses rechnen muss, ist eine Abmahnung seitens des Arbeitnehmers nur im Fall seines **vorzeitigen** Ausscheidens geboten, wozu nicht nur die fristlose Kündigung gehört[516]. In diesen Fällen kommt es nämlich nicht selten vor, dass der Arbeitgeber auf der Einhaltung der Kündigungsfrist durch den Arbeitnehmer besteht und Schadenersatzansprüche für den Fall des sofortigen Ausscheidens androht oder gel-

481

---

[513] so schon Urt. d. BAG v. 19.6.1967 – AP Nr. 1 zu § 124 GewO mit Anm. v. Hueck; vgl. ferner Rewolle in DB 1976, 774; Berger-Delhey in PersV 1988, 430, 432; KR-Fischermeier, 6. Aufl. 2002, § 626 BGB Rz. 256

[514] ähnlich Hunold in BB 1986, 2050, 2051

[515] vgl. hierzu Urt. d. LAG Baden-Württemberg v. 10. 10.1990 = BB 1991, 415 (L)

[516] vgl. auch Schaub in NJW 1990, 872, 873; Walker in NZA 1995, 601, 603

tend macht. Dem Arbeitnehmer wird nur in besonderen Ausnahmefällen das Recht der außerordentlichen Kündigung zugebilligt, ohne dass er zum Schadenersatz verpflichtet ist.

482   Als Beispiele für nicht vertragsgemäßes Verhalten des Arbeitgebers, bei dem eine vorherige Abmahnung durch den Arbeitnehmer angebracht sein kann, seien folgende Fallgestaltungen genannt:

– nicht ordnungsgemäße oder verspätete Lohnzahlung[517];
– Nichteinhaltung vertraglich zugesicherter Sonderleistungen (z.B. Nichtzahlung der im Arbeitsvertrag vereinbarten Umzugskosten);
– wiederholtes Verlangen unzulässiger Über- oder Mehrarbeit[518];
– Verstöße gegen Arbeitsschutzvorrichtungen (z.B. Unfallverhütungsvorschriften);
– nicht vertragsgemäße Überlassung einer Werkswohnung bzw. Nichtbehebung von erheblichen Mängeln der Werkswohnung;
– Fehlen entsprechender Schutzvorrichtungen für das eingebrachte Eigentum (z.B. das Fehlen von abschließbaren Spinden).

483   Das Unterlassen einer gebotenen Abmahnung durch den Arbeitnehmer kann zur Folge haben, dass ihm gem. § 628 Abs. 2 BGB kein Anspruch auf Schadenersatz zusteht[519]. Nach dieser Vorschrift ist der Vertragspartner zum Ersatz des durch die Aufhebung des Arbeitsverhältnisses entstehenden Schadens verpflichtet, der durch vertragswidriges Verhalten die Kündigung des anderen Vertragspartners veranlasst hat.

---

[517] Urt. d. LAG Köln v. 23.9.1993 = LAGE § 626 BGB Nr. 73
[518] Urt. d. BAG v. 28. 10.1971 – AP Nr. 62 zu § 626 BGB; Urt. d. LAG Hamm v. 18. 6.1991 = LAGE § 626 BGB Nr. 59
[519] vgl. Urt. d. LAG Düsseldorf v. 31. 7.1980 = BB 1980, 1526

12 Grundsätze zur Abmahnung

1. Die Abmahnung ist nur im Zusammenhang mit verhaltensbedingten und leistungsbedingten Kündigungen von Bedeutung. Vor personenbedingten, insbesondere krankheitsbedingten, und betriebsbedingten Kündigungen kommt eine Abmahnung nicht in Betracht.
2. Gegenstand einer Abmahnung kann nur eine arbeitsvertragliche Pflichtverletzung sein. Deshalb ist z.B. eine Abmahnung wegen häufiger krankheitsbedingter Fehlzeiten unzulässig. Etwas anderes gilt etwa bei der Verletzung von Anzeige- und Nachweispflichten bei Krankheit.
3. Eine vorherige Abmahnung ist nur in besonderen Ausnahmefällen entbehrlich. Es muss sich dabei um schwerwiegende Pflichtverletzungen des Arbeitnehmers handeln, die eine Wiederherstellung des Vertrauensverhältnisses nicht mehr erwarten lassen oder dem Arbeitgeber die Fortsetzung des Arbeitsverhältnisses aus anderen Gründen unzumutbar machen. Typische Fälle hierfür können strafbare Handlungen zum Nachteil des Arbeitgebers sein.
4. Eine Abmahnung bedarf zu ihrer Wirksamkeit nicht der Schriftform. Im Hinblick auf die Darlegungs- und Beweislast des Arbeitgebers im Abmahnungsprozess sollte eine Abmahnung jedoch stets schriftlich erfolgen.
5. Eine Abmahnung ist nur wirksam, wenn sie zwei wesentliche Bestandteile enthält:
   a) Konkrete Darstellung der arbeitsvertraglichen Pflichtverletzung
   b) Androhung der Kündigung für den Fall weiterer Pflichtverletzungen
6. Eine Anhörung des Arbeitnehmers vor Erteilung einer Abmahnung ist keine Wirksamkeitsvoraussetzung. Im Geltungsbereich der Tarifverträge des öffentlichen Dienstes muss der Arbeitneh-

mer allerdings vor Aufnahme der Abmahnung in die Personalakten angehört werden.

7. Eine Abmahnung ist auch dann unwirksam und muss auf Antrag aus den Personalakten entfernt werden, wenn sie auf mehreren Pflichtverletzungen beruht und diese nicht alle nachweisbar sind bzw. nicht alle zutreffen. Eine nur teilweise wirksame Abmahnung ist insgesamt unwirksam.

8. Der Arbeitnehmer ist nicht verpflichtet, tarifliche Ausschlussfristen oder Klagefristen einzuhalten, wenn er die Unwirksamkeit einer Abmahnung geltend machen will. Sein Berichtigungs- bzw. Entfernungsanspruch kann allerdings verwirken.

9. Die Erteilung einer Abmahnung ist im Geltungsbereich des Betriebsverfassungsgesetzes und des Bundespersonalvertretungsgesetzes mitbestimmungsfrei. Im Geltungsbereich der Landespersonalvertretungsgesetze sind unterschiedliche Regelungen zu beachten.

Abkürzungsverzeichnis

a. A.	anderer Ansicht
a.a.O.	am angegebenen Ort
Abs.	Absatz
a. E.	am Ende
a. F.	alte Fassung
AiB	Arbeitsrecht im Betrieb (Zeitschrift)
allg.	allgemein
Anm.	Anmerkung
AP	Arbeitsrechtliche Praxis (Nachschlagewerk des Bundesarbeitsgerichts)
ArbG	Arbeitsgericht
ArbGG	Arbeitsgerichtsgesetz
ArbuR	Arbeit und Recht (Zeitschrift)
ARSt.	Arbeitsrecht in Stichworten (Zeitschrift)
Art.	Artikel
Aufl.	Auflage
BAG	Bundesarbeitsgericht
BAT	Bundes-Angestelltentarifvertrag
BB	Betriebs-Berater (Zeitschrift)
BBG	Bundesbeamtengesetz
BBiG	Berufsbildungsgesetz
BDO	Bundesdisziplinarordnung
Beil.	Beilage
BErzGG	Bundeserziehungsgeldgesetz
Beschl.	Beschluss
BeschSchG	Beschäftigtenschutzgesetz
BetrVG	Betriebsverfassungsgesetz
BGB	Bürgerliches Gesetzbuch
BGH	Bundesgerichtshof
Bl.	Blatt

BMT-G	Bundesmanteltarifvertrag für die Arbeiter gemeindlicher Verwaltungen und Betriebe
BPersVG	Bundespersonalvertretungsgesetz
BRRG	Beamtenrechtsrahmengesetz
BVerfG	Bundesverfassungsgericht
BVerwG	Bundesverwaltungsgericht
BZRG	Bundeszentralregistergesetz
bzw.	beziehungsweise
DB	Der Betrieb (Zeitschrift)
ders.	derselbe
d.h.	das heißt
DM	Deutsche Mark
EFZG	Entgeltfortzahlungsgesetz
Entsch.	Entscheidung
EUR	Euro
EzBAT	Entscheidungssammlung zum BAT
ff.	folgende
Fn.	Fußnote
GewO	Gewerbeordnung
GG	Grundgesetz
ggf.	gegebenenfalls
GrO	Grundordnung
HGB	Handelsgesetzbuch
JW	Juristische Wochenschrift
KR	Gemeinschaftskommentar zum Kündigungsrecht
krit.	kritisch
KSchG	Kündigungsschutzgesetz
L	Leitsatz, Leitsätze
LAG	Landesarbeitsgericht

LAGE	Entscheidungen der Landesarbeitsgerichte
LKW	Lastkraftwagen
LohnFG	Lohnfortzahlungsgesetz
LPersVG	Landespersonalvertretungsgesetz
LPVG	Landespersonalvertretungsgesetz
MTArb	Manteltarifvertrag für Arbeiterinnen und Arbeiter des Bundes und der Länder
MTL	Manteltarifvertrag für die Arbeiter der Länder
MuSchG	Mutterschutzgesetz
m.w.N.	mit weiteren Nachweisen
Nds.PersVG	Niedersächsisches Personalvertretungsgesetz
NJW	Neue Juristische Wochenschrift
Nr.	Nummer
n.v.	nicht veröffentlicht
NZA	Neue Zeitschrift für Arbeits- und Sozialrecht
NZA-RR	NZA-Rechtsprechungs-Report Arbeitsrecht
o.g.	oben genannt
OVG	Oberverwaltungsgericht
PersR	Der Personalrat (Zeitschrift)
PersV	Die Personalvertretung (Zeitschrift)
R	Rückseite
RdA	Recht der Arbeit (Zeitschrift)
RG	Reichsgericht
RGZ	Entscheidungen des Reichsgerichts in Zivilsachen
Rz.	Randziffer
RzK	Rechtsprechung zum Kündigungsrecht (Entscheidungssammlung)
S.	Seite(n)
SAE	Sammlung Arbeitsrechtlicher Entscheidungen (Zeitschrift)
SchwbG	Schwerbehindertengesetz

SeemG	Seemannsgesetz
SGB	Sozialgesetzbuch
sog.	sogenannte(r)
Urt.	Urteil
usw.	und so weiter
v.	von
VG	Verwaltungsgericht
vgl.	vergleiche
WRS	Verlag Wirtschaft, Recht und Steuern
z. B.	zum Beispiel
ZPO	Zivilprozessordnung
ZTR	Zeitschrift für Tarif-, Arbeits- und Sozialrecht des öffentlichen Dienstes
zust.	zustimmend

Stichwortverzeichnis

Abmahnung 10
- Abmahnungsberechtigter
  Siehe dort
- Änderungskündigung 104
- Androhung von Konsequenzen
  119
- Ankündigungsfunktion 15
- Anzahl 156
- Arbeitnehmer, Abmahnung
  durch 235
- Aufbewahrungsdauer 147
- ausländischer Arbeitnehmer
  127
- Auszubildende 102
- Begriff 11
- Beteiligung des Betriebs- bzw.
  Personalrats 162
- Betriebsbuße 130, 178
- Betriebsrat 162
- Betriebsratsratsmitglieder
  172
- Beweisfunktion 223
- Beweissicherung 123
- Bezeichnung als "-" 124
- Definition 14, 107
- Delegation der
  Abmahnungsbefugnis *Siehe
  dort*
- Dokumentationsfunktion 223
- Elternzeit 111
- Entfernungsanspruch,
  automatischer 147
- Erfolgsaussichten, fehlende
  99
- Ermahnung 10
- Fälle 21
- fehlende Erfolgsaussichten 99
- Form 123
- formularmäßige 117
- Funktion 116
- Gegendarstellung zur 187
- gesetzliche Grundlagen 10
- Gespräch, Bezugnahme auf
  116
- Gleichartigkeit der
  Vertragsverstöße 150
- Grundsätze 237
- Information des Betriebs-
  bzw. Personalrats 168
- Inhalt, notwendiger 114
- Klagefrist 198
- klagestattgebendes Urteil ,
  Muster 228
- Kleinbetriebe 110
- Konsequenzen, Androhung
  von 119
- krankheitsbedingte Fehlzeiten
  16
- Kündigung, Unterschied zur
  223
- Kündigung, unwirksame 226
- Kündigung, Verhältnis zur
  150
- Kündigung, Zeitraum bis zur
  148
- Kündigungsverbot 111
- Kündigungsverzicht 160
- Leistungsbereich, Störungen
  im 18
- letztmalige 156

– letztmalige, Muster 159
– mehrere 156
– mehrere Abmahnungsgründe 118, 221
– Mitbestimmung *Siehe Betriebsrat, Personalrat*
– mündliche 123, 186
– Muster, allgemeines 114
– Mutterschutz 111
– Nachschieben von Abmahnungsgründen 209
– notwendiger Inhalt 114
– Notwendigkeit 16
– Pauschalandrohung 139
– Personalrat 162
– Personalratsmitglieder 172
– Probezeit 108
– Rechte des Arbeitnehmers 185
– Rechtsprechung 11
– Regelausschlussfrist 132
– Rundschreiben, allgemeines 130
– schlagwortartige Bezeichnung der Rüge 115
– Schreiben, früheres 117
– Schriftform 123
– schwarzes Brett, Aushang am 129
– Schwerbehindertenvertretung 182
– Sonderfälle 102
– Strafcharakter 178
– strafrechtliche Begriffe 219
– tarifliche Ausschlussfrist 199
– Tatbestände 16
– Teilbarkeit der 221
– Tilgung 139
– Umsetzung 107
– unbehebbare Leistungsmängel 16
– unberechtigte 185
– Verhaltensbereich, Störungen im 18
– Verhältnismäßigkeit 210
– Versetzung 105
– Verzicht auf Kündigung 160
– vorweggenommene 137 *Siehe Vorweggenommene Abmahnung*
– Warnfunktion 15
– wiederholte 156
– wiederholte, Muster 158
– Wirksamkeitsdauer 147
– Wirkungsdauer 121, 139
– Zeitpunkt der 132
– Zeitraum bis zur Kündigung 148
– Zeugnis, Erwähnung im 131
– Zugang 123, 127
– Zweck 13, 116
Abmahnungsbefugnis *Siehe Abmahnungsberechtigter*
Abmahnungsberechtigter 124
– Bankdirektor 125
– Bürgermeister 125
– Chefarzt 125
– Delegation der Abmahnungsbefugnis 125
– Fertigungsmeister 125
– Firmeninhaber 125
– Geschäftsführer 125
– Kündigungsberechtigter 124
– leitende Angestellte 125
– Meister 125
– Muster einer Delegation der Abmahnungsbefugnis 126
– Vorstandsmitglied 125
Abmahnungsfälle 21
Abmahnungsfunktion der Kündigung 226

Abmahnungsgründe,
Nachschieben von 209
Abmahnungsprozess 207
– Darlegungs- und Beweislast
207
– Feststellungswiderklage 225
– Klageänderung 225
– Klagerücknahme 225
– Prüfungsumfang der Gerichte
210
– Streitgegenstand 209
– Streitwert 231
– Teilurteil 222
– Vergleich 229
Abmahnungstatbestände 16
Alkoholabhängigkeit 22
Alkoholbedingtes Fehlverhalten
22
– Abgrenzung zur
Alkoholabhängigkeit 22
– Muster 23
Alkoholmissbrauch 22
Alkoholverbot, betriebliches 23
Amtsärztliche Untersuchung,
Weigerung 24
– Muster 25
Änderungskündigung
– Abmahnung vor 104
– Leistungsmängel 104
– verhaltensbedingte Kündigung
104
Androhung von Konsequenzen
119
Ankündigungsfunktion der
Abmahnung 15
Antizipierte Abmahnung *Siehe*
Vorweggenommene
Abmahnung
Anzahl der Abmahnungen 156
Anzeigepflicht, Verletzung der
26
– Muster 28

Arbeitnehmer
– Abmahnung durch 235
Arbeitnehmerrechte 185
– öffentlicher Dienst 190
– öffentlicher Dienst,
Anhörungsrecht 193
– unberechtigte Abmahnung,
Entfernung 185
– Verwirkung des
Entfernungsanspruchs 200,
202
Arbeitsniederlegungen 29
– beharrliche 30
– Muster 30
Arbeitsordnung
– vorweggenommene
Abmahnung 137
Arbeitsplatz
– eigenmächtiges Verlassen des
-es 30
Arbeitsunfähigkeit, Verhalten
während der 31
– Muster 36
Arbeitsunfähigkeitsbescheinigung
, Fälschen der 37
Arbeitsverhältnis, Beendigung des
-ses
– Anspruch auf Entfernung der
Abmahnung 190
Arbeitsvertrag
– Hauptpflichten 17
– Nebenpflichten 17
– vorweggenommene
Abmahnung 138
Arbeitsvertragsbruch 18
Arbeitsverweigerung 38
– beharrliche 18, 30, 38
– Muster 39
Arglist
– Prozessgegner 204

Ärztliches Attest *Siehe Arbeitsunfähigkeitsbescheinig ung*
Attest *Siehe Arbeitsunfähigkeitsbescheinig ung*
Aufbewahrungsdauer 147
Aufsichtspflicht, Verletzung der 40
– Muster 40
Ausländischer Arbeitnehmer
– Zugang der Abmahnung 127
Auslandsurlaub
– Erkrankung im Anschluss 27
Außerdienstliches Fehlverhalten 41
– Muster 43
Ausweichprinzip 214
Auszubildende
– Muster einer Abmahnung 103

Bankdirektor 125
Beendigung des Arbeitsverhältnisses
– Anspruch auf Entfernung der Abmahnung 190
Beförderungssperre 181
Begriff der Abmahnung 11, 14, 107
Beleidigung 44
Benehmen, schlechtes 46
– Muster 47
Benehmen, ungehöriges 46
Siehe Benehmen, schlechtes
Berichtshefte
– Nichtvorlage 102
– verspätete Vorlage 102
Beschäftigtenschutzgesetz 10, 78, 79
Betriebe mit fünf oder weniger Arbeitnehmern 110
Betrieblicher Bereich, Störungen im

– Definition 19
Betriebsaushang
– vorweggenommene Abmahnung 138
Betriebsbedingte Kündigung 16
Betriebsbuße 130
– Abgrenzung zur Abmahnung 178
– Definition 179
– Entzug einer Vergünstigung 180
– gemeinschaftswidriges Verhalten 179
Betriebsfrieden
– Wahrung des -s 19
Betriebsrat
– Abmahnung 162
– Abmahnung von Betriebsratsmitgliedern 172
– Beteiligung des -s 162
– Einigungsstelle 170
– Information über Abmahnung 168
– Schweigepflicht 170
Betrug 48, 220
Bewährungszeiten im öffentlichen Dienst 146
Beweisführung
– erleichterte 204
Beweisfunktion der Abmahnung 223
Beweislast 123
Beweissicherung 123
Bezeichnung als "Abmahnung" 124
Bundeserziehungsgeldgesetz 111
Bürgermeister 125
Bußordnung 178

Chefarzt 125
Darlegungs- und Beweislast 123
Datenschutz, Verletzung des 48

Definition der Abmahnung 11,
14, 107
Delegation der
Abmahnungsbefugnis 125
– Muster 126
Demonstration, Teilnahme an 49
– Muster 49
Diebstahl 50
Direktionsrecht des Arbeitgebers
– Delegation der
Abmahnungsbefugnis 125
– Versetzung des Arbeitnehmers
106
Disziplinarmaßnahme 180
Dokumentationsfunktion der
Abmahnung 223

Einigungsstelle
– Zuständigkeit bei Abmahnung
170
Einstweilige Verfügung 233
Elternzeit
– Abmahnung während 111
Entfernungsanspruch
– automatischer 147
– klageweise Geltendmachung
203
– unberechtigter Abmahnungen
147
– Verwirkung des -s 200, 202
Entziehungskur 23
Erfolgsaussichten, fehlende 99
Ermahnung 10

Fehlen, unentschuldigtes Siehe
Unentschuldigtes Fehlen
Fehlende Erfolgsaussichten 99
Fertigungsmeister 125
Feststellungswiderklage 225
Firmeninhaber 125
Form der Abmahnung 123
Formularmäßige Abmahnung
117

Friedensinitiative, betriebliche 68
Führerscheinprüfung während der
Arbeitsunfähigkeit 35
Führungseigenschaften, fehlende
52
– Muster 52
Fürsorgepflicht des Arbeitgebers
13, 187

Gaststättenbesuch während der
Arbeitsunfähigkeit 34
Gegendarstellung
– Anhörungsrecht im
öffentlichen Dienst 197
– Recht auf Gegendarstellung
187
Gehaltsdaten
– unerlaubter Einblick in die 48
Geschäftsführer 125
Gesetzliche Grundlagen der
Abmahnung 10
Gespräch, Bezugnahme auf 116
Gesundheitsamt, Untersuchung
durch das 24
Gewaltanwendung Siehe
Tätlichkeiten
Gewerkschaften Siehe
Gewerkschatliche Werbung
Gewerkschaftliche Werbung 54
– Muster 54
Gruppenarbeit 55
– Muster 55

Handgreiflichkeiten Siehe
Tätlichkeiten
Hauptpflichten aus dem
Arbeitsvertrag 17

Inhalt der Abmahnung,
notwendiger 114
– Muster 114
Interessenabwägung

– zwischen Abmahnung und
  Versetzung 105
Internetnutzung, private 56
– Muster 57

Kirchlicher Dienst, Arbeitnehmer
  im 42
Klageänderung 225
Klagefrist
– Abmahnung 198
Klagerücknahme 225
Klagestattgebendes Urteil
– Muster einer Abmahnung 228
Kleidung, unangemessene 58
– Muster 59
Kleinbetriebe
– Abmahnung in -n 110
Konsequenzen, Androhung von
  119
Krankfeiern, Androhen des -s 60
Krankheitsbedingte Fehlzeiten
  16
Krankschreibung *Siehe
  Arbeitsunfähigkeit, Verhalten
  während der*
Kündigung
– Abgrenzung zwischen
  personen- und
  verhaltensbedingter - 16
– Abmahnung, Unterschied zur
  223
– Abmahnung, Verhältnis zur
  150
– Abmahnungsfunktion 226
– betriebsbedingte *Siehe
  Betriebsbedingte Kündigung*
– formell unwirksame 226
– Gleichartigkeit der
  Vertragsverstöße 150
– Mischtatbestand 16
– personenbedingte *Siehe
  Personenbedingte Kündigung*

– unwirksame 226
– verhaltensbedingte *Siehe
  Verhaltensbedingte Kündigung*
– Verzicht auf - durch
  Abmahnung 160
– Zeitraum von Abmahnung bis
  zur - 148
Kündigungsberechtigter 124
Kündigungsschutzgesetz 111
Kündigungsschutzprozess 207
– Darlegungs- und Beweislast
  123
– Rechtsschutzbedürfnis 189
Kündigungsverbot
– Abmahnung während 111

Landespersonalvertretungen 10,
  162
Landespersonalvertretungsgesetz
  e
– Mitbestimmung bei
  Abmahnung 162
Leistungsbereich, Störungen im
  17, 99
– Änderungskündigung 104
– Begriffsbestimmung 17
– Definition 17
Leistungsmängel
– unbehebbare 16
Leitende Angestellte 125
Letztmalige Abmahnung 156
– Muster 159
Lohnpfändungen 61
– Muster 63

Manipulation der
  Zeiterfassungskarte 97
Maßregelungsklausel 83
Mehrere Abmahnungen 156
Mehrere Abmahnungsgründe
  118
Meister 125

Mischtatbestand
– Kündigung wegen eines -es 16
Mitbestimmung *Siehe Betriebsrat, Personalrat*
Mündliche Abmahnung 123, 186
Muster
– alkoholbedingtes Fehlverhalten 23
– allgemeines 114
– amtsärztliche Untersuchung 25
– Anzeigepflicht, Verletzung der 28
– Arbeitsniederlegungen 30
– Arbeitsunfähigkeit, Verhalten während der 36
– Arbeitsverweigerung 39
– Aufsichtspflicht, Verletzung der 40
– außerdienstliches Fehlverhalten 43
– Auszubildende 103
– Benehmen, schlechtes 47
– Delegation der Abmahnungsbefugnis 126
– Demonstration, Teilnahme an 49
– Führungseigenschaften, fehlende 52
– gewerkschaftliche Werbung 54
– Gruppenarbeit 55
– Internetnutzung, private 57
– klagestattgebendes Urteil 228
– letztmalige Abmahnung 159
– Lohnpfändungen 63
– Nachweispflicht, Verletzung der 28
– öffentlicher Dienst 197
– politische Betätigung, unerlaubte (öffentlicher Dienst) 71
– politische Betätigung, unerlaubte (Privatwirtschaft) 70
– Rauchverbot, Verstoß gegen 73
– Reisekostenabrechnung, unrichtige 74
– Schlechtleistungen 76
– sexuelle Belästigung 79
– Sparsamkeit, Verstoß gegen 81
– Streik, Teilnahme an 84
– Telefongespräche, private 86
– unangemessene Kleidung 59
– unentschuldigtes Fehlen 89
– unerlaubte Nebentätigkeit 66
– Unpünktlichkeit 90
– Urlaubsantritt, eigenmächtiger 94
– wiederholte Abmahnung 158
Mutterschutz
– Abmahnung während 111
Mutterschutzgesetz 111

Nachschieben von Abmahnungsgründen 209
Nachweispflicht, Verletzung der 26
– Muster 28
Nebenbeschäftigung
– während Arbeitsunfähigkeit 32
Nebenpflichten aus dem Arbeitsvertrag 17
Nebentätigkeit, unerlaubte 64
– Muster 66
– öffentlicher Dienst 64
– Privatwirtschaft 64

Nichtraucherschutz *Siehe Rauchverbot*
Nötigung 67
Notwendigkeit der Abmahnung 16

Öffentlicher Dienst
– Anhörungsrecht 193
– Arbeitnehmerrechte 190
– Muster einer Abmahnung 197

Pauschalandrohung 139
Personalakte
– Anspruch auf Entfernung der Abmahnung aus der 185
– Führung der 195
– unerlaubter Einblick in die 48
Personalrat
– Abmahnung 162
– Abmahnung von Personalratsmitgliedern 172
– Beteiligung des -s 162
– Disziplinarmaßnahme, Mitbestimmung bei 180
– Information über Abmahnung 168
– Mitbestimmung bei Abmahnung nach den Landespersonalvertretungsgesetzen 162
– Schweigepflicht 170
Personenbedingte Kündigung 16
Persönlichkeitsrecht des Arbeitnehmers 129, 187
– Mitbestimmung 170
Persönlichkeitssphäre, Missachtung der 49
Politische Betätigung, unerlaubte 67
– Muster (öffentlicher Dienst) 71
– Muster (Privatwirtschaft) 70

Politische Treuepflicht 68
Politische Aktivitäten *Siehe Politische Betätigung*
Probezeit
– Abmahnung 108
Prognoseprinzip 39
Prozessgegner
– Arglist 204
Prozessvergleich 229
Prüfungsumfang der Gerichte 210

Rauchen am Arbeitsplatz *Siehe Rauchverbot*
Rauchverbot, Verstoß gegen 72
– Muster 73
Raufereien *Siehe Tätlichkeiten*
Rechte des Arbeitnehmers *Siehe Arbeitnehmerrechte*
Rechtfertigungsgründe 207
Rechtsprechung
– Entwicklung der 11
Rechtsschutzbedürfnis des Arbeitnehmers 189
Regelausschlussfrist 132
Reisekostenabrechnungen, unrichtige 74
– Muster 74
Rügen
– formelle 186
– konkrete Bezeichnung der 115
– schlagwortartige Bezeichnung der 115
Rundschreiben, allgemeines 130

Schlägereien *Siehe Tätlichkeiten*
Schlagwortartige Bezeichnung der Rüge 115
Schlechtes Benehmen *Siehe Benehmen, schlechtes*
Schlechtleistungen 18, 76
– Muster 76

Schmiergelder, Annahme von 77
Schreiben, früheres
– Verweisung auf 117
Schriftform der Abmahnung 123
Schwarzes Brett, Aushang am
129
Schweigepflicht, Verletzung der
77
Schwerbehindertenvertretung
– Beteiligung bei Abmahnung
182
Sexuelle Belästigung 78
– Muster 79
Solidaritätsstreik 82
Sparsamkeit, Verstoß gegen 80
– Muster 81
Spielbank, Besuch einer 42
Sport während der
Arbeitsunfähigkeit 34
Störungen im Leistungs-,
Vertrauensbereich,
betrieblichen Bereich Siehe
dort
Strafbare Handlung, Verdacht 95
Strafcharakter der Abmahnung
178
Strafrechtliche Begriffe in der
Abmahnung 219
Streik, Teilnahme an 81
– Maßregelungsklausel 83
– Muster 84
– Solidaritätsstreik 82
– Sympathiestreik 83
– Warnstreik 82
Streitgegenstand 209
Streitwert 231
Sympathiestreik 83

Tarifliche Ausschlussfrist
– Abmahnung 199
Tätlichkeiten 45, 84
Teilbarkeit der Abmahnung 221
Teilurteil 222

Telefongespräche, private 85
– Muster 86
Tilgung der Abmahnung 139
Tötungsdelikt, vorsätzliches 42
Treu und Glauben 13, 38
– Androhung von Konsequenzen
121
– fehlende Kenntnis von
Abmahnungsinhalt 127, 128
– Fürsorgepflicht des
Arbeitgebers 187
– Kündigung wegen desselben
Tatbestandes 160
– Unzumutbarkeit des
abgemahnten Verhaltens 136
– verspätete Abmahnung 132
– Zugangsvereitelung 129
Treuepflicht, Verletzung der 87

ultima-ratio-Prinzip 13
– Arbeitsverweigerung 39
– Störungen im
Vertrauensbereich 20
Umsetzung 107
Unentschuldigtes Fehlen 87
– Muster 89
– Verletzung der Anzeige- und
Nachweispflicht 27
Unpünktlichkeit 89
– Muster 90
Unsittliches Verhalten Siehe
Sexuelle Belästigung
Untätigbleiben des
Arbeitnehmers 204
Unterschlagung Siehe Diebstahl
Urlaubsantritt, eigenmächtiger
91
– Muster 94
Urlaubsreise während der
Arbeitsunfähigkeit 34
Urlaubsüberschreitung,
eigenmächtige 92

Urlaubsverlängerung, eigenmächtige 92

venire contra factum proprium 13
− Androhung von Konsequenzen 121
Verdacht strafbarer Handlung 95
Vergleich 229
Vergünstigung, Entzug einer 180
Verhalten, unsittliches Siehe Sexuelle Belästigung
Verhaltensbedingte Kündigung 16
− Änderungskündigung 104
Verhältnismäßigkeit, Grundsatz der 210
− Betriebsbuße 182
− Kündigungsschutz 143
− mehrere Abmahnungen 157
− unerhebliche Pflichtverstöße 220
Verkehrsunfall 95
Verleumdung 220
Versetzung
− Abmahnung 105
Vertrauensarzt, Untersuchung durch einen - 24
Vertrauensbereich, Störungen im 17, 98
− Definition 19
Verwarnungen
− formelle 186
Verwertungsverbot 194
Verwirkung des Entfernungsanspruchs 200, 202
− Definition 203
− Untätigbleiben des Arbeitnehmers 204
Vorstandsmitglied 125

Vorweggenommene Abmahnung 137
− Arbeitsvertrag 138
− Betriebsaushang 138
− Krankfeiern, Androhung, des - s 61
− Verletzung der Anzeige- und Nachweispflicht 27

Wahrheitspflicht, Verletzung der 96
Warnfunktion der Abmahnung 15
Warnstreik 82
− rechtmäßiger 82
Wettbewerbsverbot, Verstoß gegen 97
Wiederholte Abmahnung 156
− Muster 158
Wirksamkeitsdauer 147
Wirkungsdauer der Abmahnung 121, 139
Wirtschaftlichkeit, Verstoß gegen Siehe Sparsamkeit, Verstoß gegen

Zeiterfassungskarte 175
− Manipulation der 97
Zeitpunkt der Abmahnung 132
Zeitraum von Abmahnung bis zur Kündigung 148
Zeugnis
− Erwähnung der Abmahnung im 131
Zugang der Abmahnung 123, 127
− ausländischer Arbeitnehmer 127
− Vereitelung, treuwidrige 129
Zwangsvollstreckung 233